JN160849

MINERVA
人文・社会科学叢書
213

グローバル化のなかの労使関係
―自動車産業の国際的再編への戦略―

首藤 若菜著

ミネルヴァ書房

グローバル化のなかの労使関係
――自動車産業の国際的再編への戦略――

目　次

序　章　国境を越えた労使関係の構築 …………………………………… 1
　　1　なぜグローバル労使関係が求められるのか？ ……………………… 1
　　2　自動車産業におけるグローバル化と労働 ………………………… 7
　　3　本書の構成 ………………………………………………………… 19

第1章　グローバル化と労働をめぐる議論 …………………………… 23
　　1　はじめに …………………………………………………………… 23
　　2　三つの分析枠組み ………………………………………………… 23
　　3　国際労働運動に関する研究 ……………………………………… 27
　　4　労使関係とは ……………………………………………………… 32
　　5　グローバル化とは ………………………………………………… 43
　　6　おわりに …………………………………………………………… 47
　　7　補論　グローバル化が雇用と労働条件に与える影響 ………… 49
　　　　：国際経済学の研究

第2章　国際労働基準の到達点 ………………………………………… 53
　　1　はじめに …………………………………………………………… 53
　　2　実現されなかった多国籍企業の行動規範 ……………………… 57
　　3　自由貿易の拡大と基礎的な労働基準の確立 …………………… 63
　　4　欧州従業員代表制度の導入 ……………………………………… 69
　　5　企業による自主規制の広がり …………………………………… 72
　　6　おわりに …………………………………………………………… 74

第3章　多国籍企業とグローバル・ユニオンの国際協定 ………… 85
　　1　はじめに …………………………………………………………… 85
　　2　GFA とは …………………………………………………………… 86
　　3　GFA の内容と適用範囲 ………………………………………… 93
　　4　GFA の実効性 …………………………………………………… 97
　　5　国際産別組織の取り組み ………………………………………… 102

ii

	6 日本の労働組合の対応 ……………………………………… 109
	7 おわりに ………………………………………………………… 116

第**4**章　欧州で広がるグローバル・ネットワーク ……………… 121
  1　はじめに ………………………………………………………… 121
  2　IMF企業別世界協議会の設立 ………………………………… 124
  3　新たなグローバル・ネットワークの形成 …………………… 131
  4　ネットワーク会合の議論 ……………………………………… 139
  5　海外工場の組織化と現地労組の育成 ………………………… 142
  6　海外事業所で発生した労働問題への関与 …………………… 150
  7　国際労働協約の萌芽 …………………………………………… 152
  8　おわりに ………………………………………………………… 156

第**5**章　日系労組の国際活動の実態 ……………………………… 161
  1　はじめに ………………………………………………………… 161
  2　IMF企業別世界協議会の設立 ………………………………… 162
  3　世界協議会の停滞と中断 ……………………………………… 168
  4　ネットワーク会合の変容と再開 ……………………………… 172
  5　海外事業所で発生した労働問題への対応 …………………… 181
  6　日系労組のグローバル・ネットワークの事例 ……………… 201
  7　おわりに ………………………………………………………… 212

第**6**章　国際的労使関係の状況 …………………………………… 227
  1　はじめに ………………………………………………………… 227
  2　労働組合の国際活動 …………………………………………… 227
  3　使用者にとっての国際的労使関係 …………………………… 241
  4　国際的労使関係における政府の役割 ………………………… 246
  5　おわりに ………………………………………………………… 249

終　章　グローバル労使関係への道筋 ……………………………… 251
　　1　本書の要約 …………………………………………………… 251
　　2　ルールに基づく競争 ………………………………………… 255
　　3　日本の労働組合について …………………………………… 256
　　4　国境を越えた労使関係の進展 ……………………………… 259
　　5　残された課題 ………………………………………………… 263

参 考 文 献 …… 267
あ と が き …… 281
索　　　引 …… 285

序　章
国境を越えた労使関係の構築

1　なぜグローバル労使関係が求められるのか？

（1）問題意識
①労使関係のなかに生まれたズレ

　本書の課題は，多国籍企業に対するグローバルな労働規制の実情を明らかにし，グローバライゼーションに対応した労使関係のあり方を検討することである。

　今日，企業の活動は，ますます国境を越えて広がっている。海外で資金を調達したり，外資系企業と経営統合や技術提携したりすることは，もはや珍しくない。国内以上に国外で従業員を雇用し，自国以上に他国で利益を上げている企業もある。

　他方，国境に縛られず，高い移動性をもつ資本とは対照的に，労働者と国家は固定的である。外国人労働者数や海外在留者数は，日本においても一貫して増え続けているが，EUなどの例外を除くと，ほとんどの国が，移民や外国人労働力の流入に厳しい規制をかけている。賃金水準，教育環境，医療制度といった暮らしのありようは，国によって大きく異なるため，労働者にとって自身の生活基盤を移すことは容易でない。そして労働組合も，企業がいくら国外に事業所を増やしても，それ以前と変わらずに，国内の組合員だけを組織し，自国の組合員のためだけに活動している。たとえ同一企業で働いているとしても，

---

(1) EU（欧州連合）は，域内において労働市場，貿易，経済政策，政治などの面で，国を越えた統合を進めてきた。EU域内は，国を越えて自由に移動し就業することが認められている。労働組合も，国境を跨いだ連携を深めており，EUレベルの団体交渉や労働協約の締結も，一部で実現している。

国境を跨げば，労働法や雇用慣行は大きく異なるため，組合は在外事業所で発生した労使紛争をその地の労使間で解決すべきことだと考えてきた。

　そして政府の権限も，EUのように政治的統合が進む地域以外では，原則として国境の内側でしか機能しない。国家は，国内で活動する企業や生活する個人から徴税し，それを収入源とするとともに，それらに対して規制をかけ，法律に反した行為を罰する権限ももつ。だが，その権限は国内に限定され，国外に出て行く企業や個人に制約を課すことはできない。

　労使関係とは，政府，労働組合，使用者の三者によって構成される。グローバル化の進行は，この三者の活動範囲に大きなズレを生み出した。このズレが，様々な問題を引き起こしている。

②国内規制の脆弱性

　たとえば，政府と労働組合が，国境の内側で，雇用と労働条件をいくら規制しようとしても，国境の外側からそれが揺さぶられ，規制力を失うことがある。ある事例を紹介しよう。A社は，世界中に生産拠点をもつ日系の自動車メーカーである(2)。同社は，2000年代半ば以降，車種のモデルチェンジや，新しい型の車を市場に投入する際，それを世界のどの国のどの工場で生産するかを競い合わせる工場間コンペを実施してきた。このコンペでは，品質はもちろんのこと，一台あたりの原価が争われる。そして2010年のコンペでは，長年，日本国内で生産されてきた一車種が，ある途上国の工場に移転することが決まった。国内工場が，競争に敗れたのである。移転元となった日本の工場の労働者たちが，「仕事がなくなる」と強い危機感を抱いたことはいうまでもない。現にその2年後，同工場では，それまで2本あった生産ラインを1本に減らすことが決まった。

　A社の労働組合は，国内雇用を守るために，国内生産台数の目標値を決め，労使協議のなかで，その達成を求めてきた。経営側もそれに理解を示していた。けれども国内労使で協議して決めたはずの生産台数は，国境の外側の状況によって，容易に変動してきた。

　A社ほど目に見える形で競争が展開されていなくても，製造業では，国内と国外の工場間で製造原価や生産性が比較され，生産拠点が流出したり，雇用と

---

(2) A社の事例については，同社および同社労組へのヒアリング調査に基づく。

引き換えに労働条件の引き下げを労働組合が容認したりする事例は，枚挙に暇がない。国家間，地域間で，雇用獲得のために，賃金や労働条件の引き下げを競い合うことは，「底辺への競争」と呼ばれる。

③ルールなき競争

ただ，資本主義社会に生きる私たちにとって，競争は避けて通れない。国際貿易のなかで比較優位を失えば，雇用が縮小し，賃金水準が抑えられることは必然である。すべての経済主体には，常に自らの競争力を高める努力が求められており，これまでも，そしてこれからも，私たちは新たな比較優位を見出し，必要ならばより高い付加価値を生み出す分野へと労働移動を繰り返していかなければならない。

けれども，一国内であれば，競争は一定のルールに基づいて進められる。国内には，最低限の労働条件や安全基準が，法的にも制度的にも確立している。すなわち，工場閉鎖や整理解雇，賃金の引き下げを行う企業には，一定の制約が課される。労働組合がある職場では，雇用や賃金は，労使間の重要な交渉事項である。しかし，グローバル社会において，国際化した企業の行動を，国を越えて規制するルールは十分に機能していない。その結果，国際的にはルールなき競争が広がっている。

別の事例を紹介しよう。グローバル競争に勝ち抜き，経済成長を遂げつつある国としてバングラデシュがある。同国は，低廉な労働コストを競争優位として，繊維産業を拡大させてきた。先進各国の大手繊維メーカーの生産を一手に引き受け，同国は，いまや世界第2位のアパレル製品輸出国となった。

そうしたなか，2013年4月24日，首都ダッカ近郊にある8階建ての縫製工業ビル「ラナ・プラザ」が崩壊した。1134名が死亡し，約2500名が負傷する大惨事だった。このビルには，欧州アパレルメーカーの下請け業者5社が操業して

---

(3) ただし，多国籍企業が，生産立地や投資先を決定する要因は，輸送通信手段，原材料の入手条件，市場の規模，政治的安定性など，多数の要素が複合的に絡み合っており，それは人件費の安さだけで決まるほど単純ではない。これについては後述する。

(4) ラナ・プラザの事故については，伊藤（2014），小島（2013），カクチ（2014）を参考にした。

(5) World Bank（2002）。

おり，ここで縫製された服は先進諸国へと運ばれていた。事故後の調査と報道により，明らかになったことは，犠牲となった労働者たちが，生活賃金以下の報酬しか受け取っておらず，消火器や水栓，非常出口や非常階段のない環境で働いていたことである。倒壊したビルは，前日には大きなひび割れが生じ，崩落の危険性があることから，行政より退避命令が出されていた。にもかかわらず，使用者らは従業員の欠勤を認めず，解雇を恐れた労働者らが，それに従い命を落とした。

　低廉な賃金，杜撰な安全管理，対等でない労使関係は，同国の「国際競争力」である。優れた技術力や高い生産性と同じく，緩やかな労働基準や低い人件費は，グローバル市場における比較優位の源泉となってきた。そして人権や生命に関わる最低限のルールさえも，競争の対象となる。

　「底辺への競争」は，労働者や労働組合の間だけに起こるわけではない。国家もまた，企業誘致をめぐる熾烈な競争のなかにいる。各国政府は「企業が活動しやすい国づくり」を競い合い，規制緩和を推し進め，法人税を引き下げてきた。ルールを作るはずの国家は，雇用を呼び込むために，現存のルールさえも緩和しようとし，ルールの適用を求めるはずの労働組合もまた，生産移転の脅威を前に，身動きが取れずにいる。このようにグローバル化には，ルールなき競争へと向かわせる力がある。

④労使の利害を調整する仕組みの不在

　企業が，海外拠点を拡大させることは，本社の決定に影響を受ける労働者が，本国以外にも増加していくことを意味する。もう一つ，別の事例を紹介しよう[6]。電機メーカー a 社は，家電や自動車のコイル関連部品を製造する日系企業である。同社は，1972年に韓国の馬山輸出自由地域に100％子会社の韓国 a 電機を設立した。だが韓国では1987年に民主化運動が起こり，この地域でも，労組の結成，インフレ，賃金上昇が巻き起こる。そして1989年10月，同社は経営悪化を理由に，450名の従業員全員を解雇することを日本本社からFAX一枚で通告し，工場を閉鎖した。

　しかし，一方的に解雇された労働者たちは，簡単には引き下がらなかった。

---

(6) 進出企業問題を考える会編（1992）。

彼ら・彼女らは，操業再開と解雇撤回を求めて工場に籠城し，解雇通告から1ヵ月後には日本本社に交渉を要請するために，来日した。当初，本社は交渉を拒否し，同社の労組も支援を拒んだ。けれども労働者らは，各省庁やナショナルセンターなど，多方面に働きかけ，市民団体とナショナルセンターが支援にまわった。最終的に，解雇から8ヵ月が経過した1990年1月，同社は公式に謝罪し，組合員全員に賃金15ヵ月分を支払うことを約束して，この労使紛争は決着を見た。

　工場や事業所の設立や撤退，拡大や縮小といった決定は，その規模にもよるが，本社で最終的に決断されることが多い。工場閉鎖などの事態に対して，各地の事業所の労使がいくら協議を重ねても，そもそも現地の経営者にどれほどその決定権が委譲されているのかは分からない。にもかかわらず，海外事業所の労働者や労働組合は，通常，異なる国に位置する本社の経営陣と協議や交渉をすることはもちろん，話をすることさえも叶わない。要するに，労働者と使用者は，雇用や労働条件をめぐって往々にして対立するため，各国内には，その利害を調整する法律や制度が築かれている。しかし，多国籍化した企業の労使が，国を越えて相互の利害を調整するための法律や制度は，十分に整備されていない。

（2）研究課題

　先進諸国では，長い歴史のなかで労働者と使用者の対等性を保つために，様々な法律や規範，制度や慣行が築かれてきた。しかし多国籍企業の活動は，そうした国民国家の枠を遥かに越えて広がっていった。そうした企業のグローバル化のスピードに，政府と労働組合のグローバル化は，追いついていけなかった。ゆえにグローバルな社会制度やルールが築かれないままに，グローバル競争が進行し，国際社会における労使の均衡は崩れている。

　だが，そうした事態に，再び労使を拮抗した関係に戻そうとする力も働いてきた。一種の社会的反動である。それは，様々な形で現れている。たとえば，国際労働機関（ILO）は，経済水準や政治状況にかかわらず，すべての国に適用される最低限のルールを定め，その遵守を多国籍企業にも呼びかけるようになった。企業もまた，自身の社会的責任を果たそうと，世界の事業所で人権や

安全衛生に配慮することを自ら宣言し始めた。そして労働組合も，労組間の国際連携を強化させ，使用者に国を越えた労使対話を求め，国際的な協定の締結に乗り出した。

そこで本書は，とくに労働組合の活動に着目し，グローバル化に対応した労使関係構築の取り組みを描き出すことを課題とする。なぜなら近年，国際労働運動において，いくつか注目すべき取り組みがなされ，一定の実績が積み重ねられてきたためである。それらはグローバルな労使関係に向けた道筋に，確かな痕跡を残している。これらの痕跡を拾い集め，これまでに何が達成され，また何が達成されてこなかったのかを明らかにすること，そのうえでグローバルな労使関係の構築は，いかにして可能であるのかを検討することが，本書の目的である。

ただし，労働組合のような社会的組織が変容するのには，企業のような経済的組織が変わるよりも長い時間を要する。とくに国際労働運動には，雇用慣行や労働基準が異なる様々な国の労組が複雑に関わり合うため，その進展は緩やかである。グローバル・ユニオニズムは，未だ発展途上にあり，現段階で何らかの断定的な結論を出せるわけではない。とはいえ，流動的な現状をきちんと把握し，いかなる力でそれが動かされてきたのか，そしてどの方向に向かっているのかを明確に捉えておくことは重要だと考える。

本研究では，主に労働組合へのヒアリング調査（**表序-1**）と，組合が発行する新聞，機関誌，国際会議の議事録，大会決議，各種報告書などをもとに，組合の国際活動の実態を叙述する。分析対象とする労働組合は，多国籍企業の本社にある職場を組織している組合および従業員代表委員会と，当該労組の上部団体（産別労組，国際産業別組織）である。

国際連帯とは，むろん一国の労組だけで築けるものではなく，常に連帯相手が存在する。にもかかわらず，本研究では，本社がある国の労働組合と従業員代表委員会を中心に，聞き取りを行い，諸資料を収集してきた。つまり，それらに基づいて描かれる国際連帯の姿は，一方の眼から見たものに過ぎず，他方（連帯先の相手）の眼から見える事実は，また異なる可能性もある。本書は，こうした限界を抱えるが，それを前提として，グローバルな労使関係の構築に向けたインプリケーションを導き出したい。

表序-1　ヒアリング調査の一覧

調査期間および回数	調査先	調査対象者(調査時点の役職)
2012年11月～2016年8月, 計9回	JCM(全日本金属産業労働組合協議会)	議長, 国際局担当者
2013年10月～2016年8月, 計3回	自動車総連(全日本自動車産業労働総連合会)	事務局長, 副事務局長, 国際局局長, 国際局部長, 国際局担当者
2013年1月～2013年7月, 計4回	A労組およびA労連	A労組:中央執行委員長, 副中央執行委員長, 工場の支部執行委員長, 技能労働者(7名) A労連:会長, 政策企画局局長, 次長, 国際担当
2014年3月, 1回	A社経営側	生産事業本部・生産管理部部長 グローバルコミュニケーション本部課長
2013年10月～2015年6月, 計3回	B労組およびB労連	B労連副会長, 工場の支部執行委員長, B労組書記長
2014年6月, 1回	C労組	副執行委員長, 経営対策局部長, 経営対策局局長
2014年3月, 1回	D労組および上部団体の産別組合	中央執行委員
2014年3月, 1回	IGメタル(ドイツ金属産業労働組合)	国際部担当者
2014年3月, 1回	フォルクスワーゲン従業員代表委員会	国際部部長, 国際部職員(3名)
2015年3月, 1回	インダストリオール(国際産別組織)	自動車・ゴム産業担当部長

2　自動車産業におけるグローバル化と労働

　本研究の主たる対象は，自動車完成車メーカーの生産現場である。自動車産業は，極めてグローバル化した産業であり，その生産拠点は世界に広がっている。そしてとくに自動車産業は，在外工場でいかなる労使関係を築くかといったインパクトが，他産業よりも大きいと考えられてきた。その理由は，主に二つある。一つには，自動車製造に関わる直接投資の規模が巨大なためである。それゆえ，固定資産の減価償却にかかる期間を考慮すると，短期での生産拠点

の閉鎖や移転が極めて難しいという特徴をもつ。もう一つには，労働集約型産業であることに加えて，そこで働く労働者を組織する労働組合が，多くの国に共通して，伝統的に強い交渉力を有すると考えられてきたためである。したがって自動車産業の生産立地の決定には，その国および地域の労使関係のあり方が深く関係してきた。ただし，海外事業所でどのような労使関係を形成するのかという問題は，自動車産業固有のものではなく，海外直接投資をする企業の労使は，産業や職業に関係なく，共通して抱えざるをえない課題である。よって本書が扱うテーマは，幅広く他産業にも該当する。

（1）　海外直接投資と労使関係

　自動車完成車メーカーの国際化の形は，今日，極めて多様であり，単に海外で生産や販売をするだけでなく，外資系企業との技術提携や資本提携なども盛んに行われている。しかしここでは，海外生産の拡大と労使関係の形成に着目してみたい。一般的に，自動車の海外進出は，輸出から始まり，次に本国等で製造した部品を持ち込み，現地で組み立てるノックダウン生産，そして部品製造から組立までを現地で行う現地製造といった段階を踏む。そのうち現地製造について述べるならば，第二次世界大戦後の大手自動車メーカーの海外直接投資の盛隆は，三つの波があった。すなわち，第一の波は1950〜60年代の米国系企業による欧州での企業買収であり，第二の波は1980年代における日系企業による欧米への直接投資であり，第三の波が1990年代後半以降における日・欧・米系企業による新興国への直接投資である。

　①米国系企業による欧州への直接投資

　アメリカの自動車メーカーであるフォード（Ford Motor），ゼネラルモーターズ（General Motors Company 以下，GM と略す），クライスラー（Chrysler）[7]のいわゆるビック・スリーは，第二次世界大戦前後に，欧州で工場建設と企業買収を加速させた[8]。まず先陣を切ったのは，フォードだった。同社は，1911年にイギリスでT型フォード車のノックダウン生産を始め，1931年に大規模一貫工

---

(7)　現在は，FCA US（Fiat Chrysler Automobiles US）である。
(8)　この段落は，Mandel（1970），下川（1992），小谷（2001）を主に参考にした。

場を稼働，1925年にはドイツ・フォード（Ford Motor Company A. G.）を設立し，1931年にケルンに工場を建てた。その後を追うようにして，GM が1925年にイギリスのボグゾール（Vauxhall Motors）を買収，1929年にドイツのオペル（Adam Opel）を買収した。第二次世界大戦後には，クライスラーが1963年に，当時，フランス国内で3番目の大手自動車メーカーであったシムカ（Simca）を，同社が望まないにもかかわらず，秘密裡に株式を買い集めるという敵対的買収を行った。さらにクライスラーは，1963年末にスペインのバレイロス・ディーゼル（Barreiros Diesl），1964年にイギリスのルーツ・モータース（Rootes Motors）の株式も取得した。シムカに代表されるような米国系企業による買収に対し，欧州各国のメーカーは，政府を巻き込んで対応にあたり，さらなる買収に備えて自国内の企業同士の合併や再編を繰り返していった。

　当時のアメリカの生産システムは，工程を細分化し，作業を単能化したうえで，科学的管理法に基づく大量生産を特徴とする，いわゆるフォード・システムだった。ヨーロッパにそれを導入するにあたり，現地の労働組合との間には軋轢が生まれた。当時のヨーロッパの労働組合は，クラフト・ユニオン的な性格が色濃く，技能と職能による組合が結成されていた。自動車製造の現場においても，「プレス工はプレス工，機械工は機械工で，それぞれの仕事内容と範囲」が決められており，その決定の主導権は組合が握っていた。これは，職域規制（job demarcation）と呼ばれる。それに対し，アメリカでは，経営側が主導して作成した職務分類（job classification）を組合が容認する形でフォード・システムが導入されていた。ゆえに「伝統的なジョブディマルケーションをあくまで守ろうとするヨーロッパの組合側と，工程の細分化や単能作業化による職務体系を確立しようとする経営側との間には，大きな基本的対立」があった。

---

(9)　この他にも，フォードは，組立工場をイタリア（1922年），ベルギー（1922年），デンマーク（1919年），オランダ（1932）に創設している（小谷，2001，142頁）。
(10)　この他にも，GM は，「1923年から29年の間に，15ヵ国に19の組立工場を開設した」（小谷，2001，142頁）。
(11)　*Financial Times*, January, 19, 1963.
(12)　下川（1992）。この段落は，下川（1992）の第5章を参照した。
(13)　下川（1992，107頁）。

最終的に、この葛藤は、組合が一部を受け入れ、妥協することで解決が図られたが、米国系企業も「元来の伝統的ディマルケーションの仕事の範囲をある程度尊重」した。ゆえに「徹底した合理化効果やスピードアップはやりにくいことになった」という。(14) このようにしてヨーロッパにも、フォーディズムが徐々に浸透していったが、ヨーロッパ的な職務構造も残された。ヨーロッパ的なものが一掃されたのは、次に見る日系企業による進出だったといわれる。

②日系企業による対米・対欧直接投資

第二波は、1980年代における日系企業による米・欧への直接投資である。対米直接投資に、最初に踏み切ったのは、ホンダだった。(15) 同社は、1978年にオハイオ州に工場を設立し、二輪車生産に着手、その後同工場を増設し、四輪車製造を始めた。次いで日産が、1980年にテネシー州に現地法人を設け、83年から乗用車生産を開始した。そしてトヨタが、1984年にカリフォルニア州にGMとの合弁工場で生産を開始させ、その後単独で1986年にケンタッキー州、88年にカナダのオンタリオ州に工場を建設した。さらにマツダも1985年にミシガン州に、三菱はクライスラーとの合弁工場をイリノイ州に、鈴木自工が1986年にオンタリオ州にGMとの合弁会社を設立し、富士重工・いすゞは合弁で、インディアナ州にて1989年から乗用車生産を開始した。最終的に、ダイハツを除く、主要日系メーカーすべてが、アメリカ・カナダのいずれかに、少なくとも一度は完成車工場を有した経験をもつ。(16) 日系企業によるアメリカでの現地生産は、その後も拡大していった。2014年のアメリカ国内での乗用車生産台数は1166万7000台だったが、そのうち3割以上は日系企業によるものであった。(17) 生産台数が雇用者数と連動するならば、同国の自動車産業の雇用が、外資系企業

---

(14) 下川（1992, 108頁）。

(15) ホンダは、設備投資の負担が相対的に小さい二輪事業の海外生産を先駆けて行い、その経験を踏まえて四輪車の現地生産を推進させてきた。「二輪車先行投資」ゆえに同社は、同業他社よりも四輪車の海外生産の展開スピードが早く、スムーズかつ迅速な事業展開が可能だったとされる（『日本経済新聞』2008年1月8日、および崎谷、1986, 34-36頁）。

(16) いずれも各社が公表しているデータに基づく。なお、これらは完成車工場であり、エンジンなどの部品工場を含めると、その数はもっと多くなる。

(17) 日本自動車工業会『世界自動車統計年報』2016年より。

によって大きく支えられ，いい換えると，外資系企業の動向に左右される状況にあることが分かる。

　他方，欧州への直接投資としては，まず日産が1983年にスペインのモトール・イベリカを買収し生産を開始し[18]，1985年にはイギリスに工場を建設した。その後，イギリスにはホンダの工場が1985年に，トヨタの工場が1992年に建設された。

　北米・欧州に建設した各工場に対して，日系各社は，日本的経営，日本的生産システムの移転を目指し，それと表裏の関係にある柔軟で安定した労使関係の構築を模索した[19]。日本的な生産システムは，それ以前のフォーディズムとの対比から，リーン生産システムと呼ばれる[20]。それは，徹底した無駄の排除や納期の短さ，高い品質を担保した工程作り，そしてそれらを実現するための長期安定雇用と，手厚い教育訓練制度などを特色とする。そうした生産システムが，海外工場に移転しうるのか否かは，これまでに国際経営学の分野で数多くの研究が蓄積されてきた。たとえば，安保らの研究グループは，1980年代半ば以降，合計で30ヵ国約500工場を調査し，日系企業の海外工場において，多様で多彩なハイブリット型の生産システムが存在していることを実証している[21]。

　労使関係も同様に，日本的なるものの移転が目指された。日系企業は，米国において，一部の工場を除くと，自動車産業の集積地であるデトロイトではなく，南部の地方都市に工場を建設した。これは，当時，強力な交渉力をもつといわれたUAW（全米自動車労働組合[22]）の影響力を避けるためだといわれる。つまり，日系企業は，ノン・ユニオン型の労使関係を模索した。結果的に，UAWは日系工場の多くを組織化できず，これは今日まで尾を引く問題となっ

---

[18]　現在のNissan Motor Iberica, S. A. である。『日本経済産業新聞』1982年12月8日，1983年1月28日。

[19]　自動車産業にかかわらず，米国における日系企業の実態を検証した研究としては，Gershenfeld et al. (1998) がある。同著は，人的資源管理，労使関係，組織行動論，歴史学など多様な分野の国籍の異なる研究者が集い，リーダーシップ，知識労働，カイゼン，チーム労働等の視点から北米日系工場を調べたものである。実態調査からは，日本的な働き方，文化，労務管理がかなりの程度米国工場に浸透していることが示された。

[20]　Womack et al. (1990)，石田・藤村・久本・松村（1997）。

[21]　Abo (2007)，安保編著（1988）。

ている。

　ただしいくつかの研究から，ノン・ユニオン型の日系工場において，その状態を維持するために，かなりのコストをかけた労務管理が行われていることが明らかにされてきた。たとえば下川によれば，アメリカ工場では，同国の伝統的な職場慣行であるセニョリティ・ルールが踏襲され，加えて経営側は，従業員の不満を拾い上げるために，定期的な従業員調査，電話相談窓口の設置，労使間の定期協議などが行われている。さらに勤務時間の変更など，重要な労働条件の改変をする場合には，全従業員による投票や従業員との直接対話がなされてきた。同様に，ベッサーは，「従業員採用時の選抜手続き，労働組合職場委員機能の企業組織への取り込み，組合になびく可能性がもっとも強い従業員層であるチーム・メンバーの欲求と感情への多大の配慮，自動車産業で労働組合に組織された従業員がレイオフされたり解雇されているときには必ずその受難をチーム・メンバーに知らせ」るなど，現地経営陣は「本当に尽力して」いると述べる。その結果，ほとんどの従業員が「労働組合に対するきっぱりとした反対者」となるという。

　そんななか，例外的に UAW を受け入れた工場もあった。トヨタの NUMMI 工場（New United Motor Manufacturing Inc.），マツダの MMUC 工場（Mazda Motor Manufacturing [USA] Corporation），三菱の DSM 工場（Diamond-Star Motors Corporation）である。NUMMI はトヨタと GM の合弁，DSM は三菱とクライスラーの合弁，MMUC は単独進出であったがマツダ車

---

(22)　正式名称は，International Union, United Automobile, Aerospace and Agricultural Implement Workers of America であり，直訳すると，全米自動車，航空宇宙，農業機器労働組合となる（https://uaw.org/uaw-constitution/　2016年11月25日閲覧）。

(23)　セニョリティ・ルール（seniority rule：先任権ルール）とは，レイオフ（一時解雇）の際に勤続年数の短い者から解雇し，再雇用の際に勤続年数の長い者から雇用する雇用慣行のことである。

(24)　下川（2004, 127-128頁）。

(25)　Besser（1996＝1999, 邦訳版284頁）。

(26)　そもそも NUMMI 工場は，一度閉鎖された GM のフリーモント工場を再利用として生まれた工場であり，レイオフ（一時解雇）されていた労働者（UAW の組合員）を再雇用してスタートしている。

だけでなくフォード車の生産も手掛ける工場であり,それぞれ米国系のパートナー企業が存在していた。

これらの工場を分析した研究によれば,UAW との労使関係のうえに日本的な生産方式は実践できない,といった一般的な理解に反して,UAW が組織した職場でも,柔軟性をもち,高い生産性を発揮しうることが示されてきた。最も成功したケースとして評価されるのが NUMMI 工場である。アドラーによれば,NUMMI 工場の従業員らはトヨタの経営を基本的に支持しており,アメリカ的な「科学的管理」と日本的な参加型人事管理の結合が確認される。そしてマツダの MMUC 工場についても,UAW の組合員が不満を抱えていることを指摘する研究がある一方で,タリエによれば,現地の方式(時間給制度や,一般労働者と職制労働者との区別)を継承しつつも,日本の柔軟な生産方式(たとえばチーム編成や OJT など)が導入できていた。つまり,伝統的な米国労組と労使関係を築くことと,日本的な生産システムの実践との両立可能性が,一定の根拠をもって示唆されてきた。しかしながら,これら3工場はいずれも,その後,閉鎖されたりアメリカ企業に譲渡されたりしている。そのことは,各工場の「成功」がどこまで本物であったのか疑問を残した。結果的に,今日ではUAW が組織する日系工場は存在しない。

日系企業は,イギリスでも,日本的労使関係の浸透を図った。代表例は,日産のイギリス工場である。イギリスには製造業を組織する組合は複数存在するが,日産は,イギリスの合同機械工組合(AEU)と「単一交渉組合協定(Single Union Agreement)」を締結し,同労組に唯一の交渉権を与えるととも

---

(27) Gershenfeld 他(1998),小池(2013),上山・塩地・産業学会自動車産業研究会(2005)など。ただし米国的な雇用慣行(たとえば先任権制度)も残されている。
(28) Adler(1994)および Gershenfeld et al.(1998)。
(29) Babson(1995)。
(30) タリエ(1990)。
(31) なお,これは日系以外の外資系工場にも当てはまる。たとえばドイツ系の VW,ダイムラー,BMW も,それぞれ米国に完成車工場を一つずつ保有し,さらに多くの部品工場が存在している。しかし UAW は,いずれの工場も,正式な組織化に成功していない。アメリカ工場の組織化については,第5章,第6章で触れる。
(32) Nissan Motor Manufacturing(UK)Ltd.
(33) 現在は Unite the Union である。

に，組合による職域規制の弾力化を達成した。これはイギリスの労使関係の変容と受け止められた。その後の調査によれば，同工場では，同労組の組織率が極めて低いことから，経営側は職場の労使協議会に，より重点を置いている。生産計画，生産台数，労働条件などについて労使が協議する機会が定期的に開かれており，それは日産本社の労使関係とよく似ている。

このように日系のアメリカ・イギリスの工場では，現地の雇用慣行に適応しながらも，日本的な労使関係がある程度定着していった。そこには，各国の経済状況が芳しくなかったことや，日系企業が進出する前から組合組織率が低下し，組合自身が運動戦略の見直しを進めていたことなども関係している。

③日・欧・米系企業による新興国への直接投資

第三の波は，1990年代以降に進んだ日・欧・米による新興国への直接投資である。投資先の筆頭は中国であり，それに加えて，タイ，インドネシア，ベトナムといったアジア諸国，そしてメキシコ，ロシア，ブラジルなどが並ぶ。これらの国々のなかには，すでに1950〜60年代からノックダウン生産の拠点となっていたところもあり，その後，経済成長に伴い，現地での需要が高まり，系列の部品メーカーによる現地生産が進み，現地製造へと発展してきた。とくに2000年以降，完成車メーカー各社は，これらの国々に次々と新工場を建設したり，既存工場を増設したりして，生産能力の増強を図ってきた。

これらの国における労使関係の実態は，まだあまり明らかになっていないが，いくつかの研究からは，これらの国々においても，日系工場では，日本的労使関係が浸透しつつあることが実証されている。たとえば願興寺によれば，アジア諸国（タイ，インドネシア，中国）の日系工場では，日本的労使関係の理念への理解が進み，労使協議制度が導入されてきた。しかし，現地での組合リーダーの育成が追いついていないこと等を理由に，その運用には課題が多く残されている。そして，そもそもこれらの国々のなかには，一国内の法制度や雇用慣行上，ILO が想定するような民主的な組合運動が認められていない国もある。

---

(34) 栗田（1986）。
(35) 高橋（1997）。
(36) トヨタとホンダのイギリス工場については，高橋（1997）に詳しい。
(37) 願興寺（2005）。

労働組合が政治の影響や管理から自由でなく，政党と見分けがつかないこともある。こうした自由な団結権や団体交渉権が実質的に存在していない国においては，いかなる労使関係を形成しうるかという以前に，現地の慣行に慣れるまでにかなりの時間を要し，そして国際労働基準とのギャップに戸惑い，そのうえでいかにすれば安定的な関係を築けるのかといった問題に直面せざるをえない。新興国での労使関係の構築は，先進国でのそれとは質的に異なる問題を内包している。

(2) 現在の生産状況

こうした道程を経て，2014年現在，世界で1年間に生産される自動車台数は，8898万台に達する（**図序-1**）。その数は，2000年からの約15年間で，約3000万台，50.9％増加した。1950～60年代は，北米と西欧が，乗用車生産の主要拠点だったが，その後アジアで生産台数が伸び，今日では世界生産台数の半数が，アジア諸国によるものである。生産地を国別に見ると，4分の1が中国（2372万台），その後アメリカ（1166万台），日本（977万台），ドイツ（591万台）と続く（**図序-2**）。中国の生産台数は2000年代に急激に上昇しており，これが第三の波が起きたと考える所以である。

各国の生産台数の増減は，各国の販売台数の拡大と連動する。2014年現在，新車登録台数が最も多いのも中国（2349万台）であり，その数は，同国での生産台数とほぼ一致する。そして，次いでアメリカ（1684万台），日本（556万），ドイツ（336万台）と続く。日本とドイツは，生産台数が販売台数を大幅に上回っており，輸出率が相対的に高いことを特徴とする（**表序-2**）。

こうしたデータからも分かるように，完成車の生産は，規模の経済性が働きやすく，大規模な需要が見込める場所に立地が集中する傾向がある。大手メーカー各社は，共通して現地生産化戦略を掲げており，需要がある地に生産拠点を置き，現地で生産したものを現地の人々に消費してもらうことを経営理念の柱に据えている。ただしこれは，需要がある「国」すべてに生産拠点を置くこ

---

(38) 以下，自動車の生産台数および新車登録台数はいずれも，日本自動車工業会『世界自動車統計年報』2016年版に基づく。

(39) Dicken（2015）。

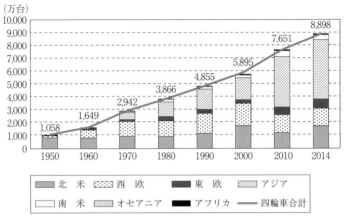

図序-1 世界の地域別自動車生産台数の推移

(出所) 日本自動車工業会『世界自動車統計年報』2016年。

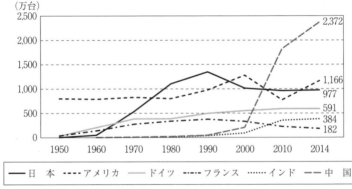

図序-2 国別にみた自動車生産台数の推移

(出所) 日本自動車工業会『世界自動車統計年報』2014年。2014年の数値のみ日本自動車工業会の統計データより (http://www.jama.or.jp/world/world/world_t1.html 2016年1月18日閲覧)。

とを意味するわけではなく,需要がある地域のなかから,様々な要素を考慮したうえで,最も効率的な生産立地が決定される。

---

(40) ただし自動車メーカーのなかには,輸出拠点を強化し,ある生産地から輸出する戦略をとっている企業もある。世界の生産・販売台数の上位のメーカーは,現地化戦略をそろって掲げているが,輸出率の企業間の違いは大きい。

自動車生産の立地決定は，歴史的に各国政府の政策に強い影響を受けてきた。自動車産業は，完成車メーカーの他に大量の部品メーカーが集い形成されるため，裾野が広く，雇用規模が大きい。それゆえ完成車工場がどこに建設されるのか，もしくは工場が流出するのかは，地域の雇用環境を大きく左右する問題となる。よって各国政府は，新規工場の誘致と現存する工場の維持を求めて，関税障壁や資金援助など，互いにしのぎを削ってきた。自動車産業は，国際的な移動性が高く，その投資をめぐっては競争入札的なプロセスが見られる。

表序-2　輸出台数と輸出比率

（台，％）

	日本	アメリカ	ドイツ
輸出台数	4,803,591	1,940,959	4,826,933
輸出比率	48.31%	18.78%	75.87%

（注）輸出比率とは，生産台数に占める輸出台数の比率のこと。輸出比率および台数ともに，日本とアメリカは2012年の数値。ドイツは，輸出台数は2011年，輸出比率は2010年の数値。
（出所）日本自動車工業会『世界自動車統計年報』2014年より。

生産拠点の国際化は，生産ネットワークのグローバル化，研究開発拠点の多国籍化につながる。自動車は，各国の石油価格，排ガス規制の強弱，地理的条件，所得水準などによって地域ごとに好まれるタイプがそれぞれに異なる。よってメーカー各社は，生産拠点のみならず研究開発拠点も，海外に置き，現地のニーズにあった車づくりを進めている。

自動車産業のもう一つの特徴として，世界的に極めて少数の企業によって，産業全体が支配されていることがある。2014年のデータに基づけば，世界で生産される自動車の約8割が，上位わずか12社（12企業グループ）によって担われている。そしてこれら大手メーカー各社が，国を超えてグループを築き，連携を強化させてきたことも，同産業の特色である。たとえばGMは，ホンダと燃料電池システムを共同開発し，同時に日系のいすゞよりディーゼルエンジンの供給を受けている。フランス系・ルノー（Renault）とドイツ系・ダイムラー（Daimler），そして日系・日産自動車の三社は，相互に資本を出資し合い，小型車の共同開発を行っている。

日系完成車メーカーの海外生産の実態を簡単に触れておくと，日系企業の国

---

(41) Dicken（2015）。
(42) Dicken（2015）。
(43) 各社の生産台数は，フォーイン『Fourin 世界自動車統計年刊2015』に基づく。

図序 - 3　日系企業の四輪車の生産台数の推移

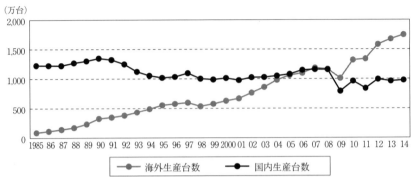

(出所)　日本自動車工業会のデータより（国内生産台数については http://jamaserv.jama.or.jp/newdb/index.html、海外生産台数については http://www.jama.or.jp/world/foreign_prdct/foreign_prdct_2t1.html　2016年11月24日閲覧）。

表序 - 3　日系自動車メーカーの現地生産工場数

	四輪車	二輪車	四輪車／二輪車	部　品
アジア	107	36	4	41
欧　州	19	2		6
北　米	17	1		14
中南米	20	11	2	2
アフリカ	19	2		
中近東	1			
オセアニア	1			
世界合計	184	52	6	64

(注)　「四輪車」「二輪車」には部品等を含む。「部品」は部品のみを生産する工場。
(出所)　日本自動車工業会のデータより（http://www.jama.or.jp/world/foreign_prdct/foreign_prdct_1t1.html#table1　2016年4月24日閲覧）。

内と海外の生産台数推移は，2000年代前半までは国外生産よりも国内生産の方が多かったが，2000年代半ばに両者は拮抗し，2008年のリーマンショック後，海外生産が国内生産を大きく上回るようになった（**図序 - 3**）。海外生産の拡大は，海外工場の増大を意味しており，現在，日系メーカーが保有する四輪・二輪・部品の海外工場は，世界に306ある（**表序 - 3**）。各社は，国内にも北海道から九州までに多くの工場を持つが，その数は海外の方が遥かに多い。

（3） 大手自動車完成車メーカーの姿

　自動車完成車メーカーの主要企業の概要は，**表序 - 4**に示した通りである。今日，ほとんどのメーカーが，国内よりも多くの乗用車を海外で生産・販売し，国内よりも多くの従業員を海外で雇用している。

　ただし企業間での相違も見られる。たとえば世界生産台数に占める母国の生産比率を見ると，トヨタ，スズキ，ダイムラー，GM，フォードなどで高く，それぞれ全体の3～5割を母国で生産している。他方，日産，ホンダ，フォルクスワーゲン（Volkswagen 以下，VWと略す）は，その比率が2割前後で並んでおり，これらの企業は，約8割を本国以外で生産している。ただしこれらの企業も，母国での生産は，販売台数を上回っており，それぞれ国内で生産した乗用車を輸出している。

　なお，一言で乗用車生産といっても，それは小型で相対的に安価な車の生産から，高級車の生産までを含む。高級車をどこで生産するかについても，企業によって戦略が異なる。たとえば，日産やトヨタは，本国に高級車生産を集中させているのに対し，ホンダは最も需要のある北米工場で，9割以上生産している。

3　本書の構成

　本章の最後に，本書の構成を述べておく。本書は，序章と終章を含め8章で構成されるが，この序章では，課題と問題意識，そして分析対象である自動車

⑷　日本自動車工業会のデータでは，日系自動車メーカーとして次の企業名があがっている。いすゞ，川崎重工，スズキ，ダイハツ，トヨタ，日産，日野，富士重工，本田技研工業，マツダ，三菱自動車工業，三菱自動車トラック・バス，ヤマハ発動機，UDトラックス，ゼネラルモーターズ・ジャパン。
⑷　各社の輸出比率（生産台数に占める輸出台数の比率）は，2012年の時点で，41.2％（VW），58.7％（日産），20.8％（ホンダ）である（日本自動車工業会『世界自動車統計年報13集』2014年より）。
⑷　それぞれアメリカでも一部生産している。
⑷　ホンダの高級車アキュラ（Acura）は，2012年，93％がアメリカで生産されている（日本自動車工業会『世界自動車統計年報』2014年）。

表序 - 4　主な大手完成車メーカーの概要

	トヨタ自動車	日産自動車	本田技研工業	スズキ
設立年	1937年	1933年	1948年	1920年
本社所在国	日本	日本	日本	日本
従業員数	34.9万人（連結） 7.3万人（単体）	15.2万人（連結） 2.2万人（単体）	20.8万人（連結） 2.2万人（単体）	6.2万人（連結） 1.5万人（単体）
世界生産拠点数	26ヵ国51拠点（注1） （2016年5月末）	16ヵ国31拠点 （2015年10月）	18ヵ国24拠点	10ヵ国15拠点
主要海外拠点	中国，米国，英国，スペイン，タイ等	中国，米国，英国，メキシコ，タイ等	米国，中国，カナダ，タイ，インド等	インド，インドネシア，中国，タイ等
世界乗用車生産台数（2014年）	892.9万台 （1050.8万台グループ計）	506.1万台 （796.4万台グループ計）	363.8万台 （二輪車：1024万台）	302.8万台
世界乗用車販売台数（2014年）	897.2万台 （1011.4万台グループ計）	531.8万台 （804.2万台グループ計）	356.7万台 （二輪車：1074万台）	211.1万台
世界生産に占める国内生産比率	37.2% （グループ40.1%）	18.5% （グループ11.1%）	21.3%	35.0%
売上高（2015年） 　連結 　単体	 28兆4031億円 11兆5858億円	 12兆1895億円 3兆4934億円	 14兆6012億円 3兆3036億円	（2016年3月） 3兆1807億円 1兆6091億円
販売台数上位国（2014年）	①米国（237万台） ②日本（155万台） ③中国（96万台）	①米国（139万台） ②中国（98万台） ③日本（67万台）	①米国（155万台） ②日本（85万台） ③中国（84万台）	①インド（115万台） ②日本（79万台） ③中国（26万台）

	マツダ	フォルクスワーゲン	ダイムラー	ゼネラルモーターズ
設立年	1920年	1937年	1833年	1908年
本社所在国	日本	ドイツ	ドイツ	アメリカ
従業員数	4.6万人（連結） 2.1万人（単体）	59.3万人	28万人 12.9万人（乗用車部門）	21.6万人（2014年12月）
世界生産拠点数	6ヵ国7拠点	13ヵ国27拠点（グループ全体でなく，VW社のみ）	6ヵ国8拠点	22ヵ国57拠点 （2015年10月）
主要海外拠点	メキシコ，中国等	中国，ブラジル，メキシコ，米国等	米国，中国，南アフリカ，インド，タイ等	メキシコ，中国，ブラジル，タイ等
世界乗用車生産台数（2014年）	139.6万台	1021.3万台（グループ計） 615.6万台（VW乗用車計）	258.2万台（グループ計） 175.4万台 （メルセデス・ベンツ乗用車）	989.2万台（グループ計）
世界乗用車販売台数（2014年）	133.1万台	1021.7万台（グループ計） 611.9万台（VW乗用車計）	254.7万台（グループ計） 172.3万台 （メルセデス・ベンツ乗用車） 82.4万台（商用車）	992.5万台（グループ計）
世界生産に占める国内生産比率	―	20.5% （グループ25.4%）	55.3% （グループ48.9%）	34.0% （グループ計，2014年）

売上高（2014年）	3兆406億円（連結） 2兆6065億円（単体） （2016年3月）	2025億ユーロ（グループ計）（注4） （24兆3000億円） 998億ユーロ（VW 乗用車計）（注4） （11兆9760億円）	129.9億ユーロ（注4） （1兆5588億円）	1559.3億ドル（注4） （17兆9285億円）
販売台数上位国（2014年）	①米国（31万台） ②日本（22万台） ③中国（20万台）	①中国（272万台） ②ドイツ（70万台） ③ブラジル（58万台）	①米国（37万台） ②ドイツ（29万台） ③中国（29万台）	①中国（335万台） ②米国（294万台） ③ブラジル（58万台）

	フォード	FCA US（クライスラー）
設立年	1903年	1925年
本社所在国	アメリカ	アメリカ
連結従業員数	18.7万人（2014年平均）， （北米で9万人）	8.9万人
世界生産拠点数	18ヵ国39拠点 （2015年10月現在）	5ヵ国14拠点 （2014年11月現在）
主要海外拠点	中国，ドイツ，ブラジル， スペイン，トルコ，イン ド等	メキシコ，カナダ等
世界乗用車生産台数（2014年）	598.7万台	288万台
世界乗用車販売台数（2014年）	632.3万台	255.3万台
世界生産に占める国内生産比率	49.6%（2014年）	57.8%
連結売上高（2014年）	1441億ドル（注4） （16兆5715億円）	831億ドル（注4） （9兆5565億円）
販売台数上位国（2014年）	①米国（248万台） ②中国（80万台） ③英国（41万台）	①米国（204万台） ②カナダ（28万台） ③メキシコ（7万台）

(注) 1：同社HPの情報より。
　　 2：各社の国外・国内の生産台数は，正確に把握することが難しい。子会社や関連会社において生産が行われている場合もあるため，各社のブランド名がついた車の生産台数は，ここで示した数値以上に多いと予想される。
　　 3：ダイムラー社の「世界生産に占める国内生産比率」は，メルセデス・ベンツの乗用車の生産比率を指している。
　　 4：1ユーロ＝120円，1ドル＝115円で換算した場合。
(出所) 日系企業の従業員数および売上高は，各社の『有価証券報告書』（2016年3月31日）より。その他のデータは，すべてフォーイン『Fourin 世界乗用車メーカー年鑑2016』，フォーイン『Fourin 世界自動車統計年鑑2015』に基づく。

産業の特徴を紹介した。次いで第1章では，先行研究の整理と検討を行う。グローバル化と労働をめぐる研究を三つのアプローチ方法から整理し，本研究の位置づけを述べる。そのうえで，国際労働運動に関する研究や鍵となる用語の定義と概念の整理を行う。第2章では，国際労働基準として，今日までに何が確立し，何がなぜ実現してこなかったのかについて概説する。第3章では，主に2000年以降に増加してきたグローバル・ユニオン（国際産別組織）と多国籍企業とが，世界レベルで取り決めた協定，国際枠組み協定を紹介する。第4章では，先進事例であるVWとダイムラーのケースをもとに，本社の労組および従業員代表委員会が，国境を越えて海外事業所の労組と連携し，在外工場の組織化や組合育成に取り組んでいる実態を述べる。そしてこの労組の国際連携組織が，本社の経営陣と何を協議し，いかなるルールを作り，実行しているのかを詳述する。続く第5章では，日系の4労組を取り上げ，本社労組と在外事業所の労組とのネットワークの実態，海外事業所で起きている労使紛争に対する本社の労使の行動をみていく。なお，日系4労組のうち3労組は，大手完成車メーカーの労働組合であり，1労組は自動車部品メーカーの労働組合である。日系労組は，いずれも匿名とし，A，B，C，D労組および労連と表記する。そして第6章では，第2章から第5章までのケーススタディをもとに，グローバル化した企業で進む労使関係の国際化の実態を整理し，従来の一国内の労使関係との違いを検討する。終章において，本書の内容をまとめ，残された課題を論じる。

第1章
グローバル化と労働をめぐる議論

1　はじめに

　ここでは本研究に関わる先行研究をレヴューし，本書が立脚する分析枠組みや分析視点を提示する。最初に，グローバル化と労働をめぐるこれまでの議論を三つの分析アプローチから整理し，そのなかに本研究を位置づける。そのうえで労働組合の国際運動に関する研究を紹介し，国際連帯の論理的根拠と実現可能性を論じる。最後にいくつかの用語の定義と本書の分析視点を示す。

2　三つの分析枠組み

　グローバル化が雇用と労働条件に与える負の影響をいかに縮小させるかというテーマに関する先行研究は，そのアプローチ方法から三つに整理することができる。
　一つ目は，各国内で，より高い国際競争力をもつ分野へ労働力の移動を促し，「底辺への競争」に巻き込まれないようにすることを強調するものである。多くの国は，賃金等の労働条件がより低い水準にある国との国際競争に直面した際，国内産業の保護を理由に，関税を引き上げて輸入品の国内流通を抑制しようとしたり，政府が当該分野に補助金を拠出したり，さらには競争相手である国にも適用される国際労働基準の確立を求めてきた。しかし，こうした努力は，競争相手の貿易上の優位性を消滅させるわけでも，国際分業の流れを止めるわけでもなかった。そうであるならば，先進国の労働者は，後発国に移転していく産業や職業から手を引き，より付加価値の高い産業や職業へと労働力を移動させることで，自らの経済水準や生活水準に見合った報酬を獲得していくこと

が肝要となる。

　こうした議論の古典的文献としては，シドニー＆ベアトリス・ウェッブの『産業民主制』がある。同著の「附録二」には「産業的寄生主義と国民的最低限政策との自由貿易論に對する關係」と題する論文が掲載されている(1)。そこでウェッブらは，自由貿易による国際経済上の有益性を認め，それを擁護する一方で，ただしそれは，最低限の労働条件が保障されてこそ成立しうると述べた。そして自由貿易を補完する役割としてナショナル・ミニマム論を構想した(2)。江里口によれば，ウェッブらは「国際競争は，低賃金部門の肥大化に通じた国民経済の劣位平準化（「退行」）から，各国における福祉の向上と両立する理想的な国際分業（「進歩」）へと転換する」と予想しており，そうした意味において「イギリス一国の『ナショナリズム』ではなく，国際間の自由貿易とそのあるべき経路をも射程に入れた国際主義」を唱えている(3)。

　こうした議論は，今日，国際経済学の分野ではごく一般的であるし(4)，私たちの社会もまた，労働移動により「底辺への競争」を回避してきたことは，紛れもない事実である。

　二つ目のアプローチは，権力による国際的な労働規制を構築しようとするものである。ウェッブらの指摘は，確かに現実社会を表現しているが，「自由貿易と労働市場規制との結合」(5)だけでは，「底辺への競争」が防げるわけではな

---

(1) Webb (1897＝1969, 邦訳版1048-1061頁)。

(2) ウェッブに関する記述は，Webb (1897＝1969, 邦訳版) および江里口 (2008a, 2008b, 2010) を参考にした。

(3) 江里口 (2008b, 26頁)。なお，ウェッブらは，「国民的最低限が世界を通じて同一平等であることは何等の利益も存しない」と述べ，その理由として「比較的高い國民的最低限を施行する國民は，丁度高い生活標準自の然に存在する國が標準の低い地の諸國に對するその貿易を失はないやうに，低き條件を有する他の諸國に對する輸出貿易を失うものではない」とする (Webb, 1897＝1969, 邦訳版1056頁)。そのうえで，J. S. ミルの外国貿易論を引用し，高賃金が国際貿易上の妨げになることはないとして，「各社會は，その外國貿易を失ふの虞れなくして，何が望ましきかに就ての自らの考へと自らの産業發達の段階と自らの生活習慣とに從って，それ自身の國民的最低限を決定することが經濟的に自由だと云ふことになる」と述べる (Webb, 1987＝1969, 邦訳版1060頁)。

(4) 本章の補論参照のこと。

(5) 江里口 (2008b, 26頁)。

い。劣悪な労働条件の国々によって引き起こされる国際競争は，既に存在する一国内の労働市場規制さえも緩和させる現実もある。不公平な国際競争を防止するために，より実践的な手立てとして求められてきたのが，国際労働法の確立とその執行である。[6]

　その主たる当事者は，国際労働機関（International Labour Organization 以下，ILOと略す）である。ILOとは，1919年にベルサイユ条約により誕生した国際機関であり[7]，その誕生の背景には，19世紀全般から20世紀初頭にかけて，国際的な労働者保護立法を求める労働者，使用者，政治家らの活動があった。それは，国内で労働立法を有する国が，そうした立法をもたない国との競争において不利益を被ることに対して，各国が個別に対応するのは不適当だという考えに基づく活動だった。ILOの設立理念には，世界平和の達成，社会正義の実現などが掲げられ，それらの目的を達成する手段として，国際労働基準の設定が位置づけられた。

　ただし，歴史的に見ると，国際労働基準を国際的な公正競争の実現に求める主張は，ILO設立当初には比較的有効だったが，主要先進国で労働立法の制定が進み，さらに国際的競争力が労働コスト以外の要因に強く左右されるとの認識が広がっていくとともに，そうした主張は減少していった。バルディコスによれば，国際的公正競争という理念は「今日の国際労働条約の意義としては，特殊な例外的なケースを除き第一義的なものではない」[8]。

　けれども，実際に貿易の自由化が一段と拡大する際には，たびたび公正労働基準の強化が提案され，ILOの役割に期待する声が高まってきた[9]。自由貿易の範囲が途上国にまで広がりを見せる今日，国際市場における最低限の保護規制――たとえば児童労働の禁止や団結権の保障など――の強化を求める声は再

---

(6) 国際労働立法の制定に向けた動きは，19世紀初めにまで遡る。イギリスのロバート・オーウェン（Robert Owen, 1771-1858）とフランスのダニエル・ルグラン（Daniel Legrand, 1783-1859）が，最初に国際的な労働者保護立法の必要性を唱えたとされる（柳川，2005）。

(7) ILOは，総会や理事会などの議決機関すべてにおいて，政府・労働者・使用者の三者の代表が構成員となる三者構成主義を特徴とする。

(8) Valticos（1979＝1984，邦訳版9-11頁）。

(9) 花見編（1997）など。

び強まっている。公平な国際競争という理念も，未だ有効性をもち続けているともいえる。また，国際労働基準は，それぞれの国の労働者が要求する内容の素地となり，各国の労働運動の一つの支柱にもなってきた。各国政府に対しても，労働政策に指針を与え，労働法制に一定の影響力を及ぼしてきた。国内立法が国際労働基準のレベルに達している国に対しても，ILO 条約を批准することによって，国内立法の後退を防ぐ役割を果たしてきた。

　三つ目のアプローチは，国際的な労働運動の強化を求めるものである。自由貿易が拡大し，安価な輸入品が国内に流通し，低い人件費を求めて生産拠点が国外へ移転するなか，そうした事態に，抵抗しようとすればするほど，低廉な労働条件を自らの職場にもち込むことになる。その影響を直に受ける労働者と労働組合には，こうした国際的な労働ダンピングに何とか手を打ち，それを防ごうというインセンティブが強く働く。それゆえ労働組合は，この事態に，ウェッブらがいうように「受け身」で処理するのではなく，現状を改善させようと能動的に動いてきた。

　その主体は，最も古くは国際的な産業別の労働組合組織（以下，国際産別組織と略す）である。国際産別組織の設立から活動内容までを克明に記した古典的文献としては，ローウィンやスケヴネルスによるものがある。これらの文献によれば，欧州では，19世紀後半に国内で活発な組合運動が展開されると，それとほぼ同時期に国際連帯活動が起きた。国際労働運動の歴史は，労働運動それ自体の歴史と重なり合うほどに古い。ただし，労働者の国際連帯は様々な壁に阻まれ，国際産別組織の樹立に向けた動きも，しばしば停頓と分裂を繰り返してきた。各国労組は，それでもその結成に向けた調整を続け，その結果，1890～1910年代にかけて，立て続けに産業ごとの国際組織が誕生した。

　それら国際産別組織の活動は，各国の労働協約，労働基準，賃金，労働条件

---

(10)　吉岡（2009）など。
(11)　Lorwin（1953），Schevenels（1960）。日本では，堀田編著（2002）や小島（2004）などに詳しい。
(12)　ハイマンによれば，最初の国際的な労働運動は，1864年のイギリスにおける国境を越えた労働者の組織化があり，19世紀終わりには，草の根レベルではあるが，長期的に存続する国際的な組織が確立している（Hyman, 2005）。

などの情報の収集と発信，それに基づく調査と分析，さらに加盟する組合の労働争議に対する国際連帯行動の実施，そして国際的規準の形成だった。戦後になると，国際産別組織には，国際機関（ILOや国連の社会経済理事会など）の公式・非公式の代表性が与えられ，時にそれらの機関決定にも影響を与えてきた。国際的な労働組合運動は，長らく国際産別組織が主導しており，今日においてもそれに大きな変化はない。ただ近年では，国際的な労働問題を国際産別組織だけに委ねるのではなく，各国の産業別・職業別労組も，さらには各職場に存在する企業別組合や組合支部もまた，国際労働運動に深く関与することが求められるようになってきた。

以上の通り，これまでの研究には三つの分析枠組みがある。本研究は，このなかで主に第三のアプローチを用いる。そしてその分析対象は，この分野において主流となってきた国際産別組織のみならず，各国の産別組合，多国籍企業の本社を組織する企業別組合および従業員代表委員会にも焦点をあてる。労働組合の重層的な構造のなかで展開される国際労働運動を，各次元の役割や相互の関連性に着目しながら，その実態を解明することで，グローバル化が各職場に与える負の影響をいかに小さくしうるかという課題に接近する。

3　国際労働運動に関する研究

（1）　グローバル化と組合機能の低下

では次に，労働組合が，国際的に連帯し，国際労働運動を展開する論理的根拠を先行研究から見ていきたい。伝統的に労働者は，同じ国に属し，同一言語を話し，同じ企業や地域で，同等の労働条件で働くほうが，そうでない場合と比べて，より強い連帯感をもちうる。そのため企業が，労働条件や社会保障制度，文化や社会環境が異なる国や地域に生産拠点を広げていくことは，それ自体，労働者の分断を引き起こす。労使関係のあり方は，国によって異なるため，

---

(13) ただし労働組合は，ILO の構成員でもあり，組合は ILO の国際規制を通じて，職場を規制しようともしてきた。本書では，そうした活動にも触れるため，第二のアプローチにも一部重なる。

(14) ILO（1973），Ietto-Gillies（2012）。

国際化した企業の従業員を，統一労組に組織することは極めて難しい。経営の規模が一国内にとどまっていた時代と比べれば，企業の国際化は，同一企業で働く労働者の分断を推し進めることになる。

とはいえ，各国ごとに労働者は団結しうるし，結成された組合が各地の経営者と交渉することは可能である。しかし，国ごとに分断された労働組合に待ち受けていることは，生産移転の脅威である。多国籍企業は，生産や事業の一部またはすべてを，自国から他国へと移転させる力がある。組合がそれに対抗する統一的な力をもちえない限り，企業は工場閉鎖や生産縮小を切り札として，組合活動を委縮させ，経営の優位性を高めることが可能となる。

むろん生産立地の決定において，人件費の安さや労働組合の敵対性は，一要因に過ぎず，必ずしも決定要因ではない。若杉によれば，生産立地の選択は，「単に生産要素の賦存状況だけでなく，人的資源の豊富さ，資源の豊富さ，輸送通信手段，原材料・中間財の入手可能性，法制度，税制・関税・補助金などの政府の関与の程度，市場の規模，市場の競争条件，言語・文化・教育の差異，政治的安定性，インフラストラクチャー」といった様々な市場条件が，複合的に作用する。同時に，実際に生産拠点を移転させることも，そう容易なことではない。生産移転のために，企業は固定資産の喪失や工場閉鎖に伴う退職金等を支出しなければならず，加えて労使紛争の可能性も考慮せざるをえない。だがここで重要なのは，企業が，実際にその移動性を行使するかどうかではなく，移動する可能性をもっている点である。その可能性がある限り，労働者は常に他国の労働者と競争することになり，引き下げ圧力に晒されるのである。

また，生産の国際化は，ストライキ効果を減退させることも実証されてきた。上述の労働者の分断とも重なるが，ある国の労組がストライキを行ったとしても，他国に同一製品を生産しうる工場がある場合，理論上，子会社間で生産を融通し合うことで，当該製品を市場へ供給し続けることが可能となる（ただし

---

(15) Kujawa（1980），高木（1973），ILO（1973）。
(16) 若杉（2009，171頁）。
(17) とくに自動車産業のように初期の設備投資が大きい分野は，固定資産の減価償却に時間がかかるため，より長期の視点で立地計画が立てられる。
(18) ILO（1973）。

第1章　グローバル化と労働をめぐる議論

現実には，他国の工場が生産を代替する能力を有しているかどうかや，輸送コストの問題，その企業が国を跨ぐ横断的な生産体制を組織しているか等によって，その実現可能性は異なる）。加えて多国籍企業は，子会社で生じたストライキに対し，親会社から資金を流入させうるため，一国内の企業に比べると，より長期的な対応が可能ともいわれる[19]。このように生産体制，資金の両面から，生産の国際化は団体交渉力を低下させる。

さらに，多国籍企業が設置する海外子会社の労組は，交渉力を高めにくいという問題もある[20]。それは，海外子会社の労組にとって，実質的な決定権限のある者と交渉することが極めて難しいためである。多国籍企業の場合，本社と海外子会社，さらには地域ごとの統轄本部など，意思決定を下す機関や人が複数存在している。労組にとっては，意思決定がどこで，誰によって行われているのか，そのプロセスが見えにくい。各工場の経営者と労働組合との間で労使協議や交渉を行うとしても，その雇用と労働条件について，現地の経営者が実際にどれほど決定権を有しているのかもはっきりしない。労働組合にとっては，実質的な決定権をもつ使用者と交渉することが重要となるが，それが一体誰なのかが不透明で，また真の交渉相手に近づきにくい状況がある。

このように労働者の分断，生産移転の脅威，ストライキ効果の低減，海外子会社の交渉力の低さ等を要因に，経営のグローバル化は組合機能の低下を引き起こし，企業が国際化すればするほど，経営主導で物事が進みやすくなると考えられてきた。

（2）　国際連帯の難しさ

組合機能の弱体化を防ぐには，国際連帯を強化していかなければならない。けれども，労働組合は，その性質から，そもそも国際性をもち合わせているわけでもない。組合運動とは，各国内で，それぞれの社会秩序や雇用慣行に沿って発展してきたのであり，それゆえ，どうしてもナショナリズムにとらわれがちである。労働組合が，国際労働運動を行う根源的な原理が，確かに存在する

---

[19]　Bomers（1976）。
[20]　Kujawa（1980）。

とは断言できず，むしろそれは，必要性に迫られてやってきたと考えられている[21]。すなわち貿易，労働市場，資本の国際化により，労働組合は，国内レベルの運動だけで，自らの目的——自国の組合員のための経済的利益の追求——を果たすことができなくなり，国際労働運動に踏み出さざるをえなくなるのである。国内と国外との間で，甚だしい賃金率の差を放置しておけば，その格差を理由に，自国の賃金の引き下げや，生産拠点の海外移転の恐怖から逃れることができない。自国の雇用と労働条件を守るために，海外の労働条件の向上に取り組み，他国の労働者と連帯せざるをえない。

　しかし各国労働者の利害は，必ずしも一致しないため，各国の労働組合が，常に連帯しうるわけでもない。自国への工場誘致や雇用の拡大をそれぞれの国の労働者が求めるのは当然であり，その意味では他国の労働者は競争相手となり，労働組合間は容易に対立関係に陥る。むろん中長期的な視点に立てば，そうした対立と競争がもたらすのは，労働ダンピングであり，それを防ぐことは全労働者に共通した利益である。けれども，各国の労働組合が，短期的な視野から保護主義や排外主義に走る可能性は，常に否定できない。だからこそ，その調整を図る組織が求められ，国際産別組織が設立されてきたのである。

　このように国際連帯は，必然的理由がありながらも，達成の困難さを抱える。では，それをいかに実践していけばいいのだろうか。その可能性を，多国籍企業の労組活動に着目して検討したのが，レビンソンである[22]。レビンソンは，多国籍企業で国際的な労使関係がどう構築できるかについて，「企業全体の賃金やその他の労働条件を定める単一の基本協定を締結すること」を理想としたうえで，そのために，三つの発展段階をたどると構想した[23]。第一段階は，「国際労働組合が一国における労働組合のストライキや交渉を援助する」ことであり，第二段階は「ストライキや交渉を同時にいくつかの国の組合で調整して行う」ことである。つまり多国籍企業の諸工場を組織している複数の国の労働組合が，国際的な調整機関を作り，協約改定における共同行動，争議における支援行動へと進んでいくことを意味する。そして第三段階は，国際的な団体交渉を確立

---

　(21)　Logue（1980）。
　(22)　Levinson（1972）。
　(23)　Levinson（1972＝1974，邦訳版110頁）。

させ,交渉を統一的または中央集権的に行い,国際的な協定を締結することである。

そして日系の多国籍企業についても,国際的な労使関係の具体的実態が,いくつか報告されてきた。とくに組合の国際活動が活発化した1970年代から80年代を分析したものが多い[24]。これらの研究では,自動車産業や電機産業で,日系多国籍企業の労働組合が,海外事業所の労働組合と協議する機関を設立し,国際的労使関係の構築に取り組んでいることが実証されてきた[25]。その詳細は第5章で紹介するため,ここでは割愛するが,その協議機関は,単に日本的労使関係を移転させるためだけの装置となっているとの批判も受けてきた[26]。

戸塚[27]は,こうした研究成果をもとに,レビンソンの三つの段階に照らし合わせ,日本の実態は,第一段階にあり,第二段階への移行は進んでいないと分析する。労組間の国際連携は,情報提示や意見交換の域を出ておらず,協議は稀で,交渉は存在していない。次の段階に進めない理由には,企業側が,工場レベルでの労使協議の充実を求めており,その壁が厚いこと,そして労働側にも二つの困難があるとする。その一つは,多国籍企業傘下の各国労働者の利害が一致しないこと,もう一つが,組合本部が国際的な労使協議や団体交渉の集権化を進めようとするのに対し,工場に密着した組合活動家が警戒と留保を働かせるためである。つまり国際連帯に対し,組合内部からブレーキがかかると指摘する。戸塚[28]は,グローバル化が,労働者の国際連帯を進めるという楽観主義を批判し,同時に生まれる保護主義や排外主義を抑えながら,いかに国際連帯を進められるかをより具体的に論じるべきだと主張した。本書では,これらの先行研究をベースに,近年の状況を解明していく。

---

[24] 佐々木(1982,1986),Williamson(1994)。
[25] 佐々木は,国際的労使関係を「多国籍企業のもとでの雇用の国際化とその雇用の国際的階層編成,それを基礎とする資本と労働の対抗関係の国際化(その組織や戦略の国際化などを含む)」と定義する(佐々木,1986,54-55頁)。
[26] Williamson(1994)。
[27] 戸塚(1995a,1995b)。
[28] 戸塚(1995a,1995b)。

4　労使関係とは

　次に，本テーマを研究するにあたり，カギとなる二つの用語，すなわち「労使関係」と「グローバル化」について，ここで改めてその定義と概念を整理し，本書の分析視点を論じる。

（1）　定義と特徴
　そもそも労使関係（Industrial Relations）とは，ダンロップの定義に従えば[29]，使用者とその組織，労働者とその組織，そして政府機関の三者が当事者（actor）となり，相互に交渉や協議をした結果，国家，産業，企業，職場などのいくつかの次元で，作り出される働くうえでのルールの網の目（web of rules）を意味する[30]。なお，こうして作り出されたルールは，企業活動を制約する力をもつため，本書では，ルール形成のことを「規制」とも表現する。

　労使関係は，政治形態にかかわらずいかなる国でも存在するが，そのあり方は，国ごとに様々である。主たる異同の一つは，労使関係の諸決定が，集権的体制で行われるか否かにある。いい換えると，国家レベルや産業レベルで集権的に決定された事項が，企業レベルの労使自治をどれほど強く規制するかという点の相違である。長らく欧州の労使関係は集権的体制であるのに対し，日本のそれは分権的体制だと考えられてきた。だが，1990年代以降，欧州でも企業レベルでの労使関係の重要性が相対的に高まっている。全国レベルもしくは産業レベルの団体交渉や労働協約の機能が弱まり，企業レベルのそれに重点が移っていくことは，分権化（decentralization）と呼ばれる[31]。

---

[29]　Dunlop（1958）。

[30]　いずれの次元においても，ルールは，その次元を構成する労働者に集団的に適用されるため，労使関係は，もともと集団的性格をもっている。しかし，今日では，ルールが個人と企業のあいだに締結される雇用契約をつうじて設定される点を重視した個別的労使関係という用語も普及している。本書では，とくに限定しない限り，労使関係という用語は，集団的労使関係を意味する。

[31]　ただし分権化の度合いは，欧州のなかでも国によって大きく異なる（Ferner and Hyman, 1998）。

第1章　グローバル化と労働をめぐる議論

　ここでは，本書と関係の深いドイツとアメリカの労使関係を取り上げよう。[32] まずドイツは，二重の労働者代表制を特徴とする。これは，労働者の利益が産別組合と，各事業所に設置された従業員代表委員会によって代表されることを意味する。産別組合は，産業別の経営者団体との間で，産別労働協約を締結し，それによって企業横断的な最低限の労働条件を設定する。そして各職場に存在する従業員代表委員会は，その協約の具体化を図るとともに，経営，人事，就業規則などにかかわる事項を各社の経営陣と協議および共同決定する。さらに企業の監査役会には，労働者側の代表者が入ることも法的に保障されている。

　ただしドイツでも，1990年代以降，組合組織率が低下し，産別労働協約体制が縮小している。[33] それを象徴する出来事として，2015年に最低賃金制度が導入されたことがある。つまりドイツでは，従来，産別労働協約で最低賃金が定められてきたが，企業協定や労働協約の適用を受けない事業所が増加しており，国家レベルで最低賃金制度が導入された。

　なお，本書の分析対象であるVWは，ドイツの二重の労働者代表制を前提としながらも，さらに特異性をもつ。同社は，戦後一貫して金属産業経営者連盟（Gesamtmetall）に加盟しておらず，産別組合であるIGメタル（Industriegewerkschaft Metall）との間で社内労働協約を締結してきた。つまり同社は，IGメタルと経営者連盟が締結する産別労働協約は，一般的拘束力宣言されたもの以外は適用を受けない。またVWと，同様に分析対象であるダイムラーは，IGメタルによる組織率が極めて高く，両社の従業員代表委員会は，IGメタルと密に連携をとりながら活動していることを特徴とする。[34]

　次に，アメリカの労使関係であるが，アメリカも産業別・職業別組合を主流とするが，これらの労組は基本的に各企業と個別に労働協約を締結しており，欧州のような産業別の労使交渉や労働協約は存在しない。[35] 産別組織の傘下には，

---

(32) ドイツとアメリカの労使関係制度については，白井（1979），JILPT（2004，2012，2015）を参考にした。
(33) たとえばILO（1997），田中（2003），大重（2011），岩佐（2015）など。
(34) IGメタルへのヒアリング調査による。
(35) アメリカの労使関係については，田端（2007），JILPT（2004，2012）を参考にした。

33

数多くの地方支部（ローカル）があり，地方支部が組織している事業所の労働条件を規制し，苦情処理や紛争処理を行う。産別労組が締結した協約とは別に，地方支部が事業所単位で使用者と交渉し，個別協約を締結することもある。したがってアメリカは，比較的日本の労使関係のあり方に近いといわれる。

またアメリカの労使関係は，労使ともに妥協のない対応を取り，両者の関係は敵対的であることで知られる。とくに自動車産業の労使関係は，その典型とされてきた。自動車産業の現場労働者の組織するのは，UAWである。けれどもそのUAWも，1980年代以降は，雇用と引き換えに賃下げに合意するなど，交渉力が低下している。そしてアメリカの労組は，従来，組織した組合員の利益のみを重視するビジネス・ユニオニズムに基づく運動を中心としてきたが，組織率が低下していることを理由に，2000年以降は，社会運動的な組合主義（ソーシャル・ユニオニズム）が強まっている。

（2） 日本的労使関係の特徴

日本の労使関係は，周知の通り企業別組合を特徴とする。企業別組合とは，白井によれば「特定の企業ないしその事業所ごとに，その企業の本雇いの従業員という身分資格をもつ労働者（職員を含めて）だけを組合員として成立する労働組合のことである。しかもこの企業別組合は，その運営上の主権をほとんど完全な形で掌握している独立の労働組合である」と定義される。ここでとくに注目したいのは，本定義の後半部分である。つまり日本の企業別組合と欧米のいわゆる産業別・職業別組合との間には「主権の独立性」という相違がある。欧米の組合も，産業別・職業別組合の傘下に，地域支部や工場別支部が存在し，それら各支部組織の活動は，企業別組合のそれと似て見える。だが欧米の支部組織は，それぞれの全国組合本部の統制下にあり，その支部組合の自治権の幅

---

(36) ILO（1997），田端（2007）。
(37) JILPT（2012）。
(38) 白井（1979，2頁）。ただし近年では，いわゆる「非正規社員」の組織化も進んでおり，組合員資格の広がりがみられる。
(39) 白井（1992，86頁）。日本の労使関係については，白井（1979，1992）を参考にした。

は，組合によって差があるにしても，かなり限定されている。それに対して，日本の企業別組合は，産業別組合などの上部団体に加盟していても，上部団体が傘下の企業別組合を統制する機能が弱く，企業別組合の「主権の独立性」が高い。

企業別組合の「主権の独立性」は，労使協議や団体交渉においても見られる。日本では，個々の企業の使用者と，そこに存在する組合との間で交渉する企業内交渉が，労使交渉の基本的な形である。企業内交渉自体は，欧米諸国でも多く見られ，アメリカではそうした交渉形態が以前から支配的であるし，ヨーロッパでも全国（または地域別）交渉から，工場別や会社別の交渉へと分権化が進展している。だが欧米では，企業内交渉に上部団体も参加するのに対し，日本は，上部団体等の企業外部の者が参加することはなく，原則として企業の使用者と企業の従業員で組織された企業別組合の代表者で協議交渉する。本書が対象とするような大手企業の企業別組合は，とくに上部団体からの援助や指導に依存する必要性が低く，こうした傾向が顕著である。

なお，日本の自動車産業の労使関係は，日本的経営および日本的労使関係の特徴を端的に示していると考えられ，これまで多くの研究のフィールドとなってきた[40]。それは，一般的には，労使協調と評され，経営側が優位にあり，組合規制は弱いと理解されてきた。だが，実際に組合活動の内部に深く入り込み，丁寧に実態を調査した研究によれば，細かな労働条件の一つひとつにまで，労働組合が関わり，労使協議によって決定されている事実も明らかにされてきた[41]。その組合活動の特色は，経営に対し異議を申し立て，会社と対立するようなものではなく，組合員の声を拾い上げ，密に労使協議や労使懇談会を重ね，賃金，労働時間，勤務形態，福利厚生といった企業内制度を組合員の意見を反映させたものへと作り込んでいくことにある。経営側も，経営計画，生産や設備に関

---

[40] たとえば久本（1997）や石田・富田・三谷（2009）など。

[41] なかでも，従来注目を浴びてきたのはA組合だった（山本，1981，上井，1994など）。たとえば上井は，A社において，労働時間や職場配置などの労務管理を，労働組合がかなり統制していた事実を明らかにし，また，1980年代半ばに，A労組のリーダーが追放され，その規制力を大幅に失っていったことを描き出した（上井，1994）。C社労使関係については，猿田を中心とした一連の研究がある（猿田，2007，2009，猿田ほか，2012）。

する計画,労働条件や作業条件など,組合員に関わる様々な事柄を事前に組合に提示し,もし問題があれば労使で時間をかけて話し合うことで,安定的な労使関係を築こうとしてきた。そこには労使が相互に信頼し合い,一緒になって職場の問題解決にあたろうする姿勢がある。ゆえに,こうした「事前協議」こそ,日本的労使関係の性質だとの見方もある。それに対し,アメリカに代表されるようないわゆる敵対的労使関係は,根底に相互不信があるため,事前協議は成り立ちにくい。ゆえに組合員から苦情が出され,職場の問題が顕在化した後に,組合はそれに対処することになる。結果的に組合活動は,経営とどのように交渉するかがメインとなり,対決型の関係になりやすいと考えられてきた。

(3) 労使関係研究の傾向と本書の位置づけ

ところで,日本では労働組合による国際労働運動に関する研究は,既に紹介した研究以外には,さほど多く存在しない。総じて日本の労使関係研究は,組合の国際活動について関心が薄かった。長らく労使関係研究のメインテーマは,企業内の組合機能の検証,すなわち組合がどれほど職場を規制しているのかにあった。1990年代以降には,国際的に優位性があるとされた企業内の技能育成や熟練形成に注目が集まり,生産システムと絡めながら,教育訓練や賃金制度,昇進体系の実態と変容を解明することに力が注がれるようになる。人事制度が主たる研究対象となるなかで,組合活動や組合規制に関する研究は減少していった。

日本の労使関係および人事労務に関する研究の特徴は,職場の微細な部分にまで入り込み,実態を詳細に描き出すことにある。つまり,労使間の話し合いや駆け引き,労組の日々の職場活動を叙述し,また,企業内の人事制度を精緻に調べ,その変容を追いかけ,それが従業員に与える影響を検証するなど,職場の細部に焦点をあてた研究が多い。石田らは,こうした分析視角を「労使関

---

(42) 下川 (1992, 225頁)。
(43) たとえば仁田 (1988),上井 (1994)。
(44) たとえば野村 (1993),中村 (1996) など。
(45) 近年では,個人加盟ユニオンなど,企業別組合以外の労働組合の活動に対象とした研究も発表されている。たとえば小谷 (2013) など。

係のミクロ的方法」と呼んだ。
　このような緻密な実証研究が，多くの事実を発見してきたことには違いないが，他方で，日本の労働研究では，長い間「マクロ的な」観点が，置き去りにされてきた。グローバル化が進行するなかで，企業内の労使関係のあり方や人事管理制度は，企業の経営状況や生産システムのみならず，国際的な分業体制，国際経済や国際資本の動向，国際労働基準，多国間の枠組みなどの影響を強く受けるようになっている。それにもかかわらず，そうした視点は軽視されてきた。本研究は，これまで蓄積されてきた職場や企業レベルの研究を前提としながらも，労働組合を社会，国家，国際関係といったより幅広い視野のなかに位置づけ，マクロ的な観点から組合機能を捉え直していく。

（4）労働組合の重層的な組織構造

　そもそも労働組合とは，矛盾を宿している組織である。フランダースは，労働組合は，「正義の剣（sword of justice）」と「既得権擁護（defender of vested interest）」という二つの顔をもつと述べた。

　歴史的に見れば，労働組合は熟練工を中心とした労働者により，自らの雇用と賃金を守るために結成され，発展してきた。労働ダンピングを抑えるために，未熟練労働者の参入を規制し，自分たちと他の労働者とを差別化することで，資本家との交渉を可能にしてきた。こうして獲得した権利や利益，すなわち「既得権」を守ることで，組合に組織された労働者は，首切りや賃下げの恐怖から逃れ，安定した生活を営むことが可能となった。そして，職場の組合員に限定した民主主義が育まれてきた。

　同時に，どのような労働組合も，その運動理念に，社会的公正や社会正義，

---

(46) 石田・富田・三谷（2009, 4頁）。

(47) 同じ批判は，日本の組合活動にも当てはまる。労働組合もまた，企業内のメンバーシップに限定した社内制度の変化への対応に追われ，労働市場の流動化や労働者の多様化などの社会変化や，経済のグローバル化に対応した運動を十分に展開できていない。その結果，労働組合の社会への規制力は弱まり，労働組合への期待は薄れている。

(48) Flanders（1980, p. 15）。

(49) Flanders（1963）。

平等の実現を掲げている。こうした「正義の剣」は組合の存在原理といえよう。けれども，労働組合が守ってきた組合員の利益は，時として，組合員以外の労働者の利益と対立する。たとえば，景気が変動するなかでも，組合員である「正規社員」に安定した雇用が保障されてきたのは，非組合員である「非正規社員」が不安定な雇用を甘受し，調整弁の役割を果たしてきたためである。つまり，正規社員の労働組合は，組合員の労働者の利益を守ってきたが，それは組合員ではない労働者の犠牲の上に成り立っていた。正規社員と非正規社員ばかりでなく，熟練労働者と不熟練労働者，男性労働者と女性労働者，大企業労働者と中小企業労働者，日本人労働者と外国人労働者など，同様の構図はいくらでも例示できよう。それゆえに現代では，労働組合が「恵まれた」労働者たちの既得権を擁護する団体と認識され，その排他性や保守性が批判の的となっている。

　すなわち労働組合は，組合員の既得権を擁護しながらも，非組合員も含めた労働者全体の不利益を減らしていくことを使命としている。「既得権」擁護と社会正義や社会的公正の実現という二つの課題に取り組むために，労働組合は，重層的な組織構造を形成してきた。日本を例に説明すれば，企業別組合の上部団体には，企業グループの組合連合，産業別組合組織，地域組合組織，ナショナルセンター，国際産別組織などが存在する[50]。いうまでもなく，上部団体の活動は，企業別組合に加盟する組合員が拠出する組合費によってまかなわれる。

　そして企業別組合は，組合費を納める各職場の組合員の雇用と労働条件のために活動し，上部団体が，組合費を納めていない非組合員，すなわち非正規労働者や組織化されていない下請け企業，地域の労働者のための活動を担う[51]。地域別最低賃金の決定や，労働に関する法制度の策定に参画するのも，上部団体である。その意味において，組織率が低下した現状でも，労働組合は，決して一部の「恵まれた」労働者だけのものではない。こうした組織構造を築くこと

---

[50] ただし上部団体は，企業別組合出身の組合役員によって構成されているため，上部団体と企業別労組との間につながりはある。

[51] 日本で最大のナショナルセンターである連合は，1992年の第10回中央委員会にて，「連合組織方針」を取りまとめ，そのなかでナショナルセンター，産別労組，企業別組合の役割をこのように定義している（連合運動史慣行委員会，1997，69-83頁）。

第1章 グローバル化と労働をめぐる議論

によって，労働組合は，組合員の利益と，時にそれと相対する非組合員の利益との矛盾を解消しようとしてきた。[52]

このように機能分化した重層的な構造のなか，本書がテーマとする組合の国際活動は，主に上部団体（ナショナルセンターや産別組合）が担ってきた。ナショナルセンターや産別労組は，国際的な会合に出席し，他国の労組と交流し，海外の情報を収集し，大局的見地から，国際的労働運動の意義を訴え，それを盛り上げようと旗をふってきた。[53]海外事業所で生じた労使紛争が，海を渡って日本に持ち込まれた時に全面的に対応してきたのも，これら上部団体であった。

他方，経営の国際化に伴い，企業別組合も国際的な活動を進めてきた。だが，その主たる内容は，自国の組合員の雇用と労働条件の保護である。[54]たとえば，海外事業所や在外工場等が新設されると，たいてい本社の日本人従業員が現地に出向し，現地従業員の育成や事業の立ち上げに携わるが，労働組合は，それに先立ち現地に赴き，就労・生活環境を確認し，赴任手当や給与について経営側と協議・交渉する。さらに各労組は，組合員が駐在する事業所に定期的に足を運び，現地の労働実態と生活環境を調査し，課題があれば経営側に改善提案を出す。こうした組合活動は，海外拠点の拡大とともに広がっている。

けれども，企業別組合が，同一企業で働く他国の従業員のために活動することは，これまではほとんどないと考えられてきた。駐在員調査で海外事業所を訪問しても，現地労組を訪ねたり，現地の従業員の話を聞いたりすることはなく，さらにいえば，現地の事業所に労働組合が存在するのかさえ把握していない労組も多い。海外の事業所で労使紛争を抱えていたとしても，本社の企業別組合がその事実を把握しているのかどうか，もし把握しているとすれば，それをどう考えているのかは，ほとんど明らかになってこなかった。

---

[52] 高木は，こうした構造について，ナショナルセンターが具体的な労働条件の決定から除外されてきたことが，労働組合の存在を「メンバーシップの世界に閉じ込め」てきたと指摘する。今や5分の4の労働者が，組織化されておらず，多くの労働者が，「賃金決定が自分とは関わらない遠い世界になってしまった」と述べる（高木，2016，8頁）。

[53] 産別労組の取り組みを報告したものとして，梅本・中村・吉野（2007）などがある。

[54] Williamson（1994）。

本研究では，こうした組織構造とこれまでの経緯を前提としながらも，国際労働運動の主体として，国際産別組織や国内の産別組合だけでなく，企業別組合の活動にも注目していく。その理由は，多国籍企業と，国際的なルールを締結できるかどうかは，本社に対峙する企業別組合の行動に左右されるためである。日本においては，ナショナルセンターや産別労組が，いくら企業横断的な活動目標を定めたとしても，それに応えるかどうか，どこまで取り組むかは，企業別組合内部で判断される。日本では，多国籍企業本社と直接に協議や交渉し，ルールを締結できるのは，そこを組織する企業別組合だけである。ゆえに日本で，グローバル化に対応した労使関係を構築しうるかどうかは，企業別組合の行動にかかっている。

　なお，企業別組合といっても，そのなかには本社の従業員を組織している中核組合の他に，子会社や関連会社の組合の連合体であるグループ労連がある。たとえばA労連はA社の国内グループの労働組合の連合体（＝労連）であり，車両組立メーカー，販売会社，部品メーカー，輸送会社など多様な業種の組合組織350以上によって構成される。日本の組合は，このように資本ごとに組合グループを結束していることから，「資本別労組」ともいえ，その傘下に「企業支部」をもつといった見方もできる。[55]

　本書がテーマとする国際的な問題への対応は，近年ではグループ労連が窓口となっている組織が目立つ。第5章で取り上げる各社の事例は，A社は労連の活動を，C社は本社を組織する中核組合の活動を紹介する。B社については，以前は中核労組が対応していたが，近年は労連が中心となって活動しているため，それぞれの活動を取り上げる。D社では中核労組と産別労組の活動を見ていく。なお，労連と中核労組の違いは，その活動範囲にある。労連の場合，企業グループ全体を網羅するため，完成車メーカーのみならずサプライヤーまでを範疇に含むが，中核労組の場合は，完成車メーカーのみが対象となる。こうした違いがあることを踏まえつつも，本書のなかでそれらの活動実態を描くにあたり，中核労組もグループ労連もまとめて，便宜上，「○社の労組」や「○社の本社労組」と表現する。

---

[55]　中西・稲葉（1995，81頁）。

（5） 労使関係の次元（レベル）

組合組織と使用者団体を国内および国際的なレベルに区分けすると表1-1のようになる。つまり組合組織も使用者団体も，産業による相違はあるものの，国内には企業単位の他，産業別・職業別，一国レベルに組織体を持ち，さらにEUやアジアなどの複数国が集う地域レベルにも各々の組織を保有し，そして世界レベルにもそれぞれ組織を有する。一見すると，各次元で労使関係が成立しているように見えるが，実際に協議や交渉，協約締結といった労使関係が存在するのは，基本的に一国内のみ（レベル3まで）である。ただし，欧州においては，EU域内に限って国を跨ぐ産業別協約を締結したケース（レベル4）がある。たとえば，欧州運輸労連（ETF）とヨーロッパ鉄道連合使用者団体（CER）は，2004年に鉄道労働者の労働時間に関する協約を締結した[56]。けれども，それ以上の次元（レベル5以上）での労使関係は，EUを含め存在しない[57]。

国際的な労使交渉が存在しない理由は，主に使用者側に起因する。国際的な使用者団体[58]は，労働組合の国際組織と比べ，その数が少なく，多くは上部にいくほど強い権限をもっておらず，その機能は明確になっていない。使用者団体

---

[56] 正式な協約名は，The Agreement on Certain Aspects of the Working Conditions of Mobile Workers（Directive 2005/47/EC）である。EUでは，1980年代末から鉄道事業の規制緩和が進み，路線の開放や，鉄道会社の分割・民営化，鉄道事業の国を越えた統合が進んできた。こうした動きに合わせて，ITF（国際運輸労連）のヨーロッパ支部にあたるETF（欧州運輸労連）は，CER（ヨーロッパ鉄道連合・使用者団体）を2年かけて説得し，9ヵ月の交渉を経た後，2004年1月に欧州鉄道市場の安全基準と労働条件を定める国境を越えた労働協約を締結した。欧州機関士免許を設立し，最低労働基準の労働時間を規定した。この労働時間基準は，その後EU指令となり，法的拘束力をもつことになった。その他にも，1995年にETUC（欧州労連）の繊維・衣料・皮革部門組織が，欧州靴産業連盟（European Confederation of the Footwear Industry）と児童労働に関する憲章を調印した事例もある。

[57] なお，労働組合のなかには，多国籍企業に対抗力をもつことを目的に，産別労組が国を越えて統合するケースもある。2008年に，イギリスの製造業中心の労組（Unite）と，アメリカの全米鉄鋼労組（USW）は，国際的な大企業との労使交渉と組織化で協力し合うことを約束し，ワーカーズ・ユナイティング（Workers' Uniting）を結成した。

[58] 代表的には，国際使用者連盟（IOC）や国際商工会議所（ICC），アジア・太平洋経営者会議（CAPE）などが存在する。

表1-1 労働組合組織と使用者団体の対応表

		レベル,単位	労働組合組織	使用者団体の組織
国内	1	企業別	企業別労働組合(例:トヨタ自動車労組,トヨタ労連) 従業員代表委員会(例:VWの従業員代表委員会)	各社(各グループ)の経営陣 例:トヨタ自動車やトヨタグループの経営陣
	2	産業・職業別	産業別労働組合 例:金属労協,自動車総連	産業別使用者組織 例:日本自動車工業会
	3	国レベル	ナショナルセンター 例:連合	各国の使用者団体 例:日本経団連
地域	4	複数国・地域別	組合の地域組織 例:IndustriALL・EU	使用者の地域組織 例:欧州自動車工業会
世界	5	世界・産業別	国際産別組織(GUFs) 例:IndustriALL	産業別使用者組織 例:国際自動車工業連合会
	6	世界レベル	例:ITUC	例:国際使用者連盟

(注) 自動車産業をベースに筆者作成。

が国際的な組織を作る主たる目的は,国を越えた規格や基準の整備,国際展示会の後援,国を越えた産業基盤の強化等にあり,労使関係の当事者となることは想定されていない。むしろ使用者側は,雇用慣行や法制度が国ごとに異なるなかで,国境を越えた統一の保障や規制をかけることに否定的な考えのもと,戦略的に国際組織にそうした機能をもたせてこなかったと推測できる。したがって,現状では,国際的な使用者団体が,グローバル・レベルでの社会対話の当事者としての役割を果たすことは難しい。

すなわち,労働組合は国際産別組織を結成してきたが,その交渉の相手は,これまで不在だった。国際産別組織の従来の活動は,国際会議を主催し,各国の加盟労組を集め,情報交換をすることで,国を越えた労組間の連帯を築き,情報を集約し,国際労働運動の方針や目標を立てることにあった。加えて,経済や社会等に関する国際討議の場に,労働組合としての意見反映を行っていくこともある。G8やG20サミット,OECD閣僚理事会や労働大臣の閣僚会合などの政治的な国際会議体と協議を行ったり,労働組合の見解を提言したり,ロビー活動をすることも,重要な任務とされてきた。そして国際世論に向けたグローバル・キャンペーンを組織することもある。[59]

表1-2 国際産業別労働組合組織

①	国際建設・林業労組連盟（BWI：The Building and Woodworkers International）
②	教育インターナショナル（EI：Education International）
③	国際ジャーナリスト連盟（IFJ：The International Federation of Journalists）
④	インダストリオール（IndustriALL）
⑤	国際運輸労連（ITF：International Transport Workers' Federation）
⑥	国際食品関連産業労働組合連合会（IUF：International Union of Food, Agricultural, Hotel, Restaurant, Catering, Tobacco and Allied Workers' Associations）
⑦	国際公務労連（PSI：Public Services International）
⑧	ユニオン・ネットワーク・インターナショナル（UNI：Union Network International）
⑨	国際芸術・エンターテイメント連盟（IAEA：The International Arts and Entertainment Alliance）

（出所） Global Unions の HP より（www.global-unions.org/ 2013年10月25日閲覧）。

2016年現在，国際産別組織として，表1-2の通り九つの組織があり，その上部団体として，国際労働組合総連合（International Trade Union Confederation 以下，ITUC と略す）が存在する。これらはグローバル・ユニオン（Global Union Federation）と呼ばれる。このうち，自動車産業の労組が加盟する主な国際産別組織は，④インダストリオールと⑧ユニオン・ネットワーク・インターナショナル（以下，UNI と略す）であるが，本書では，製造業の現場労働者を組織するインダストリオールのみを取り上げる。

5　グローバル化とは

（1）　定義と特質

最後に，本研究の中心的なテーマである「グローバル化」の概念についても，

---

(59) ILO（1997＝1998，邦訳版51-60頁）。

(60) グローバル・ユニオンには，これに加えて，OECD-TUAC（経済協力開発機構労働組合諮問委員会）を含む。なお，国際産別組織は，それまでは ITS（International Trade Secretariats）と呼ばれていたが，2002年に国際産業別書記局（ITS）総会で，グローバル時代に対応するという理由から，GUF への改称が決まった。

先行研究に基づき整理し，本書の分析視点を紹介しておきたい。現代社会は，日々の生活から経済，政治活動に至るあらゆる領域において，国境と関係なく複雑に絡み合い，相互に結合しあっている。私たちの生活，経済，政治は，遠隔地で起きた事象に大きな影響を受け，同時に私たちが一国内で決定したことや，実践したこともまた，地球規模に影響を与える。異なる国同士のつながりが強化され，相互に作用しあう関係がより深化し，そうした影響の及ぶ範囲がさらに拡大していく過程のことをグローバル化（Globalization）と呼ぶ。グローバル化は，ただ単に国境を越えて移動する企業や個人が増大することを指しているのではなく，それにより国家・企業・個人の行動様式や意識，認識，そしてそれぞれの役割や性質が，構造的に変容することを意味する。

ただし，グローバル化をめぐっては，学問上，様々に論争が展開されてきており，その定義，価値や有用性の評価，今後の方向性などに，明確な合意があるわけではない。グローバル化をめぐる論争の一つに，今の時代が，真にグローバル化しているのかどうかという点がある。すなわち，過去（19世紀後半から20世紀前半）と比べた時，資本と人口の移動，貿易の拡大のいずれの面においても，現代のグローバル化の水準は小さいことや，グローバル化が不均等に広がっていること，各国政府の自立性が侵害されているのか否かについて，議論されてきた。

また，グローバル化は，常にその内部に統合と分断の圧力を抱え，両者が相互にせめぎ合うことで前進と後退を繰り返してきた。つまりグローバル化は，国際的な統合や連帯を強化させる一方で，社会の内部に排外主義や保護主義を

---

(61) グローバル化とは多面的な現象であり，経済のみならず，軍事，環境，文化，政治など幅が広く，各領域のできごとが相互に連関している（Nye and Donahue, 2000）。

(62) Held（1995）。

(63) すなわち，グローバル市場に食い込み，経済成長を遂げている国や地域がある一方で，グローバル化から取り残された国や地域では，対外貿易活動はむしろ縮小し，所得の低下と貧困の拡大が確認される（World Bank, 2002）。

(64) 国際的統合が進めば進むほど，統合が進む国際社会の内部には，それに派生する負の影響を直に受ける人々が，強い不安感を覚え，アンチ・グローバル化の勢力を形成する。その力は，グローバル化を止める要因になってきた（James, 2001）。

生み出し，分断や対立を深化させてもきた。本書においても，こうしたグローバル化がもつ二つの側面を重視しながら考察を進めていく。すなわち，多国籍企業を組織する労働組合の活動も，直線的に進むのではなく，自国の労働者の利益と，国際的な労働者との団結や連帯の間で，揺れ動きながら，内部で調整を図り，外部と交渉を繰り返している。労働組合が，そうした内外とのやり取りを通じて，一企業内，地域，国民国家，国際といった異なる領域において，何を求め，そしてどのようなルールを形成しようとしているのかを探る。

（2） グローバル化と国際化

そして「グローバル化」と似た用語として「国際化（Internationalization）」という言葉がある。この二つの言葉は，グローバル化の現状をどう捉えるのか，そしてどのような社会を目指すのかを示す意味において，重要な相違があると考えられてきた。[65]グローバル化は，国と国とを隔てる壁が低くなり，国境を越えて地球規模に統合していくことを指すのに対し，国際化は国家主権や一国の自律性により重きを置き，異なる国同士が関係を深めていく状況を指す。

本書では，世界的な労働規制を論じるにあたり，国境を越えて，複数国もしくは世界規模に共通したルールの適用を「グローバル化」と表現し，他方で，国ごとに労働市場条件や雇用慣行，労働法などが異なることを重視し，各国労組の自主性を重んじながら，相互に連携していく動きを「国際化」と表現する。個別の状況を指し示し，どこまでを国際化と呼び，どこからをグローバル化とするのかを明確に線引きすることが難しいのはいうまでもない。また現実には，国際化と矛盾しない形で，グローバル化を推進しようとする動きもある。両者は，必ずしも厳格に区分けしうるものではないが，グローバル化と国際化という二つの用語がもつ意味合いを意識しながら，論述を進めたい。ただし組合運動の実態を叙述するにあたり，既に当事者間に流布している用語（たとえば「グローバル・ユニオン」や「グローバル・ネットワーク」など）については，定義をしたうえで，そのまま用いることとする。

---

[65] 今日の状況をグローバル化と呼ぶべきなのか，国際化と呼ぶべきなのかは，重要な論点の一つとなってきた（Held, 2002）。

なお，多国籍企業（Multinational Corporation/Company：MNC）とグローバル企業（Global Corporation/Company）の相違も，同様に定義できる。グローバル化を推進する主体は，世界に事業を拡大させている企業であるが，こうした企業は，かつては多国籍企業と呼ばれてきたが，近年ではグローバル企業と呼ばれることもある。
　まず多国籍企業とは，「少なくとも2ヵ国において資産を有し，直接事業活動を行なっている企業」と定義される。海外で直接事業活動を行っているということは，製品や原料の輸出入を通して国際的な事業を行っている，もしくは国際証券投資によって海外に資金を投入しているということだけでは不十分であり，外国に子会社などの資産を所有し，それを通じて，直接的に事業活動を担っていることを指す。そして多国籍企業が，法的に本社として登記している国をその企業の「母国」や「本国」と呼ぶ。本社が複数の国に存在する場合は複数の母国をもっていることになる。
　他方，いずれかの国に本籍があっても，どの国もベースとしておらず，国から離脱した状態にある企業のことをグローバル企業もしくは「超国籍企業（Transnational Corporation/Company）」と表現する。グローバル企業と呼ぶにふさわしい企業が誕生しているのかどうかは，争点となってきた。すなわち，ナショナル性をもたず，市場競争上の利点や安全性，最大利潤の追求のみに価値基準を置き，より安い価格，より効率的な事業活動を行いうる立地を求めて，地球上を飛び回るようなグローバル企業が生まれている，といった解釈がある一方で，様々な国と地域に事業を展開している企業であっても，それぞれが国籍を有し，ナショナルもしくはリージョナルな拠点を基盤とし，それをアイデ

---

(66) Ietto-Gillies（2012＝2012，邦訳版17頁）。ただし，多国籍企業をどう定義するか，どう呼称するかは様々あり，それ自体，議論されてきたテーマでもある（宮崎，1982a）。
(67) Held（2000＝2002，邦訳版115頁）。この段落は，Held（2000）の第3章を参考にした。なお，イエットギリエス（Ietto-Gillies, 2012）は，「経済システムのなかで自らを他の主体と隔てている国境を跨ぎ，そしてそれを越えて管理し，支配し，戦略を練ることのできる能力を有している」企業を表す言葉として，マルチナショナル（Multinational）よりもトランスナショナル（Transnational）の方がふさわしいと述べる。

ンティティに「国際的」な経営活動を行っていると考え,「超国籍企業」は存在しないとの主張もある。⁽⁶⁸⁾

　本書が分析対象とする自動車メーカーは,いずれも多くの国に事業拠点を置き,国境を越えて統合された生産工程を有している。けれども,保有する資産や従業員数は母国が最大であり,本国にマザー工場を置き,母国工場の生産システムや労使関係を在外工場に移転させようとしてきた。国外に多くの研究開発拠点をもちつつも,最先端の研究や技術開発は,本国が担っている。これらを考慮すると,本書が扱う企業は,グローバル企業と呼ぶよりも,多国籍企業と呼ぶ方が適切だと考える。⁽⁶⁹⁾ ただし同じ自動車メーカーでも,グローバル企業の志向が強いケースもあれば,多国籍企業の志向が強いケースもある。

6　おわりに

　労使関係とは,政・労・使の三者によって構成される。一国内においては,企業レベル,産業レベル,国レベルなど,多段階に労使が協議する仕組みがあり,それを保障する法律や制度が既に確立している（図1-1）。働き方をめぐっては様々なルールが存在し,その遵守を監視する制度や機関が設けられ,ルールに反した行為を罰する体制も――それが十分に機能しているかどうかという問題は残るものの――出来上がっている。

　一方で,国際的な労使関係では,多国籍企業を,国際的に規制しうる主体は,存在しない。国際的なルールは,次章で述べるように,基本的人権に関わる最低限の内容（中核的労働基準）は設定されたものの,その遵守を監視する機関はなく,違反行為を罰する仕組みも整っていない。国際的に労使が協議する制度や法律は十分に機能しておらず,今後,それが成立する見込みも今のところはない。よって労働組合の国際組織（国際産別組織）はあるものの,それが産業別の国際使用者団体と協議や交渉することはなく,ましてや多国籍企業と協議や交渉することも,これまではなかった。

⁽⁶⁸⁾　Doremus, Keller, Pauly, and Reich（1998）。
⁽⁶⁹⁾　ヘルドら（Held, 2000, Ch3）は,日本の自動車完成車メーカーである本田技研工業を取り上げ,同社を（グローバル企業ではなく）多国籍企業の代表例としている。

図1-1 労使関係の概念図

①国内における労使関係の構図

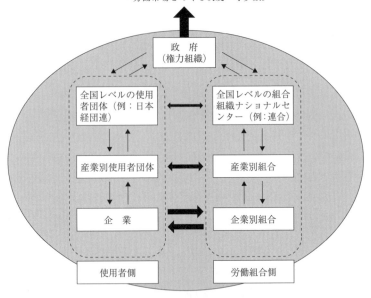

②国際的な労使関係の構図

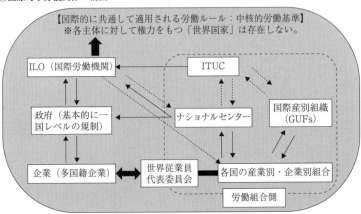

本書では，国内の労使関係と国を越えた労使関係の違いをこのように捉え，多国籍企業に対し，直接に協議・交渉する立場にある本社の労組や従業員代表が，国を越えた労働問題について，どこまで関心をもち，本社経営陣と協議しているのか，同時に労組間の国際連携が進んでいるのかを明らかにする。こうしたテーマは，国内の労使関係や組合機能に注目してきたこれまでの労使関係研究では，十分に解明されてこなかった。他方，国際労働運動の研究の多くは，ILOや国際産別組織など，多国籍企業と直接対峙することのない組織を研究対象としており，こうした視点からのアプローチはごく少なかった。

本書では，企業を単位に，労使がグローバルな対話を始めているという現実の動きを手がかりに，そこで何が協議され，取り決められているのか，その決定は，世界の職場にいかなる影響を与えているのかなどを実態調査により解明していく。

7　補論　グローバル化が雇用と労働条件に与える影響
　：国際経済学の研究

企業の国際化が，労働市場に与える影響として，最も関心が寄せられてきたのは，本国で雇用の縮小と労働条件の低下が生じるかどうかにあった。これについては，主に国際経済学の分野で，既に数多くの理論的・実証的研究が発表されている。そしてその研究のほとんどが，海外直接投資は，国内雇用や生産性，技術発達に，プラスの効果があることを指摘してきた。

天野によれば，生産の海外シフトに積極的な企業が，本国で事業構造の高度化や転換を進め，さらに事業規模を拡大させるのに対し，国際化に消極的な企業は，収益を下げ，事業を弱体化させている。海外事業の拡大は，国内雇用を減らすどころか，逆に増やしているのであり，両者は補完関係にあるとされる[71]。ただし経営の国際化は，雇用構造の変化を伴うケースも多い。本国の生産部門が縮小し，短期的には雇用が落ち込むことがある。しかし研究開発部門や事務

---

[70]　天野（2005）。

[71]　Yamashita and Kyoji（2010），Hijzen, Inui and Todo（2007）および Hijzen, Jean and Mayer（2011）など。

部門が拡大し，そこで雇用が創出されることで，両者は相殺され，全体としての雇用削減率は，結果的に小さいと考えられている。(72)実際に，海外直接投資をした企業では，その後，賃金水準が上昇することも確認されている。(73)

ただ同時に，海外直接投資が国内に及ぼす影響は，そのタイプによって異なる。直接投資は，その動機に基づき大きく二つに分けて論じられており，一つは「水平的直接投資」であり，もう一つが「垂直的直接投資」である。「水平的直接投資」とは，主に輸送費の削減や貿易障壁の回避，現地ニーズへの対応を目的に，海外に生産拠点を設立し，国内から輸出していた商品を，現地で生産することを指す。この場合，海外生産が開始されても，国内にも同じ工程が残る。一方「垂直的直接投資」とは，生産要素価格の国家間の差異を利用して，生産の効率化や費用削減を目的に，従来国内で抱えていた生産工程や部門の一部もしくは全部を海外に移転させ，工程間の国際分業を進めるための投資を指す。なお，直接投資の分類は，投資先によって分けられたり，投資目的を強調して「国内資産代替型」と「現地市場獲得型」と呼ばれたりすることもある。いずれにせよ，直接投資の内容によっては，本国の労働市場にマイナス効果をもたらすことが指摘されている。「水平的直接投資」は，それまで国内で生産し輸出してきた製品を現地での生産に切り替えることを意味するため，生産規模の縮小や雇用減少を引き起こすことがある。(74)ただし，逆に「垂直的直接投資」には，輸出を誘発する効果があり，雇用を創出しうるため，トータルで見た場合の直接投資による雇用の減少幅は小さいと考えられている。

こうした議論をもとに，国際経済学では，グローバル化の進展とともに製造業内部で，生産部門から非生産部門へと雇用構造を変化させていくことの重要性が強調されてきた。(75)むろんそれがスムーズに進まなければ，一部に失業が発生する可能性もあるが，これはグローバル化の副作用と捉えられている。

また，海外事業の拡大は，生産性が低い部門を海外へと移転させたり，海外

---

(72) 樋口 (2001), 樋口・松浦 (2003)。
(73) Head and Ries (2003), Obashi, Hayakawa, Matsuura and Motohashi (2010), Matsuura, Motohashi and Hayakawa (2008)。
(74) 深尾・袁 (2001), 深尾 (2002)。
(75) たとえば，経済産業省『通商白書2012』293頁。

と自国との間で分業体制を構築したりすることにより，結果として海外直接投資は，企業の生産性を高めることも明らかになっている[76]。これらの研究の結果，今日，いわゆる「産業空洞化論」は杞憂であるとの見方が強い[77][78]。

---

[76] Matsuura, Motohashi and Hayakawa（2008），乾・戸堂・Hijzen（2008）。

[77] 「産業空洞化」とは，「一国の生産拠点が海外へ移転することによって，国内の雇用が減少したり，国内産業の技術水準が停滞し，さらには低下する現象」と定義される（中村・渋谷，1994，14頁）。

[78] たとえば，内閣府政策統括官『日本経済2012-2013：厳しい調整の中で活路を求める日本企業』および経済産業省『通商白書2012』など。

第2章
国際労働基準の到達点

1 はじめに

(1) ルールの統一化を推進する力

　グローバル化の負の側面に「底辺への競争」がある。国際競争の激化は，各国の労働者に対して，生産地の移転による雇用流出の危機感を与え，賃金や労働条件の引き下げ圧力を強める。そして国際的に競い合っているのは，企業や労働者だけでなく，国家も同じである。各国政府は，自国の雇用の流出を防ぐために，また多国籍企業の事業所を誘致するために，企業活動を縛るような法規制を緩和したり，法人税を引き下げたりして，企業が活動しやすい環境整備を競ってきた。むろん税制の見直しや法制度の改革は，グローバル化だけが理由ではないが，グローバル化がそれを推進する一要素であることは違いない。
　たとえば，近年，日本で議論されている労働時間制度の見直しや解雇の金銭解決の導入といった問題は，日本だけで起きているわけではない。他国でも，同様の議論がなされ，法規制の緩和が進んでいる。韓国では，1998年，2007年に勤労基準法が改正され，解雇規制が緩和された。フランスでは，2006年に若年層の雇用促進を図ることを目的に，柔軟な雇用契約政策が打ち出され，初期雇用契約（Contrat Première Embauche）の導入が試みられた。最終的にこれが，

---

(1) これらの制度改正を「グローバルなスタンダード」にあわせるために行うべきだとの指摘もある（たとえば，第 6 回経済財政諮問会議［第 4 回経済財政諮問会議・産業競争力会議合同会議］，2014年 4 月22日開催の議事要旨，7 頁の竹中平蔵委員の発言）(http://www5.cao.go.jp/keizai-shimon/kaigi/minutes/2014/0422/gi-jiyoushi.pdf　2016年 3 月22日閲覧）。

学生や労働組合の運動により撤回されたことは，日本でも大きく報道された。イタリアでは，2012年に労働市場改革法案が成立し，スペインでも，2012年に法改正が行われ，いずれも解雇規制が緩和された。解雇ルールを軽減し，労働時間を柔軟化するなど，多くの先進国が，同じ方向に向かって法制度の見直しを進めている。

　つまり，社会的な制度や法律は，各国の歴史や文化によって，その様相が大きく異なる一方で，世界的に同じような法制度に統一されていく側面もある。この背景には，労働組合の組織率の低下や産業構造の変化，情報技術の発達など，世界に共通した変化もあるが，グローバル化の進展も深く関係している。すなわち貿易の自由化が進み，国際的な競争が強まれば強まるほど，対等な競争を行うという大義のもと，世界的に基準や条件を統一させようとする圧力がかかる。こうした力は，とくにこれまで自国の社会運動や労働運動を通じて，様々な制度，法律，規制を築きあげてきた先進国にとっては，既存の権利を破棄し，規制を緩和する流れとなって現れる。これが「底辺」に向かう競争と呼ばれる所以である。

　他方，グローバル化は，途上国に対しても競争条件の統一を迫り，先進国で保障される基本的な権利や基準を，各国の制度や法律にも取り入れるよう求めてきた。典型的な例としては，児童労働や強制労働といった著しい搾取に基づく安価な製品の供給は，人権侵害行為であるとともに，ソーシャル・ダンピングとして公正な競争，健全な市場の発達に反する行為だと批判されてきた。長い年月をかけて，国境を越えて，世界的に，そうした行為は規制の対象となった。この意味において，グローバル化には，各国がもつ様々に異なる制度や法律を，「上」を引き下げ，「下」を引き上げながら，収斂させる力があるといえよう。

　本章では，今日，国際的に統一された競争条件——労働分野における国際的な最低限の労働基準や労働規範——に，どのようなものが存在するのかを整理し，それらがいかなる経緯で成立してきたのかを概観する。ここで紹介する最低限の基準が，次章以降で論じる，多国籍化した企業とグローバル・ユニオンとの間で結ばれる協定のベースとなる。

（2） 国際労働基準と ILO

　国際社会の法である国際法の策定を担う代表的な機関は，国際連合（United Nations 以下，国連と略す）である。これまで国連は，主に人権を保障するための条約の採択，締結，履行の監視等を行ってきており，そしてその実現のために，技術的アドバイス，援助もしてきた。国連が定める条約の具体例としては，世界人権宣言[2]，国際人権規約，奴隷禁止条約，児童の権利条約などがある。そして国連は，領域ごとに専門機関を有しており（たとえば世界貿易機関［WTO］，国際原子力機関［IAEA］など），各機関は自身の立法機関と予算をもつ。なかでも，労働分野に特化し，労働者の労働条件と生活水準の改善を目的に国際的な労働基準を立案し，実施するのが，ILO（国際労働機関）である。

　通常，国際労働基準とは，ILO の条約と勧告を指す[3]。ILO は，労働条件等について一定の基準を定めた条約を作り，加盟国はこれを批准した場合，それを遵守する義務が生じる。ただし ILO に加盟するのは各国政府であり，ILO 条約を批准するのも，批准した ILO 条約の遵守に責任を負うのも，第一義的には国家である。批准国が，ILO 条約を国内法で規定することで，国内で活動する企業や個人を規制しうるが，ILO 条約は，多国籍企業に対し，国を越えて，直接規制する力をもっているわけではない。また批准するかどうかは各国政府に委ねられているため，現実の批准率は，国によって大きな差異がある

---

(2) これは法的効力を有する条約ではないが，人権規約の中核をなし，国際慣習法としての効力を有する。

(3) 国際労働法という場合，それは二つの意味をもつ。一つは，本章で紹介する通り，ILO の条約・勧告を中心とした，労働分野の国際条約や規範である。もう一つには，「国際労働関係をめぐる国内法」（＝国際的労働関係法）の問題である。(山川，1999)。国際労働関係とは，たとえば日本の企業が，海外に事業所や工場を設立し，現地で採用した労働者と，日系企業との労働関係や，同様に日本国内で，外資系企業で働く日本人労働者と使用者側との関係など，国籍を異にする者同士が雇用契約を締結し，そこで労働問題が発生した場合，どこの国の法律が適用されるのか，という問題である。適用される法規は，基本的には「労務提供地」および労使紛争の発端の地が，第一次的な基準とされるが（村上，2012），労務提供地が複数の国に跨る場合や，その国での労務提供が一時的であるなど，様々なケースが起こりうる。集団的労使関係においても，海外にある本社とその国の労働組合とが結んだ労働協約が，海外事業所で働く組合員に適用されるかどうかといった問題もある（米津，2012）。本章ではこの点については立ち入らない。

(たとえば,2016年6月の批准条約数は,フランスが127,ドイツが85,日本が49,アメリカが14である(4))。

 ILOは,条約の適用監視の役割も担っており,加盟国において批准条約の遵守が不十分な場合には,「申立」や「苦情」を提訴する制度もある。また批准国は,批准条約の適用状況について年次報告を提出することになっており,ILO内に設置された条約勧告適用専門委員会と条約勧告適用委員会で実施状況が検討される(5)。さらに,国によって異なるが,日本のように批准した国際法規が国内法として効力をもつ場合もある(6)。一方,勧告は,批准行為を伴わず,拘束力は発生しない。ただし,勧告により条約が補完され,条約の解釈に指針を与えるようなケースもあり,そうした場合には実質的な効果をもつことも多い(7)。2016年11月現在,国際労働基準として,189の条約と204の勧告が存在する。同年現在,日本が批准している条約は49であり,先進国のなかでは顕著に批准数が少ない(8)。

 また,ILO条約および勧告には,その実効性を疑問視する声が根強くあり,条約批准率の低さや,条約内容が「途上国にはハードルが高く,先進国にとっては多くがすでに法制度により対応ずみという場合が多」いことなどから,国際機関としてのILOの「地盤沈下」も指摘される(9)。

---

(4) ILOのHPより (http://www.ilo.org/dyn/normlex/en/f?p=1000:11001:0::NO:::　2016年6月20日閲覧)。
(5) 詳しくは,林(2013)を参照。
(6) 日本国憲法の第98条2項には,「日本国が締結した条約及び確立された国際法規は,これを誠実に遵守することを必要とする」とあり,本規定により,批准条約が国内法として効力をもつと理解されている(吾郷,2010)。
(7) 吾郷(2010)。
(8) OECD諸国の平均批准条約数は74であり,日本の水準はそれを大きく下回る。加盟国全体の平準批准条約数は43であり,日本のそれは,全体平均をわずかに超える水準でしかない(ILOのHP発表データに基づく。http://www.ilo.org/tokyo/standards/lang--ja/index.htm　2015年11月17日閲覧)。
(9) 野川(2012)。だが同時に野川(2012)は,2006年に採択された海外労働条約をILOの新たな試みとして期待を示している。これについては後述する。

（3） 多国籍企業に対する国際ルール

現在，労働に関して，多国籍企業の責任を明示した公的な国際文書は，以下の三つが代表的である（制定年次順）。いずれも国際的に締結された条約ではなく，「指針」や「宣言」，「原則」にとどまっている。

1．OECD「多国籍企業行動指針」（1976年制定）
2．ILO「多国籍企業及び社会政策に関する原則の三者宣言」（1977年制定）
3．国連「ビジネスと人権に関する国連指導原則」（2011年制定）

これらに加えて，企業を対象とした宣言や指針ではないが，間接的に企業も影響を受けるものとしては，ILOが加盟国に対して遵守すべき最低限の基準として定めた「労働における基本的原則及び権利に関するILO宣言」（1998年制定）がある。その他，より緩やかな規制としては，各国首脳や閣僚が集う会議で，決定された宣言や憲章，行動計画等もある。それらも国を越えて適用されるルールといえるが，その実効性には大きな差があり，継続的に履行状況が確認される場合もあれば，宣言しただけで終わっている場合もある。

2　実現されなかった多国籍企業の行動規範

（1） 国連の行動規範作り

1960年代，国境を越えて活動する欧米諸国を母国とする大企業が急速に増え，環境，労働，経済，政治に対して，強大な影響力を発揮する多国籍企業の行動が問題となった。代表的な例としては，1970年にチリでアジェンデ政権が誕生したことに対し，共産圏の拡大を阻止しようと，米国の多国籍企業（ITT・国際電話電信会社）が政治介入を企てたことが知られる。この事件を受け，チリ政府は多国籍企業の問題を国連で取り上げるよう要請し，このことを直接的な契機に，国連では，初めて多国籍企業問題を本格的に議論するようになった[10]。

国連は，1972年に多国籍企業研究有識者グループの設立を決め，73年9月に第1回会合を開催した。75年には国連多国籍企業委員会を設置し，「多国籍企

---

[10]　小島（1983）。

業に関する国連行動規範（Code of Conduct）」の策定に乗り出し，同時に多国籍企業の活動をモニタリングする多国籍企業センター（後に，UNCTC：United Nations Center on Transnational Corporations となる）が設置された。

　ICFTU（国際自由労働組合総連盟）などの国際組合組織もまた，こうした動きに積極的に対応し，多国間を跨ぐルール形成が必要だとの見解を度々示してきた。たとえば，ICFTU は，1969年に開催された第9回世界大会で「多国籍企業とコングロマリット（複合企業）に関する決議」を採択し，「多国籍企業は（中略）世界的規模で活動することによって，あらゆる形態の民主的統制をまぬがれている」と批判した。多国籍企業が，本社で集中的に世界規模の雇用と労使関係の方針を確立させることによって，「すでに確立している労使関係の基盤」がくずされ，団結権や団体交渉権が制限され，「労務費の国際的格差」が利用されている状況があると指摘し，こうした動向は，組合にとって「新しい挑戦状」であると述べた。そして労使間での対話，ILO の諸条約の遵守，生産移転や工場閉鎖は時間的余裕をもって行うことなどを求め，多国籍企業の活動に規制をかけるよう ILO をはじめとする他機関に呼びかけた。

　1970年には ICFTU 執行委員会が，「結社の自由と多国籍企業に関する決議」を採択し，ILO に対して，多国籍企業によって引き起こされている社会経済問題と国際労使関係におこる諸問題を調査・検討するように要請した。1972年の第10回世界大会では，多国籍企業問題に関する国際基準の設定を求め，国際産別組織との合同作業部会を設置した。

　「国連行動規範」の草案は，1980年には一旦まとまり，そこでは「多国籍企業は労働組合もしくは従業員代表に必要な情報を提供し，かつ協議手続きを適切に定める」とされ，労働組合はこれを評価していた。しかし，国連では，米

---

(11) 小島（1977，1978）。
(12) ICFTU（International Confederation of Trade Unions）は，1949年に結成された労働組合の世界組織である。2006年に，WCL（World Confederation of Labour, 国際労連）などの組織とともに，ITUC（International Trage Union Confederation, 国際労働組合総連合）を結成したことにより，ICFTU は解散した。
(13) 日本 ILO 協会（1972）。
(14) 日本 ILO 協会（1972）。
(15) 熊谷（2007）。

58

国政府と日本政府，そして途上国の多くの政府と労働組合が，反対の立場を示し，最終的に合意が得られなかった。1990年に完成した「行動規範」の最終草案は，1992年7月に非公式ながら廃案とされ，1993年に多国籍企業センターは廃止された。[17]

他方，国連人権小委員会において，1980年代後半に多国籍企業と人権について議論が始まり，2003年に「人権に関する多国籍企業および他の企業の責任に関する規範」が小委員会で採択された。国際NGO団体等は，人権問題に対して法的拘束力をもつ条約の形での採択を望んだが，加盟国および企業からの反対が強く，最終的に国連人権委員会での合意には達しなかった。[18]その後この規範は，後述する「ビジネスと人権に関する国連指導原則」（2011年承認）に発展していった。

（2） OECD「多国籍企業行動指針」

1960年代に始まった「国連行動規範」は，とうとう日の目を見ることなく終わったが，国連と連携して動いていたOECDとILOでも，同様の議論が交わされ，それらの機関では一定の成果を生み出した。

まず，そもそもOECD（経済協力開発機構，Organisation for Economic Co-operation and Development）とは，国連の一機関ではなく，強制力をもつ条約や協定，基準などを定める機関でもない。OECDの主目的は，加盟する各国政府が，経済・社会に関する課題を調査し，その解決に向けて議論し，政策を立案することにある。OECDには，経営者や産業界の代表からなる経営産業諮問委員会（BIAC）と，労働組合の代表からなる労働組合諮問委員会（TUAC）の二つの諮問委員会が設置されており，労働組合は，後者の委員会を通じて，OECD本体に働きかけることができる。[19]

1976年，OECDは，「国際投資と多国籍企業に関するOECD宣言」の一部として「多国籍企業行動指針」を制定した。「多国籍企業行動指針」は，「多国

---

[16] 熊谷（2007, 187頁）。
[17] 菅原（2014）。
[18] 水野（2006）。
[19] OECDの概要については，三谷（2013）を参考にした。

籍企業が世界各地の事業において期待される企業行動の基準についての各国政府の勧告」である[20]。2015年現在，この行動指針に対して，日本を含む34ヵ国の加盟国のほか，ブラジル，エジプト，リトアニアなどの12ヵ国の非加盟国が署名をしている。署名した国は，その実行を公約したと見なされる。それは裁判所を通じた法的拘束力があるわけではないが，いわゆる「ソフトロー」としての法的重要性が課される。署名した46の国に本社を置く多国籍企業は，本指針の適用を受けるが，46ヵ国内にある本社が適用対象となるだけでなく，それ以外の国や地域にある支社や事業所に対しても，その場所にかかわらず，本社は本指針の遵守に責任を負う。

　本指針は，1979年，1984年，1991年，2000年，2011年とこれまで5回改定されており，改定の度にその内容は拡充，強化されてきた。行動指針は，定義と原則，一般方針，情報開示，雇用・労使関係，環境，贈賄防止，消費者利益，化学および技術，競争，課税の10の章からなり，企業の社会的責任に関する主要な分野をカヴァーしている（表2-1）。「雇用・労使関係」では，団結権と団体交渉権などの基本的な権利の保障のほか，企業業績に関する情報の提供や，生活を保障する賃金，事業の再編や閉鎖についての事前通知なども含まれる。

　この指針が，他の国際ルールと異なる点は，指針に署名した国は，連絡窓口（＝ナショナルコンタクトポイント，以下NCPと略す）を設置することが求められ，その機能により実効性を一定担保しようとしていることにある。NCPには，本指針の普及と実施を担う役割が与えられており，もし指針違反の疑惑が生じた場合，労使などの関係団体は，当該企業の母国のNCPに提起することができ[21]，NCPには，その早期解決にあたることが義務づけられている。

　提起を受けたNCPは，①調査を行い，この問題に「さらなる検討」が必要か否かを判定する初期評価を行う。②「さらなる検討」が必要とされた場合は，NCPは調整や仲裁を含めた問題解決にあたり，③さらにNCPには，関係当事者の間で合意が出来ない場合は，「問題に関する公式の声明書」を発表する。

---

[20]　OECD労働組合諮問委員会・TUAC（2011, 5頁）。
[21]　利害関係がある場合，いかなる労働組合組織も申し立てができる。すなわち国際組織でも，企業別組合でも，産別組合でも，さらには労働組合とNGOが共同した形であっても，申し立てを行うことが認められている。

第2章　国際労働基準の到達点

表2-1　OECD多国籍企業行動指針，各章の要旨（抜粋）

章	要　旨
Ⅰ．定義と原則	行動指針は，適用される法令や国際的に認知された基準に合致する原則と基準で構成されている。事業を行う場所に関わらず，あらゆる産業の多国籍企業に適用される。企業は国内法を遵守しなければならない。国内法と行動指針が矛盾する国では，企業は国内法の侵害とならない範囲で行動指針を最大限に尊重する方法を追求すべきである。
Ⅱ．一般方針	企業は持続可能な開発に貢献し，人権を尊重し，国内の政治活動に不適切に関与せず，さらに法令，行動指針，または企業方針に違反する慣行を通報した労働者への報復を控えるべきである。企業はデュー・ディリジェンスを実行することにより，サプライチェーンや取引関係を通じたものであれ，行動指針の対象となる事項に対する悪影響に関与することを避けるとともに，悪影響が発生した場合はこれに対処すべきである。企業は利害関係者に関与することにより，地域社会に重大な影響を与える可能性のある行動の企画及決定に際して，利害関係者の意見が考慮される実効的な機会を提供すべきである。
Ⅲ．情報開示	企業はその活動，組織，財務状況，業績，所有権，統治，労働者に関する重要事項についての情報を開示すべきであり，財務及び非財務情報の開示に質の高い基準を適用すべきである。
Ⅳ．人権	企業は人権を尊重しなければならない。それは自社の活動や取引関係が他者の権利を侵害することを回避するとともに，そうした影響が発生した場合，企業の影響力を行使して取引先に人権への悪影響に対処させるなど，これに対処することを意味する。企業は人権方針を確立し，人権デュー・ディリジェンスを実行するとともに，自社が実際の悪影響を引き起こし，またその一因となった場合，これを救済するための適切な手続きを確立しておくべきである。
Ⅴ．雇用及び労使関係	企業は労働組合を結成し加入する権利及び団体交渉を尊重し，児童労働の実効的廃止と，あらゆる形態の強制労働の廃絶に貢献し，雇用と職業における非差別の権利を尊重すべきである。企業は労働者代表に対し，雇用条件に関する有意義な交渉に必要な情報を提供するとともに，労働者とその代表に対し，当該事業体の，または企業全体の業績に関して真正かつ公正な見解を持ち得るような情報を提供すべきである。企業はできる限りよい賃金（最低でも労働者とその家族の基本的ニーズを満たすもの）を支払い，労働安全衛生を確保し，事業の再編または閉鎖について労働者に合理的な通知を行うべきであり，雇用条件をめぐる交渉，または労働者による組合の結成もしくはこれへの加入に対抗する形で事業移転の威嚇を行ってはならない。
この他，Ⅵ．環境，Ⅶ．贈賄，贈賄要求，金品の強要の防止，Ⅷ．消費者利益，Ⅸ．科学及び技術，Ⅹ．競争，Ⅺ．納税がある。	

（出所）　OECD労働組合諮問委員会・TUAC（2011）より一部抜粋。

表2-2 「多国籍企業及び社会政策に関する原則の三者宣言」の構成

分　野	主たる内容
雇　用	雇用促進，機会及び待遇における均等，雇用の安定
訓　練	職業訓練及び職業指導，技能の習得及び開発
労働条件・生活条件	賃金・給付及び労働条件，最低年齢，安全衛生
労使関係	結社の自由及び団結権，団体交渉，協議，苦情

（出所）国際労働機関事務局（2007）。

　日本のNCPは，外務省，厚生労働省，経済産業省により構成されており，その諮問機関であるNCP委員会は，労働組合の最大のナショナルセンターである連合と日本経団連，日本NCP（外務省，厚生労働省，経済産業省）の三者からなる。

（3）　ILO三者宣言：1977年

　他方，ILOは，1977年11月にジュネーブで開かれた第204回理事会において，「多国籍企業及び社会政策に関する原則の三者宣言」を採択した。その後，同宣言は，2000年，2006年に改定された。

　三者宣言の内容は，一般方針，雇用，機会および待遇における均等，雇用の安定，職業訓練，労働条件・生活条件，雇用最低年齢，安全及び衛生，労使関係，結社の自由及び団結権，団体交渉，協議，苦情処理，労働争議の解決の14の部分から構成されている（**表2-2**）。[22] 内容は，中核的労働基準の遵守を求めることのほか，多国籍企業に対して，国内企業と同様に，雇用や技能育成，安全衛生などの各分野に関して，受入国の政府，使用者団体，労働者団体，職場の労働者代表などと協議するよう随所で述べられている。

　この宣言は，「本国及び受入国における政府，使用者団体，労働者団体及び多国籍企業自体に勧告される」ものである（宣言の4段落目）。「雇用，訓練，労働条件・生活条件及び労使関係の分野」の原則は，「政府，使用者団体，労働者団体及び多国籍企業がその自発的意思に基づいて遵守することが勧められる」と記されている。

---

[22]　国際労働機関事務局（2007）。

さらに,「多国籍企業,政府,使用者団体及び労働者団体がこの宣言に与える効果を監視するために定期的な調査が行われて」おり,「宣言の適用をめぐり意見の対立があった場合に,当事者は(中略)ILOに対し,その規定の意味の解釈を求めることができる」とあり,実際に,「規定の解釈」の審議請求に関して,具体的な手続きが定められている(23)。ただし,現実にこれらの機能が十分に活用されているとは言い難く,その意義,手続きの周知,フォローアップシステムの改善が求められる(24)。

3　自由貿易の拡大と基礎的な労働基準の確立

(1)　「社会条項」キャンペーン:「貿易と労働基準」の関係について

　1994年,GATT(関税及び貿易に関する一般協定,General Agreement on Tariffs and Trade)からWTO(世界貿易機関,World Trade Organization)に移行することにあわせて(25),WTO憲章に,「社会条項」を入れていこう,という運動が盛り上がった。この議論は,1986年に,アメリカ政府が,GATT閣僚会議で,労働者の権利を交渉項目に含めるように提起したことから始まった。その背景には,アメリカのナショナルセンターであるAFL-CIO(米国労働総同盟・産業別組織会議)の強力なロビー活動があったといわれる。「社会条項」の論議は,90年代に入り,GATT(後のWTO)にとどまらず,ILOやOECDにも広がっていった(26)。

　「社会条項」とは,ILO条約のなかでも,「基本人権条約」と呼ばれる,結社の自由と団体交渉の権利(87号・98号),強制労働の廃止(29号・105号),差

---

(23)　国際労働機関事務局(2007, v頁)。
(24)　熊谷(2007, 189頁)。
(25)　1947年にGATTが作成され,1948年にGATT体制が発足した。1986年に開始されたウルグアイ・ラウンド交渉において,貿易ルールの大幅拡充が行われるとともに,より強固な基盤をもつ国際機関の設立が求められ,1994年にWTOが設立された。
(26)　林(2013)によれば,1990年代前半に生じた大手スポーツメーカーに対するグローバル・ネガティブ・キャンペーンが,WTOでの「社会条項」議論の契機となった。

別の撤廃（100号・111号），児童労働の廃止（138号）の七つの条約を指す。これらの条約が「社会的な約束事」という意味で，「社会条項」と呼ばれた。[27]

　自由貿易を「公正」な形で発展させるために，これら「社会条項」を貿易協定に含め，より厳格に遵守させることを求めたのが「社会条項」運動である。具体的な内容や施行メカニズムは，様々に提起され，たとえば，WTOの憲章に「社会条項」を明記し，それに反するケースは，WTOやILOにより解決に向けた処理がなされるようにすることや，これを履行しようとする国を支援するために，積極的な貿易上の援助がなされること，「社会条項」の遵守が貿易へのインセンティブにつながる仕組みを導入することなどである。さらに，現実としてこれらの条約を未批准の国において，ILO勧告は無視され，「社会条項」が守られないままに，貿易ばかりが進行する事態が生じているとの批判から，貿易上の制裁を加えるかどうかも議論となった。たとえば「社会条項」の遵守を貿易の条件とすることや，人権侵害行為が確認された場合，経済制裁を発動するなどである。とくにILOでは，その前提として，ILOの監視機能を強化させるかどうかが話し合われた。

　ICFTUは，「社会条項」キャンペーンを掲げ，盛んにロビー活動を行った。1994年には，ICFTU，WCL，OECD-TUACは，各国政府に「労働者の諸権利と貿易」との関係を検討する作業部会の設置を申し入れるように要請を出した。同年9月に，ICFTUは社会条項の概念と管理手段の概要をまとめた覚書を発表し，12月にはOECD-TUACが「国際労働基準と多国間貿易・投資」の見解を表明している。[28]

　だがこうした「社会条項」の議論に対し，途上国側は強く反発した。途上国は，先進国が労働基本権を理由に，途上国の貿易を抑えようとするのではないかという危惧を抱き，「社会条項」は保護貿易主義であるとの主張を展開した。加えて，違反や制裁についても，誰が何を基準にその判定を行い，制裁の内容は何であるのか，恣意的な貿易制限措置につながるのではないか，という点について論議は紛糾した。1994年のILO第82回総会では，ASEAN政府が共同

---

(27)　国際労働研究センター（1998，49頁）。
(28)　山田（1994）。

資料 2-1　シンガポール閣僚宣言：第 4 段落

> 我々は，国際的に承認された中心的な労働基準を遵守する決意を新たにする。国際労働機関（ILO）は，これらの基準を設定し扱う権限のある機関であり，また，我々は，これらの基準を促進する ILO の作業に対する支持を確認する。我々は，貿易の増大及び貿易のさらなる自由化によってもたらされる経済成長及び開発が，これらの基準の促進に貢献すると信ずる。我々は，保護主義的目的のための労働基準の使用を拒否し，各国，特に低賃金の開発途上国の比較優位を決して問題にすべきではないことに同意する。この関連で，我々は，WTO 事務局と ILO 事務局が既存の協力を継続することに留意する。

（出所）　外務省 HP より（http://www.mofa.go.jp/mofaj/gaiko/wto/2-i.html　2015年11月2日閲覧）。

で，「社会条項」の拒否を求める決議を出し，1997年の ILO 第85回総会では，コロンビア政府が途上国の国々を代表して，反対演説を展開した[29]。WTO，ILO，ICFTU 内部で，「社会条項」をめぐって先進国と途上国は批判し合い，南北対立の様相へと発展していった。

結局，1996年12月にシンガポールで開かれた WTO 閣僚会議で，「シンガポール閣僚宣言」が採択され，「社会条項」の議論は決着を見た。その第 4 段落では，国際的に認知されている「中核的労働基準（Core Labour Standards）」を遵守することが改めて約束されたのである（**資料 2-1**）。同時に，中核的労働基準の管轄機関は，WTO ではなく，ILO であることが明記され，WTO は ILO を支持し，協力していくと記された。その一方で，低賃金などの比較優位を問題にすべきでない，とも書かれ，労働基準を保護貿易の手段にしないことも明確に謳われた。なお，この宣言は，拘束力をもたない勧告文書である。

「社会条項」をめぐる論議は，同宣言で実質的に終結し，WTO 憲章に「社会条項」が制定されることはなかった。その後，ILO 内では「社会条項」という用語の使用さえタブー視され，今日では「貿易の自由化と国際労働基準」と表現されている。

「社会条項」論議の混迷を招いた一因は，労働基本権の問題と，労働条件の

---

[29]　国際労働研究センター（1998）。

水準の問題が混同されたことにあった。あくまでも「社会条項」は，労働に関わる基本的な権利——すなわち児童労働や強制労働の廃止や団結権や団体交渉権の保障など——を実現させるためのものだったが，途上国側には，経済の発展段階が大きく異なるにもかかわらず，労働時間規制や賃金基準をはじめとする様々な労働条件の平準化まで求められるのではないか，という不安が広がった。ゆえに，国内もしくは各企業内で解決すべき労働条件をめぐる問題全般についてまで，貿易に関連づけて外国から干渉されることに反発が強まったのである。

同時に，OECD が1996年に刊行した『貿易，雇用，労働基準——労働者の基本的権利と国際貿易 (Trade, Employment and Labour Standards: A Study of Core Workers' Rights and International Trade)』と題する研究報告書も，「社会条項」論議の収束に影響したとされる。この報告書は，中核的労働基準の遵守と貿易のパフォーマンスの関係性について分析し，児童労働と強制労働がダンピングに与える効果は確認できても，団結権や団体交渉権，差別禁止規定などを理由に貿易が拡大することは，論理的にも実証的にも見出せないと指摘した。

こうした論点の整理を経て，労働に関する基本的な権利と，賃金・労働条件といった労働水準の問題は，明確に区分され，その後，基本的な権利の部分のみが，中核的労働基準として国際的なルールへと発展していくことになる。

（2） ILO「労働における基本的原則及び権利に関する ILO 宣言」

1995年3月，国連は，コペンハーゲンにて，世界社会開発サミットを開催し，118ヵ国の首脳が参加した。このサミットは，国連が初めて，貧困，雇用，社会的統合といった広範囲の社会問題を総合的に取り上げ，その解決に向けて取り組む決意を示したことで知られる。そこで採択されたのが「コペンハーゲン宣言」である。同宣言に含まれる「行動計画」の第54段落に，働くうえでの基本原則や労働者の権利の尊重を遵守することが，明確に謳われた（**資料2-2**）。本規定は，その後 ILO が制定する中核的労働基準の基礎を築いたとされる。

国連サミットや WTO での「宣言」を受けて，ILO は，1998年の第86回総会において，「労働における基本的原則及び権利に関する ILO 宣言」を採択した。これは，一般に「新宣言」と呼ばれる。その中心的な内容は，グローバル

資料 2-2 コペンハーゲン宣言：第54段落(b) C. 労働と雇用の質の向上

> 強制労働及び児童労働の禁止，結社の自由，団結及び集団交渉の権利，男女間の同一価値労働同一賃金，雇用における無差別を含む基本的な労働者の権利の尊重を保障し，促進すること。真に持続的経済成長と持続可能な開発を達成するためにILO条約当事国はこれらの条約を完全に履行し，非当事国はこれらの条約の原則を考慮に入れること。

（出所）　国連広報センター。

表 2-3 中核的労働基準

分　野	条　　約
結社の自由及び団体交渉権	87号　結社の自由及び団結権の保護に関する条約
	98号　団結権及び団体交渉権についての原則の適用に関する条約
強制労働の禁止	29号　強制労働に関する条約
	105号　強制労働の廃止に関する条約
児童労働の実効的な廃止	138号　就業の最低年齢に関する条約
	182号　最悪の形態の児童労働の禁止及び廃絶のための即時行動に関する条約
雇用及び職業における差別の排除	100号　同一価値の労働についての男女労働者に対する同一報酬に関する条約
	111号　雇用及び職業についての差別待遇に関する条約

（出所）　ILO (2014) *Rules of the game; A brief introduction to international labour standards*, ILO.

経済への対応として，四つの分野にある8条約を最優先条約として定め，それらを地球規模の最低限の社会基準とすることであった。そしてこれら8条約は「中核的労働基準」と名づけられた（**表 2-3**）。

本来，ILO条約は，原則として批准しなければ，その拘束力は生じないが，これら8条約については，未批准であったとしても，「誠意をもって，憲章に従って，これらの条約の対象となっている基本的権利に関する原則を尊重する義務を有する」と記された[30]。すなわち，ILO条約のなかでも中核的労働基準は，普遍的原則であり，当該条約を批准しているか否かを問わず，また経済の

---

[30]　ILO駐日事務所『労働における基本的原則及び権利に関するILO宣言とそのフォローアップ』より。

発展状況や，国内法の整備状況にもかかわらず，ILO 加盟国に，その内容を尊重し，遵守に向けて努力するよう求めた。ただし同時に，これらの条約が遵守されないからといって，貿易上の制裁の対象とはならないことも定められている。

　ILO の中核的労働基準の規定は，その後各方面に大きな影響を与えた。2000年に，OECD は，「多国籍企業行動指針」を改定し，指針のなかに中核的労働基準をすべて盛り込み，ILO 三者宣言も，同基準を組み入れる形で改定された。そして今日では，経営理念や倫理憲章のなかに中核的労働基準の遵守を明記したり，支持を表明したりする企業も存在する。

　ちなみに日本は，中核的労働基準のうち，105号，111号の二つの条約を未だ批准していない。105号条約は，「強制労働の廃止に関する条約」だが，日本は公務員の政治的自由やストライキが制約されており，これが本条約に抵触すると考えられ，批准していないといわれる。また111号条約は，「雇用及び職業についての差別待遇に関する条約」だが，条約が禁止する七つの根拠（人種，宗教，政治思想等）に基づく差別を明確に禁止する国内法が不在であることが，未批准の主な理由とされる。なお，本書と関係する日独米のほか，日系企業が多く拠点を設けるアジアの国の批准状況をまとめたのが，**表2-4**である。これを見ると，途上国でも，すべてを批准している国がある一方，先進国でもアメリカのように，ほとんど批准していない国もあることがわかる。

---

(31)　それに加えて，OECD 諸国の多国籍企業が，それ以外の国・地域で操業し，発生した問題に対しても，加盟国のナショナルコンタクトポイントに連絡をとることができるようになったことも重要な改定である。

(32)　日本の国家公務員法・地方公務員法では，公務員がストを企て，共謀し，そそのかしもしくはあおったことに対する懲役刑を定めている。政府は，105号条約が，一定の場合を除き懲役刑を認めていないことが，日本の法制度上の整合性に問題があるとの見解を示してきた（第8回 ILO 懇談会議事要旨［2007年4月10日開催］，第24回 ILO 懇談会議事要旨［2015年4月9日］より）。

(33)　ILO 条約の批准を進める会（1998）。

表 2-4　中核的労働基準の批准状況

国名	結社の自由／団体交渉権		強制労働の廃止		差別の撤廃		児童労働の禁止	
	87号 (1948)	98号 (1949)	29号 (1930)	105号 (1957)	100号 (1951)	111号 (1958)	138号 (1973)	182号 (1999)
日本	1965	1953	1932		1967		2000	2001
ドイツ	1957	1956	1956	1959	1956	1961	1976	2002
アメリカ				1991				1999
カンボジア	1999	1999	1969	1999	1999	1999	1999	2006
中国					1990	2006	1999	2002
インド			1954	2000	1958	1960		
インドネシア	1998	1957	1950	1999	1958	1999	1999	2000
韓国					1997	1998	1999	2001
マレーシア		1961	1957		1997		1997	2000
ミャンマー	1955		1955					2013
フィリピン	1953	1953	2005	1960	1953	1960	1998	2000
シンガポール		1965	1965				2005	2001
タイ			1969	1969	1999		2004	2001
ベトナム			2007		1997	1997	2003	2000

(注)　批准した年を記してある。数値の入っていない条約は批准していないことを意味する。
(出所)　ILO の HP より（http://www.ilo.org/dyn/normlex/en/f?p=1000:11001:0::NO:::#U　2016年 6 月閲覧）。

4　欧州従業員代表制度の導入

　中核的労働基準ができた1990年代は，経済のグローバル化が加速した時期でもある。ベルリンの壁の崩壊（1989年）と東西ドイツの再統一（1990年），東欧における民主化の進展，ソヴィエト連邦の崩壊（1991年）など大きな政治的変化が生じたとともに，ヨーロッパでは，1993年に欧州連合の創設を定めたマーストリヒト条約が発効され，1999年に単一通貨ユーロが，制度上発足した。

　欧州で経済統合の流れが急速に進むなか，EU 域内で労働分野に関わる重要な法制度が制定された。欧州従業員代表委員会（European Works Council，以下，EWC と略す）である（1994年施行，2009年改正）。むろんこれは EU 域内に限定されたものであり，全世界に適用されるものではない。しかし，第 4 章で詳しく論じるように，近年では，この制度を土台にして，EU 域外の事業所の従業員代表までを取り込み，世界的な規模で多国籍企業に規制をかけようとする動きが生まれているため，本書ではここで簡単に紹介しておきたい。

欧州では，1970年代から欧州レベルでの労働者への情報提供および協議についての立法化に向けた取り組みが行われてきた。同指令の直接的なきっかけとなった事件の一つに，1993年の米国を母国とするフーバー・ヨーロッパ社のフランス工場の閉鎖があった。同社は，より低い労働コストを求めてスコットランドに工場を移転させることを決定したが，閉鎖される工場の従業員に対して事前に情報を提供していなかった。スコットランドの誘致政策，同社の姿勢に対し，フランス国内で，ソーシャル・ダンピングだとの批判が巻き起こり，フランス政府は，欧州委員会に本件のソーシャル・ダンピングに関する調査を要求した。当時，欧州委員会では，従業員への経営情報の開示とEUレベルでの労使協議制度が議論されていたが，フランス国内ではとくに，その早期採択を求める声が強まった。

　それに後押しされ，1994年9月22日，EUは，欧州従業員代表委員会指令（Directive94/45/EC）を採択した。それにより，EU域内で1000人以上の従業員を雇用し，かつ最低2ヵ国に事業所をもち，それぞれで150人以上を雇用する企業は，EWCを設置することが義務づけられた。各企業が事業を展開するEU諸国の従業員代表には，少なくとも年一度は一堂に会し，経営中枢層（central management）から，経営戦略やヨーロッパレベルでのグループ経営の見通し等について情報を受け，協議する権限が付与された。とくに，移転，閉鎖あるいは集団的な人員整理（collective redundancy）など，従業員に影響がある事柄については，従業員代表はその情報を得る権利を有することになった。

---

(34)　その経緯については，荒木（1995），伊澤（1996）に詳しい。

(35)　正式名称は，"A Council Directive on the establishment of a European Works Council or a procedure in Community-scale undertakings and Community-scale groups of under-takings for the purposes of informing and consulting employees"である。

(36)　なお，同指令は2009に改正（Directive2009/38/EC）された。

(37)　なお，日系自動車メーカーのEWCの設置に関する労組の動きついて，高倉（1999）は「日本の自動車メーカーが欧州労使協議会を設置するに際しては，自動車総連としてもIMF，EMF（欧州金属労連）や関係労組との連携をはかりながら側面支援を行い，既に殆どの企業では協議会を設置・運営している」と述べているが，日本の労組が，各社の従業員代表と連携を取ったり，欧州で協議された事項を本社の労使が検討したりする動きは，ヒアリング調査からは確認されていない。

そして2002年には,「従業員への情報提供及び協議に関する一般枠組みの整備に関する指令」(Directive2002/14/EC) により, 50人以上を雇用する企業または20人以上を雇用する事業所に対して, 一加盟国内の事業展開であったとしても, 従業員代表に対し, 情報提供および協議を行う仕組みが導入された。ただしEWCは, あくまでも情報公開と協議の場であり, 交渉や共同決定, さらには労働協約の締結などの権限は有していない。[39]

欧州では, そもそも従業員代表制度と類似した従業員に対する情報提供や協議に関する制度を有する国が少なくない。だが先述のフーバー・ヨーロッパ社のケースのように, 一国内の労使間で情報提供が行われていても, 自国外およびEU加盟国外で決定された情報は, 子会社の労働者に対して必ずしも伝えられていなかった。本指令の施行により, 多国籍企業の労働者は, 自らの雇用・労働条件に影響がある決定に対しては, どこで決定された情報であったとしても, 情報提供を受け, 協議する機会を確保することになった。

だが同時に, このEWCが果たしてどこまで機能しているのかについては, 常に疑問視されてきた。欧州労働組合研究所 (European Trade Union Institute)[40] によれば, 2015年の時点で, 1071のEWCが活動しており, その数は毎年増加している。[41] だが, EWCは, 労働者側からも使用者側からも設置に向けた行動がなされない場合には, 設置義務はないため, 設置対象となっている企業の6割以上で, EWCが設置されていないとされる。[42] また, 情報公開や協議などのEU指令上の定義が曖昧であることや,[43] 同指令に反したとしても制裁がないことも課題となってきた。実際に, 工場や事業所の閉鎖, 吸収や合併といった事

---

(38) EUR-Lex, European Works Council, EU. (http://eur-lex.europa.eu/legal-content/EN/TXT/?uri=URISERV:c10805 2015年12月27日閲覧)

(39) 共同決定を求めていないものの, たとえば1994年指令では, 第6条1項において, 従業員への情報提供および協議の実施について, 詳細を取り決める際には, 協力的に, 合意に達する目的をもって交渉しなければならない, とある (must negotiate in a spirit of cooperation with a view to reaching an agreement)。2002年指令の4条4項(e)でも, 同様の規定がなされており, 協議の決定にあたり合意に達する意図をもって臨むことが記されている (濱口, 2013)。

(40) Picard (2010)。

(41) Spiegelaere and Jagodzinski (2015)。

(42) ETUI-REHS (2008)。

業再編の多くが，EWC での情報提供を経ずに実施されているとの指摘もある[44]。たとえば，フランスの自動車メーカーであるルノーが，1997年にベルギーにあるヴィルヴォルド工場を事前協議なしで一方的に閉鎖を発表したことは，広く知られる[45]。また，従業員代表と労働組合との関係も多様であり，約 6 割の EWC が，ETUF（ヨーロッパレベルの労働組合組織，European Trade Union Federations）の会議への参加を認めておらず，両者の連携と協力は不十分だと指摘されている[46]。

5　企業による自主規制の広がり

（1）　国連「グローバル・コンパクト」（2000年制定，2004年改正）

　2000年代には，国連を舞台にして，二つの動きがあった。

　1999年の世界経済フォーラムの席上で，アナン国連事務総長（当時）は，もはや国家や国際機関だけでは，持続可能な成長を実現することは難しいと述べ，企業にも国際的な課題の解決への参画を求め，「グローバル・コンパクト」を提唱した。その考えは，藩事務総長に引き継がれ，2000年に国連グローバル・コンパクトが，事務総長室傘下の組織として誕生した。

　国連グローバル・コンパクトは，世界の持続的発展を目的に，人権，労働，環境，腐敗防止の 4 分野にわたる10の原則を提示し，各企業や団体が，自主的にこれらを遵守し，社会的責任を果たしていくことを求めたものである（**表 2-5**）。これらの原則は，国連機関で採択されたものではなく，あくまでも法的拘束力はもたないが，賛同を表明した企業や団体は，原則を守ることを表明し，報告書をインターネット上で公表することが義務づけられる。労働分野は，四つの原則から構成されており，ILO の中核的労働基準のすべてが含まれる。

---

[43]　そもそも同指令は EWC に関する最低限の基準を示しているにすぎず，そのあり方は，加盟各国で定めるため，それぞれの労使関係の歴史や伝統を反映した極めて多様なものとなっている（濱口，2013）。
[44]　Picard（2010）。
[45]　荒井（1998）。
[46]　Spiegelaere and Jagodzinski（2015）。

表2-5 国連グローバル・コンパクトの分野と原則

分野	原則
人権	1. 人権擁護の支持と尊重 2. 人権侵害への非加担
労働	3. 組合結成と団体交渉権の実効化 4. 強制労働の排除 5. 児童労働の実効的な排除 6. 雇用と職業の差別撤廃
環境	7. 環境問題の予防的アプローチ 8. 環境に対する責任のイニシアティブ 9. 環境にやさしい技術の開発と普及
腐敗防止	10. 強要・賄賂等の腐敗防止の取組み

（出所）グローバル・コンパクト・ネットワーク・ジャパンのHPより（http://ungcjn.org/gc/principles/index.html 2016年11月28日閲覧）。

中核的労働基準の産業界からの支持を得るために，ILOが国連に働きかけをした結果，それが実現したとされる。2015年7月時点で，世界160ヵ国で，1万3000を超える団体（そのうち企業は約8300）が署名している。[47]

（2）　国連「ビジネスと人権に関する国連指導原則」（2011年制定）

　国連のなかで人権問題に責任をもつ主要機関である人権理事会（前・人権委員会）は，2011年に「ビジネスと人権に関する国連指導原則」（以下，「指導原則」と略す）を，参加国の全会一致で承認した。同原則には，第一に，国家に対し人権を保護する義務を与え，第二に，企業に対し人権を尊重する責任を課し，第三に，権利や義務が侵害される際に，救済措置を設けている。これは，すべての国家とすべての企業に適用され，企業についてはその規模や業種，立地拠点を問わない。また，これらの義務や責任は，国際法上のものではなく，国家と企業に対し，既存の基準や慣行における規範的役割を果たすものと解釈される。国際的に認められた人権とは，具体的には国際人権章典やILO中核的労働基準を指しており，それらを尊重する責任は，自社の従業員のみならず，

---

[47] 同団体のHPより（http://www.ungcjn.org/gc/index.html 2015年11月2日閲覧）。

取引関係やバリューチェーン上の組織にも及ぶ。それを実現させるために，企業には，人権尊重を宣言したり，事業方針に反映させたりすることで，直接，間接的に関わる様々なステークホルダーに周知させることが期待されている[48]。この「指導原則」の制定を受けて，OECD多国籍企業行動指針は，2011年に改定され，新たに人権の章が設けられた。

6　おわりに

　以上の通り，労働に関わる公的な国際ルールは，長い歴史のなかで，明文化され，関係国が合意し，公式化されてきた。その過程は，決して平坦なものではなかった。

　国際労働基準の制定は，常に先進国から提起されてきた。貿易が拡大していくなかで，先進国では，国際競争力の維持強化を目的に，労働コストの切り下げが進みやすく，社会的公正に基づくルールの創出を主張する土壌が形成されやすいためである。しかし，こうした状況を放置しておけば，世界的に労働基準が低下しかねないため，何らかの規制が必要であるという認識は，途上国を含めて世界に共有されてきた。だが，先進国側のこうした主張に，保護貿易主義的な意図が込められていたことも否定できず，これらの論議は，常に途上国側が強硬に反対し，立ち消えになってきた[49]。

　つまり，国際労働基準を制定するうえでの障壁は，労使間の対立，すなわちルール形成を求める労働組合や人権団体に対し，事業経営に関して手足を縛られたくない使用者団体との対立よりも，先進国と途上国との対立にあった。だが激しい議論を経て，国際労働基準はある方向へと導かれていく。最後に，今日までに達成された国際的なルールの内容を確認しておきたい。

---

[48]　同団体のHPより（http://business-humanrights.org/en　2015年12月2日閲覧）。および国連文書「ビジネスと人権に関する指導原則：国際連合『保護，尊重及び救済』枠組実施のために（A/HRC/17/31）」2011年3月21日に基づく。

[49]　本章では紹介しきれていないが，1930年代のソーシャル・ダンピング問題の時も，1950年代から60年代に，アメリカが国際公正労働基準を提起した時も同様の背景があった。その時の労働条件向上のターゲットは，日本だった。

（1） 内容：基本的人権としての中核的労働基準

まず，国際的に適用される労働基準は，国際的に共有されてきた権利である，基本的人権の範囲にとどめる，という点である。

本章で紹介した通り，広い意味での国際ルールは様々に存在するが，各国の経済・社会状況にかかわらず，一律に適用される基準として現存する労働分野の国際条約は，ILO 中核的労働基準だけである。その内容は，結社の自由および団体交渉権の保障，強制労働の禁止，児童労働の廃絶，差別の禁止である。通常，ILO 条約は，未批准であれば拘束されないが，中核的労働基準だけは，各国の批准状況にかかわらず適用される。世界共通に，遵守しなければならないルールが，各国政府の合意のもとで，明確に打ち立てられたことの意義は大きい。

途上国ではこれらの基準が，国内法上保障されていないケースや，実態として確保されていないケースが少なくないが，多国籍企業には，そうした国々で事業を展開する場合，現地の法律や慣行に従うだけではなく，国際労働基準も遵守しながら活動することが求められる。

だが労働分野においては唯一の国際条約である中核的労働基準も，果たしてそれがどれほど遵守されているのか，そのことを誰が監督するのか，もし遵守されていなかった場合にはどうするのかなどは，曖昧なままとなっている。活用が期待されるのは OECD の NCP だろうが，その有効性にも，不確かな部分がある[50]。ゆえに労働組合の国際組織は，中核的労働基準の実効性を上げるために国際枠組み協約（Global Framework Agreements）の締結を推進し，労働組合が監督業務を担い，遵守を徹底させる運動に着手しはじめた。これについては，次章で詳しく述べる。

また，一定の地域や産業，業界に限定して見ると，より踏み込んだ内容の国際労働基準も存在する。たとえば，TPP（環太平洋パートナーシップ協定）では，アメリカの強い働きかけにより，労働条項が盛り込まれた[51]。その内容は，まず

---

[50] たとえば第 5 章では，実際に労組が NCP に通告したケースを紹介している。
[51] 2015年10月時点。「環太平洋パートナーシップ協定の概要（暫定版）」日本語（仮訳），13-14頁に基づく（http://www.cas.go.jp/jp/tpp/pdf/2015/10/151005_tpp_Summary(e).pdf　2016年 8 月18日閲覧）。

中核的労働基準を自国の法令および慣行において採用することを義務づけ，加えて「締約国は，最低賃金，労働時間並びに職業上の安全及び健康を規律する法令を定めることに合意する」，「締約国は，貿易又は投資を誘引するために労働者の基本的な権利を実施する法令について免除又は逸脱措置をとらないことに合意」すると書かれている。さらに締約国が「労働に関する締約国間の問題解決に努めるために使用することを選択できるものとして，労働対話（labor dialogue）を設け」，「この対話は，問題の迅速な検討及び問題に対処するための一連の行動について TPP 締約国で相互に合意することを可能とする」とある。すなわち TPP に参加を表明している12ヵ国は，中核的労働基準の遵守に加えて，最低賃金，労働時間，職業安全衛生などを国内法令で定めること，貿易相手国との国際的な労使対話の実施などを義務づけられる。日本の労組は，労働条項の厳格な実施を訴え，中核的労働基準のうち未批准の2条約（105号，111号）の批准を国に要請している。[53]

また，ある産業に限定して適用される国際労働基準としては，2006年に ILO が採択した海上労働条約（2013年発効）がある。本条約は，船員に対して，[54]たとえば，次のような権利を保障している。船員の最低年齢は16歳以上とされ，なかでもコックなど食料支給を行う労働者は18歳以上とされる。ILO は，就業の最低年齢を原則15歳としており（138号条約），開発途上国を対象とした例外規定で当面14歳を容認し，軽労働に限っては12歳以上14歳未満を認めているため，船員の基準がそれらより高いことが分かる。また，船員の賃金は，少なくとも1ヵ月ごとに定期的に全額が支給されなければならず，同時に，収入の

---

(52) 日本も，既述の通り，中核的労働基準のうち2条約を批准していない。それについて日本政府は，「TPP 協定の労働章において，各条約国が保障すべきこととされている労働者の権利に関係する国内法令を既に有していることから，追加的な法的措置が必要となるものはない」との見解を示している (http://www.cas.go.jp/jp/tpp/pdf/2015/10/151005_tpp_gaiyou_koushin.pdf 2016年1月18日閲覧)。同時に，そもそも提案者であるアメリカも，中核的労働基準は2条約（強制労働の禁止，児童労働の廃絶）しか批准していない。

(53) たとえばJCM（2016）『2016-2017年政策・制度要求』13-14頁。

(54) 船上で働く人はみな船員とされ，たとえば船長も医師も事務長等もみな適用対象となる。

全額または一部を家族に送金できるよう確保すること,さらに給与明細書の交付も義務づけられた。労働時間は,24時間につき14時間以上就労してはならない,7日間につき72時間以上就労してはならないと明記され,さらに24時間につき少なくとも10時間以上の休息をとらなければならない,と規定される。こうした休息時間規制は,日本の労働基準法にも制定されていない[55]。このような細かな就労基準に加えて,船内苦情処理の手続きに関する規定,居住設備,レクリエーション施設の設置,健康保護や医療,福祉,社会保障を受ける権利についても定められている。そのため本条約は,労働および生活に関わる包括的な権利を保障した「船員権利章典」とされる。

同条約が他の条約と大きく異なる点は,その実効性を担保するために,旗国検査(Flag State Inspections)と寄港国検査(Port State Control)を義務づけていることにある。すなわち,たとえば条約批准国である日本は,日本籍の船に対し,同法の適合性を検査し,合格した船に証明書を発行する(旗国検査)。加えて本条約の批准・未批准にかかわらず,日本の港に寄港する外国籍の船すべてに対して,条約の適合性を確認する検査を行い,不適合の場合には,是正指導および船舶の出港差止め等の強制措置を実施する(寄港国検査)[56]。本条約の批准国は,70ヵ国に限られるが[57],本条約は,船舶の船籍国がこの条約を批准していなくとも,強制的に実施されるシステムをもつ[58]。

そもそも海上労働は,就労場所が複数の国に跨り,船上で働く者の国籍も多様であり,極めて多国籍な労働現場である。ゆえに,国境を越えたルール形成は,他の産業よりも早い段階から進展してきた。2013年に発行した海上労働条

---

[55] 労働基準法には,休憩(34条)および休日(35条)については規定があるが,1日の休息時間を規定した,いわゆるインターバル規制はない。

[56] 国土交通省海事局運行労務課『海上労働条約の批准に伴う船員法の改正について』2013年3月。

[57] 2016年1月現在。ILOのHP上の発表による(http://www.ilo.org/dyn/normlex/en/f?p=NORMLEXPUB:11300:0::NO::P11300_INSTRUMENT_ID:312331 2016年1月13日閲覧)。

[58] それ以外にも,一般のILO条約との違いが様々にあり,同条約の施行により,ILOの国際威信の高まり,国際労働規範の強化を期待する声は小さくない(野川,2013)。

約は，今後の国際労働基準の一つの方向性を示しているとも考えられる。

（２） 実効性：弱い法的拘束力と実効性の高まり

　本章で見てきた通り，1960年代から70年代前半までは，多国籍企業を規制する条約や協約を制定することに力が注がれてきた。先進国を母国とする多国籍企業が，工場や事業所を置く途上国に負の影響を与えている点が強調され，それを放置しないという建前のもと，国際法により企業に対して直接に一律のルールを課そうとした。しかし，国連の「多国籍企業行動規範」も，WTO憲章の「社会条項」も頓挫し，それは実現しなかった。

　こうした論議のなかで生まれてきたのが，より緩やかな実効力をもつルールの形成である。国際法上の規定や条約といった形では，各国間で合意することは極めて困難であることから，法的な拘束力はもたないものの，国際機関が提唱する基準や規範を国際社会に示し，企業に対して，任意にもしくは自主的に，それらの基準を遵守してもらおうとする動きである。明確な基準を定め，罰則や制裁を課せば，合意に達することは著しく難航するが，原則や理念を謳うだけであれば，実効性は不透明であるものの，国際的には合意しやすい。OECDの「多国籍企業行動指針」や，国連の「グローバル・コンパクト」，「ビジネスと人権に関する国連指導原則」も，そうした特徴が見られる。さらに2000年以降は，とくに非政府機関により，類似のルール作りが進められてきた。[59]

　代表的なケースをいくつか紹介すると，スイスに本部を置く国際NGO組織であるISO（国際基準化機構，International Organization for Standardization）は，2010年にISO26000を制定した。ISOは，従来，主に工業分野の国際規格を策定してきたが，その延長に品質管理に関するISO9000シリーズ，環境管理に関

---

[59] 熊谷（2013）は，戦後，多国籍企業を対象とした公的なルールの形成を三つの段階から整理している。第1段階は1960年代であり，国連の「多国籍企業行動規範」に見られるような条約や規制作りが取り組まれた。第2段階は，1970年代から80年代であり，OECDやILOなど，各国政府が参加する国際機関によるルールの策定が進んだ。熊谷はそれを「政府間ガイドライン」の時代と名づけている。1990年代以降が，第3段階とされ，その特徴は「『CSR』とソフトロー」にある。法的な拘束力はもたないものの国際社会において一定の機能するルールが，非政府機関を中心に形成された（熊谷，2013，9頁）。

するISO14000シリーズが生まれ,そして社会的責任に関するガイドラインISO26000が誕生した。これは,先進国から途上国までを含め,複数の主要なステークホルダー（消費者,政府,産業界,労働,NGO,学術研究機関他）によって議論され,規格化されたものである。[60]

ISO26000が示す「社会的責任」は,七つの原則（説明責任,透明性,倫理的行動,ステークホルダー,法の支配,国際規範,人権）から構成される。これら七つの原則を踏まえて,さらに七つの中核主題の推進が求められており,それは「人権,労働慣行,環境,公正な事業慣行,消費者課題,コミュニティへの参画及びコミュニティの発展」である。労働については,「人権」,「労働慣行」,「コミュニティへの参画及びコミュニティの発展」で触れられており,それらはILOの中核的労働基準,ILOのフィラデルフィア宣言などILOの基本文書を基盤に作成されているが,そうした基本的権利に加えて,より踏み込んだ記述も見られる。たとえば「労働慣行」のなかでは,多国籍企業に,国際的な社会対話（労使協議や,政府を含めた三者の対話）の検討や,賃金,労働時間等の労働条件について,各国の国内法規のみならず,国際的な行動基本との整合性を求めている。[61]

その他にも,1997年に米国で設立された国際NPO団体であるGRI（Global Reporting Initiative）は,企業が持続可能性に関わる報告書（CSRレポート）を作成するうえでのガイドライン（Sustainability Reporting Guideline）を2000年に提示した。そこには,環境や製品責任等と並んで,「雇用慣行とディーセント・ワーク（Labor Practices and Decent Work）」という分野も含まれる。[62] 同様に,米国の国際NGOのSAI（Social Accountability International）は,1997年にSA8000（Social Accountability 8000）——ILOや国連の条約に基づき労働基準を示したもの——を発表している。[63]

これら非政府の国際組織が独自に提唱する国際的な規範は,国家間で締結さ

---

[60] ただし,ガイダンス文書であり,要求事項を示した認証規格ではない。
[61] 詳しくは熊谷（2013）。
[62] GRIのHPより（https://www.globalreporting.org/Pages/default.aspx 2015年11月26日閲覧）。
[63] SAIのHPより（http://www.sa-intl.org/index.cfm? 2015年12月2日閲覧）。

れた条約ではなく，法的な強制性を有さず，むろん違反した際の罰則規定もない。内容も理念的で抽象的なことが多く，それがどれほど企業行動を規制しているのかは見えにくい。だがこれらの国際的なルールに賛同を示したり，参加を表明したりした企業や団体には，相互に一定の拘束力が発揮され，それなりの実効性を有しているようにも思われる。企業も，欧州では1990年代以降，日本では2000年代以降，社会的責任として国際ルールの遵守を表明し，それらが守られているどうか定期的に確認し，報告書を作成し，それを全世界に向けて公表するようになってきた。[64]自社のCSRに立脚した経営を心掛け，何らかの問題が発生した場合には，非政府組織から指摘を受ける前に，スムーズに物事を解決しようとする動きもある。とくに自社のブランド・イメージを重視する巨大企業であれば，ブランドの毀損につながる事態を避けるインセンティブは強く働く。つまり国際的な規範や基準の存在が，広く国際社会に認知され，根を下ろすことで，多国籍企業に実質的な規制がかかっていると見ることもできる。国際社会における企業に対する規制は，法的拘束力をもたなくても，非政府組織による監視や，メディアによる報道など，国際社会に存在する多様な主体が関与することで，ある程度の実効性は担保されてきた。

（3）　**適用範囲の広がり**

　だが，課題がないわけではない。一つは，世界に跨って経営を展開するような巨大な多国籍企業が国際ルールを尊重することは，企業ブランドの価値を守り，高めるという理屈からも一定の合理性があるが，そうした行動原理は，どの企業にも共通にあてはまるわけではない。つまり企業本社が，国際労働基準の遵守を謳い，そうした労務管理を徹底していたとしても，実際の製品生産を担う子会社や，製品の原料を納めるサプライヤーにおいて，国際ルールが無視されていることもありうる。

　実際に，多国籍企業のサプライチェーンが地球規模に拡大していくなかで，多国籍企業の労働問題として話題になるものの多くは，その子会社や下請け企業での実態であることが多い。代表的な例としては，世界最大のスポーツ用品

[64]　稲上（2007）。

メーカーであるナイキに対するグローバル・ネガティブ・キャンペーンがある。米国に本社を置くナイキは，直営工場をもたないビジネスモデルで事業を運営しており，同社の靴やスポーツウェアは世界中の工場に委託され生産されている。たとえば，同社の靴は，14ヵ国の約150工場で，ウェアは41ヵ国の約430の工場で生産される。1997年，同社が生産を委託するベトナムなどの東南アジアの契約工場において，低賃金労働，児童労働，言葉による暴力行為などの問題があることが国際NGOや米国メディアに告発された。同社は，当初，契約工場の労使間で解決するべき課題だとして，関与しなかったが，その姿勢がさらなる反発を呼んだ。そしてNGO組織は，同社を対象に国際的なネガティブ・キャンペーンを仕掛け，それによりアメリカだけでなく，ヨーロッパ，オーストラリアなどにおいても，同社製品の不買運動が展開された。このことは，同社の経営にも打撃を与えたとされる。

　これほど大きな社会運動に至らなくても，同様のケースは多々ある。たとえば，2012年にアメリカに本社を置くアップル（Apple Inc.）の携帯電話の製造を請け負う台湾企業（Foxconn Technology Group，鴻海科技集団／富士康科技集団）での従業員の勤務体系と自殺を米国メディアが報道し，アップルの姿勢が問われたことは記憶に新しい。日本でも，2015年1月に，ユニクロを展開するファーストリテイリングが，中国の製造請負工場の労働環境が劣悪であると，国際NGOから告発を受けた。

　ゆえに，多国籍企業に関わる国際的なルールは，1990年代以降，もっぱらその適用対象を，多国籍企業のみならず，その子会社や下請け企業といったサプライチェーン全体まで，さらに取引先にまで広げるように変わってきた。たとえば，OECDの多国籍企業行動指針では，多国籍企業が関わるある取引関係を通じた事業や製品，サービスが，人権侵害などの悪影響を発生させているとした場合，多国籍企業に，その影響力を行使して，取引先の不正な慣行を修正させ，悪影響を緩和または防止するよう求めている。多国籍企業と当該取引先企業との関係性や，多国籍企業がもつ影響力の程度，さらには悪影響の深刻度

---

(65) 同社2014年次報告書より（http://s1.q4cdn.com/806093406/files/doc_financials/2014/docs/nike-2014-form-10K.pdf　2015年11月26日閲覧）。

と蓋然性の程度などによって，対応は変わるが，深刻な人権侵害が継続される場合には，取引関係の終了を含めて検討することが要請されている。

　すなわち今日では，世界中にサプライチェーンを広げる多国籍企業にとっては，ほとんど関係していないと思われるような他社で起きた人権侵害行為が，バリューチェーンを通じて，次第に自社の問題として対応を迫られることが起こりうる。多国籍企業は，自社だけでなく，直接的および間接的なステークホルダーに対しても，国際労働基準の遵守を求めていかなければならない。ただし，広い世界に無数に存在するサプライチェーンの隅々にまで目を光らせることは不可能であり，現実的には問題が発覚した時に，対応する事後的な措置にとどまっている。

（4）雇用と連携した社会政策の国際標準化

　労働基準とは，それ自体が独立して機能することは，たいていの場合難しく，他の制度や政策と密接に結びついて初めて効果を発揮するものである。そのため，国際労働基準の実効性を高めるためには，より包括的な社会政策的措置の国際標準化が求められる。

　たとえば，児童労働の廃絶は，義務教育制度の整備と表裏の関係にある。途上国の子供たちが，貧困のなかで暮らし，必要な教育を受けることなく，社会的な保護や保障から排除されていれば，いくら児童労働の廃絶のみをルール化したとしても，その達成が難しいことは容易に想像がつく。

　労使関係制度も，労働基準と深く関わる。各国の労働法制や雇用政策の決定に，労働者代表と使用者代表が関与するスキームがあるかどうか，そうした社会対話に基づいた労働基準の改良や調整が図られているか否かといった問題は，労働基準のあり方と不可分である。また，仮に国際労働基準を批准し，自国の法令として定め，施行されたとしても，その後に，各職場でその基準が遵守されているかどうかをモニタリングするには，政府機関とともに労働組合が果たす役割が大きい。国際労働基準が，法令上定められていても，労働組合の活動が制限されていれば，その運用に課題が残る。

　同様に，雇用問題と社会保障制度の連携も，近年では，先進国に共通して重要な課題とされる。たとえば，労働安全衛生は，労働基準のなかでも優先度の

高い項目であり，ILOでは187号条約において「職業上の安全及び健康を促進するための枠組みに関する条約」を定めている。けれどもこうした安全衛生基準を設け，仮にそれが守られたとしても，職務に起因した怪我や病気を完全に防ぐことは不可能であり，そうした事態に備えた労働災害補償保険制度を導入することは，世界共通に，働く者にとって，最低限必要な制度といえる。つまり社会保障制度である労災保険と，労働基準である職業安全保障は，両者がそろって初めて，安全で安心して働くことができるようになる。[67]

このように公正なグローバル競争を真に達成するには，国際的な労働基準の制定に加えて，労使関係制度，社会保障制度，教育制度など，包括的なグローバルな最低基準についても議論していかなければならない。

---

[66] なお社会保障については，ILOは，2001年の第89回総会で，社会保障に関する一般討議の結果，社会保障の適用拡大を合意しており，それに基づき2003年には「社会保障をすべての人に世界キャンペーン」を実施し，2011年の第100回総会では「社会正義と公正なグローバル化のための社会保障」に基づき決議を行った。ILOは，社会保障は人権を保障するために整備されるべきものと捉えられがちであるが，それだけでなく，社会・経済発展のために社会保障の拡大が重要であると論じている（山端，2012）。

[67] 同時に，社会保障のあり方は，国家間の相違が大きいが，使用者にとっては，直接的・間接的にその負担を求められることから，それは労働コストの一部と見なされる。多国籍企業が，より低いコストを求めて，国際的に競争を展開すれば，それが各国の社会保障制度の引き下げ圧力として働く可能性もある。

第3章
多国籍企業とグローバル・ユニオンの国際協定

1　はじめに

　ILOの中核的労働基準やOECDの多国籍企業行動指針等が策定される一方，こうした基準に反する企業行動の告発は後を絶たず，多国籍企業に対する批判はたびたび高まった。それを受け，1980～90年代には，企業自身も，自社の社会的責任（Corporate Social Responsibility，以下CSRと略す）を検討し，企業倫理や行動規範を公表したり，国連のグローバル・コンパクトやISOの26000といった企業外の組織が定めた基準に，主体的に参加したりする動きを見せるようになってきた。いずれも任意ではあるため，その取り組み度合いは企業によって差があるものの，世界的に，こうした企業の自主的な行動規制は前進した。
　同時に，CSRに向けた努力が会社の評判を高め，企業価値を向上させることや，消費者団体やNGO組織と良好な関係を築けること，さらに倫理的な投資家や株主への対応としても有効であること等が強調され，CSRに取り組むことが，長期的には経営を効率化し，企業価値を増大させ，競争優位性を高めるとの認識も広がった。
　労働組合は，こうした企業行動に一定の評価を与えながらも，とくに労働分野に関わる規範や基準が，労働組合との対話を限定的か，ほとんど行わずに，経営側の一方的なイニシアティブによって定められていることを批判してきた。そして国際労働基準の実効性を高めるには，多国籍企業と対峙できる労働組合が，その活動に深く関わることが重要だと主張した。また，中核的労働基準に反する行為は，多国籍企業である本社よりも，その関連会社や請負会社でより多く発生しているため，企業本社が掲げるCSRが，サプライチェーン全体に及ばない点も問題だと捉えてきた。

そして1980年代末，労働組合の働きかけにより，企業が社会的責任を自ら宣言するだけでなく，労使でともにそれを推進することを約束した，いわば共同公約を発表する多国籍企業が誕生した。その後，それは徐々に他企業にも広がりを見せてきた。これらの労使共同公約は，国際枠組み協定（Global Framework Agreement，以下 GFA と略す）と呼ばれる。

本章では，GFA の内容と特徴を整理し，自動車産業のケースをもとに，国際労働運動において GFA 締結がもつ意味を分析する。そして日本の労働組合の GFA 締結に向けた取り組みを紹介する。

2　GFA とは

(1)　GFA のはじまり

GFA は，ダノン（DANONE）と国際産別組織 IUF（国際食品関連作業労働組合連合会）との間で締結された協定に始まったとされる。ダノンは，フランスに本社を置く巨大な多国籍企業であり，乳製品，飲料，医療用栄養食，菓子製品などの製造販売を主たる事業とする。1990年代に，ヨーロッパ域を越えて世界での製造販売に乗り出し，今日では日本でも数多くのダノン製品が売られている（主要なブランドとして，ミネラルウォーターのエビアン，ボルヴィックなどがある）。他方，IUF とは，農業，食品飲料製造，ホテル，レストラン，たばこ製造などの産業を組織する国際産別組織である。同組織の発表によれば，現在，130ヵ国396の組合組織から構成され，世界に255万人の組合員を有する。

---

(1) なお，国際枠組み協定は，かつては企業行動規範（Code of Conduct）や IFA（International Framework Agreements）と呼ばれていた時期もあり，その呼び名は統一されていなかった。だが今日では，GFA で統一される方向にあるため，本書では，引用部分などを除き，基本的にすべて GFA と表記する。

(2) IUF とは，International Union of Food Agricultural, Hotel, Restaurant, Catering, Tobacco and Allied Workers' Associations の略である。

(3) Papadakis (2011)。

(4) 2014年時点で，売上高が211億4400万ユーロ，グループ全体の従業員数は9万9927人となる。いずれもダノンの HP より（http://www.danone.com/uploads/tx_bidanonepublications/DANONE_2014_Registration_Document_ENG.pdf　2016年1月23日閲覧）。

ダノンは，1970年代半ばから，IUFとの協議を始め，グローバル・レベルでの社会対話に取り組んできた。[6]多国籍企業と国際産別組織とが，直接対話を重ねるという点において，これは世界に先駆けた動きだった。IUFは，1980年代半ばから世界に広がるダノンの系列会社の組織化に着手し，同時期に，IUFダノン支部，同社の従業員代表者，そして本社経営陣（Central Management）との間で，国際的な労使関係のあり方について論議を交わしてきた。その結果，1989年9月26日，IUFと同社の間で二つの協定が結ばれた。

　一つは，グループ全体における経済および社会情報の提供に関する協定である。[7]これは，同社の経営陣が，世界に存在する同社の全従業員および従業員代表に対して，少なくとも年1回，会社に関する次に述べる情報を提供することを約束するものであった。提供される情報は，経済情報と社会情報があり，前者には製品タイプ別の売上高，輸出売上高，利益率，資本支出，研究開発費用，広報費用などが含まれ，後者には毎月の平均正規雇用従業員数（性別，管理職・非管理職別，勤続年数別に算出されたもの），非正規雇用者数，パートタイム労働者数，総額人件費（管理職・非管理職それぞれ），年間総労働時間，欠勤率，労災事故の発生割合，新技術の導入と職務変化の見通し，従業員への訓練費用，訓練実施状況（性別，管理職・非管理職）などがある。[8]1989年は，まだ欧州従業員代表委員会も存在しておらず，企業グループ全体で，国境を越えてこうした情報提供の実施を約束したケースは，ごく少なかったと予想される。

　もう一つの協定は，職場における昇進の男女平等実現に向けた行動計画である。[9]ダノングループ各社が，同一価値労働に基づく報酬，昇進機会，訓練へのアクセス，産休後の仕事復帰，仕事と家庭とのバランスについて，従業員代表と議論し，男女平等の実現に取り組むことが約束された。

---

(5)　IUFのHPより（http://www.iuf.org/w/　2016年1月23日閲覧）。
(6)　IUFのHPおよびダノンのHPより。
(7)　協定名は，Plan for Economic and Social Information in Companies of the BSN Groupである。なお，ダノンの前身は，ガラス容器製造会社との合併により誕生したBSNグループであったため，ここではBSN Groupとなっている。
(8)　本協定の2005年改定版を参照した。
(9)　協定名は，Action Programme for the Promotion of Equality of Men and Women at the Workplaceである。

さらにダノンは，その後も立て続けに IUF と国際的な協定を締結していく。1992年に技能訓練について，1994年には労働組合の権利，1997年には経営環境の変化が雇用と労働条件に及ぼす影響，2005年にはグループ全体における社会的指標（Social Indicators）の創設，2007年に多様性（Diversity），最も最近の2011年には，健康・安全・労働条件とストレスに関する労使協定が結ばれた。これら九つの国際協定により，雇用，労働条件，技能育成，労働組合の権利，健康と安全に関するルールが，国境を越えてダノングループで働く従業員に適用されることとなった。

　そして IUF は，1995年に同じくフランスに本社を置き，世界で3873のホテルを運営する大手ホテルチェーンのアコール（Accor Hotels）と GFA を締結した。さらに1998年には，別の国際産別組織である IFBWW（国際建設林産労連）が，スウェーデンの大手家具メーカーであるイケア（IKEA）と，翌年にはドイツの老舗の文房具メーカーであるファーバー・カステル（Faber-Castell）と GFA を結んだ。そして ICEM（国際化学エネルギー鉱山一般労連）もまた，1998年にノルウェーのエネルギー企業であるスタトイル（Statoil），2000年にドイツの化学産業フロイデンベルグ（Freudenberg）との GFA 調印に成功した。

　2016年現在，約100社の多国籍企業が GFA を締結している。表3-1ではその一部を紹介する。これを見れば明らかなように，GFA 締結は，欧州を母国とする多国籍企業に集中している。GFA が，欧州の労働運動のなかで生まれ，国際的に拡大してきた面があるため，それはある程度やむをえないだろう。近年では，欧州以外の地域・国の企業との締結数も徐々に数を増えている。

⑽　Accor Hotels の HP 発表による。2015年の数値。
⑾　IFBWW は，International Federation of Building and Wood Workers の略。2005年に WFBW（建設林産世界連合，World Federation of Building and Wood Workers）と統合し，BWI（国際建設林業労働組合連盟，Building and Wood Worker's International）となった。
⑿　ICEM は，International Federation of Chemical, Energy, Mine and Generail Workers' Union の略。2012年に ITGLF（国際繊維被服皮革労働組合同盟）と IMF（国際金属労連）と合併し，インダストリオールとなった。

第3章　多国籍企業とグローバル・ユニオンの国際協定

表3-1　GFA の締結事例

国際産別組織	企業名	本社がある国	産業	締結年
国際建設・林業労組連名（BWI）	イケア（IKEA）	スウェーデン	家具製造	1998
	ファーバー・カステル（Faber-Castell）	ドイツ	文具用品製造	2000
	バラスト・ネダム（Ballast Nedam）	オランダ	建設	2002
	イタルセメンティ（Itelcementi）	イタリア	セメント	2008
インダストリオール（InudstriALL）	インデシット（Indesit）	イタリア	家電	2001
	レオニ（Leoni）	ドイツ	自動車部品	2003
	ラインメタル（Rheinmetall）	ドイツ	金属・機械	2004
	ボッシュ（Bosch）	ドイツ	自動車部品	2004
	エレクトロラックス（Electrolux）	スウェーデン	家電	2010
	フォード（Ford）	アメリカ	自動車	2012
国際食品関連産業労働組合連合会（IUF）	ダノン（DANONE）	フランス	食品	1988
	アコール（Accor）	フランス	ホテル	1995
	フォンテラ（Fonterra）	ニュージーランド	食品	2002
	クラブメッド（Club Med）	フランス	旅行業	2004
国際化学エネルギー鉱山一般労連（ICEM）	スタイトル（Statoil）	ノルウェー	石油・ガス	1998
	フロイデンベルク（Freudenberg）	ドイツ	ゴム・プラスチック	2000
	ルークオイル（LUKOIL）	ロシア	石油	2004
	ユミコア（UMICORE）	ベルギー	鉱業	2007
	ペトロブラス（Petrobras）	ブラジル	石油	2011
国際ジャーナリスト連盟（IFJ）	ヴァッツ（WAZ）	ドイツ	出版・メディア	2007
国際公務労連（PSI）	フランス電力（Électricité de France）	フランス	電力	2005
ユニオン・ネットワーク・インターナショナル（UNI）	テレフォニカ（Telefónica）	スペイン	通信	2000
	カルフール（Carrefour）	フランス	小売	2001
	H&M	スウェーデン	アパレル	2004
	ポルトガル・テレコム（Portugal Telecom）	ポルトガル	通信	2006
	アデコ（Adecco）	スイス	人材派遣	2008
	インディテックス（INDITEX）	スペイン	アパレル	2009
	テレコム・インドネシア（Telkom Indonesia）	インドネシア	通信	2010
	マンパワー（Manpower）	アメリカ	人材派遣	2011
	イオン（Aeon）	日本	小売	2014

（注）　GFA を締結した一部の事例を掲載している。一つの企業が，複数の国際産別組織と締結することもある。
（出所）　Global Unions の HP より一部抜粋（http://www.global-unions.org/ +-framework-agreements-+.html?lang=en　2016年2月27日閲覧）。

（2） GFAの定義と締結主体

　GFAとは，グローバル企業とグローバル・ユニオン（国際産別組織）が国際レベルで取り決めた内容が，世界規模に適用される協定である。この協定の署名には，使用者側としては，世界に広がる企業グループ全体を代表して，本社の代表取締役や本社の人事部門総責任者が名前を連ねる。労働組合側は，原則として国際産別組織の代表者であるが，それと並んで，本社の従業員を組織している企業別労組や産別労組，従業員代表委員会やEWC（欧州従業員代表委員会），さらにそれが拡大した世界従業員代表委員会（World/Global Works Council）も署名することがある。GFAとは国境を越えた協定であるため，それを締結するにあたって，本社の労働組合や従業員代表委員会は，事前に自社が有する他国の事業所の労働組合と接触し，協議することが多い。さらに，次章で詳しく論じるが，締結後にも，本国の労働組合と海外事業所の労働組合が連絡を取り合い，GFAの執行をモニタリングしているケースもある。よって，GFAの締結を契機に，労働組合の国際的な連携は強化されたといわれる。

　従来の労使間協定と比較した場合，GFAは，企業との協定締結に，産別労組や企業別労組だけではなく，国際産別組織が介入している点に特徴がある。従来，国際産別組織は，傘下に加盟する各国の産別労組やナショナルセンターの緩やかな連合体であり，各国労組の活動を支援し，国境を越えて運動の方向性や基準を示す役割を果たしてきた。少なくともこれまでは，国際産別組織は，個別の企業と直接対峙する立場にはなかった。だが国際産別組織がGFAの締結主体となることによって，同組織は，多国籍企業との交渉相手としての正当

⒀　たとえば，企業別労組や産別労組が署名したケースは日系企業（高島屋やイオン等）で，欧州従業員代表委員会が署名したケースはBMWで，世界従業員代表委員会が署名したケースはVWがある。

⒁　Papadakis（2011）。

⒂　そもそも特定の企業と労働組合とが協定を締結すること自体は，企業別組合が主流である日本に限らず，他国にも存在する。アメリカの労働組合は，産別組合が中心であるが，各産別労組が企業ごとに交渉し，協約を締結するのが一般的であるし，ドイツでは，産別労組が産業別の使用者団体と交渉し，産業横断的な労働協約を締結するが，後に紹介するように，産別労組が個別企業と協約を結ぶケースもある。労使関係の分権化が進むなか，欧州でもこうした傾向がむしろ強まっている。

性を得ることになり，そのあり方は大きく変わった[16]。

　国際産別組織がGFA締結に主導的役割を果たしたケースも報告されている。たとえば，ドイツの自動車メーカーのVWは，2002年にGFAを締結した。当初，後に紹介する同社の世界従業員代表委員会が，GFA締結を提案し，会社との間で議論が交わされたが，協約内容と，協約の署名者に国際産別組織IMF（国際金属労連）[17]が加わるかどうかが争点となった。最終的に局面打開のために当時のIMF会長が関与し，協約署名に至ったという。フランス系自動車メーカーのルノーとPSA プジョー・シトロエンは，それぞれ2004年と2006年にGFAを締結しているが，両者とも，経営陣がIMFに直接アプローチしたという。IMFはこれを受けて，関連加盟組織と会合を開催し，Eメールや電話で協議を重ね，交渉プロセスで主導的な役割を果たした[18]。

　他方，大概の企業は，これまで交渉や協議をしたことがない国際産別組織を相手に協約を締結することについて，強い警戒心を働かせる。ゆえに企業が国際産別組織の介入を嫌がる事例は数多く存在する。そして経営側だけでなく，本社の労組や従業員代表委員会が，国際組織の関与を拒むケースも報告されている。たとえば，ヘルファンとフィッチャーの研究[19]によれば，オーストラリアで最大手の鉄鋼会社であるメタルコープ（Metal Corp）は，2002年に金属産業の国際産別組織であるIMFとGFAを締結したが，その際，IMFの関与は必要最低限に抑えられた。同社は，1990年代後半に国際的な企業買収や組織再編を各地の事業所で進めていた。もともと強力だった同社の従業員代表委員会は，海外事業所で展開される事態にも対応できるよう，企業内労使関係のグローバル化を経営側に要求した。その後約4年にわたり，労使で試行錯誤を重ね，2002年に世界規模の従業員代表委員会が正式に立ち上がった[20]。そして同年，この組織が使用者側と交渉し，GFAが締結された。

---

[16]　Fairbrother and Hammer（2005）。

[17]　IMFは，International Metalworkers' Federationの略。IMFは2012年に他の国際産別組織と合併し，インダストリオールとなった。

[18]　フォルクスワーゲン，ルノー，PSA プジョー・シトロエンのケースは，いずれもIMFが刊行した『IMFにおける国際枠組み協約の背景』IFA世界会議の報告書，2006年に基づく。

[19]　Helfen and Fichter（2013）。

けれども，IMFは，同社のGFA締結に向けた協議の場には招かれず，交渉のテーブルについたわけではなかった。従業員代表委員会によれば，「外部の第三者（outside party）」との交渉は，使用者側にとって「不愉快（discomfort）」なことだと考え，GFA締結を成功させるためには，従業員代表が交渉の中心的役割を担い，IMFは最後の署名だけ参加する形をとった。[21]

つまり，本事例のように，国際産別組織が締結主体であるとはいえども，それに向けた協議や交渉といった締結に至るまでの作業は，従業員代表委員会や，労働組合の企業支部，母国の産別労組が担うケースも少なくない。

ただし国際産別組織が，GFA締結に至る過程でどのような位置づけであったとしても，締結主体となる意味は大きい。なぜなら各企業の労使のみの協約であれば，それがいかに充実した内容で，高い実効性を有していたとしても，「企業別組合主義（company syndicalism）」に陥る可能性があるためである。[22]つまり，国際市場で激しい競争のなかにいる多国籍企業に各社バラバラに規制をかければ，他社よりも手足を縛られた企業が競争上劣位になる可能性も否めず，自社の競争優位性を確保しようと，労使双方にとって規制力を弱める方にインセンティブが働きやすい。国際産別組織が関わり，全体に共通したルールを適用することで初めて，企業の枠を越えて「底辺への競争」を規制する力を担保しうる。

（3） 従業員代表委員会の位置づけ

GFA締結には，従業員代表委員会が重要な役割を果たしている場合が少なくない。とくに欧州を母国とする多国籍企業では，EWC（欧州従業員代表委員会）が，GFAの締結を提案し，交渉を主体的に進め，さらにはその実施，監視にあたっても，目立った活躍をしているケースがある。[23]こうした動きについて組合からは，従業員代委員会の役割に期待する声とともに，懸念も表明され

---

[20] 世界従業員代表委員会とはいえ，本社の組織が中心となっていることは否めないが，そこにブラジルやアメリカからの代表者も加わった。
[21] Helfen and Fichter（2013, p.536）。
[22] Helfen and Fichter（2013, p.571）。
[23] Dehnen（2013）。

ている。なぜならば、従業員代表委員会は、字のごとく全従業員の代表であり、それは非組合員も代表しているため、必ずしも組合の見解に沿った行動をとるとは限らない。加えて従業員代表委員会が組合を代替し、組合機能を低下させることも危惧される。そのため、EWCや従業員代表委員会の役割を限定しようとする動きもあり、たとえばドイツの金属産業労組であるIGメタルは、2004年に、EWCに向けた指針を発表し、そこではEWCが国際産別組織と緊密に協力する意義を述べながらも、「交渉プロセスがどのようなものであれ、最初からIMFに通知して関与させ、常にIMFが協約に署名しなければならない」と強調している。こうした問題については、本章後半にて詳しく分析する。

3　GFAの内容と適用範囲

（1）内　容

　GFAの内容は、現時点では統一されておらず、決まった形式があるわけではないが、ILOの中核的労働基準の遵守を約束し、何か問題が起きた時には、労働組合と企業が連携して解決にあたることが盛り込まれることだけは必須となっている。そのうえで、ILOの中核的労働基準といった基本的な権利として国際的に認知された範囲にとどまらず、賃金や労働時間などの労働条件の決定方法や、労働安全衛生の確保に合意したケースもある。さらに欧州を母国とする多国籍企業では、従業員代表に対する情報開示（たとえば国境を越えた事業再編が行われる場合には、事前に協議する等）を含む場合も見られる。それ以外にも、医療保障や企業年金の保障などに言及しているGFAも存在する。各社が結んだGFAの協定内容は、それぞれ比較分析され、その締結に至る交渉プロセスが研究されてきた。

　ここでは、分析対象とする自動車メーカー各社のGFAの内容を紹介したい。表3-2の通り、各社のGFAを見比べてみると、まず表題から様々あり、統

---

(24) IMF『IMFにおける国際枠組み協約の背景』IFA世界会議の報告書、2006年。
(25) IMF『IMFにおける国際枠組み協約の背景』IFA世界会議の報告書、2006年およびIGメタルのインタビュー調査時に示された資料に基づく。
(26) たとえばPapadakis（2011）やDehnen（2013）など。

一されているわけではないことが分かる。ILO中核的労働基準の記載方法についても，号数を記して引用するケースがある一方で，必ずしもすべての条約を網羅していない場合もある。たとえばVW（**資料3-4**）では，ILO条約の号数の記載はなく，さらに団結権の条項は含まれているが，団体交渉権については触れられていない（ただし，VWは，GFAとは別に2009年に労使関係憲章を締結している）。中核的労働基準以外については，賃金・労働時間の各国法定基準の遵守，安全衛生上の保護，教育訓練の保障等が盛り込まれたケースが多い。その他にも，たとえば，ルノーでは「雇用の保護」を掲げ，「組織再編成や再構築を実施する場合に，他の職務を遂行できるように，（中略）可能な限りグループ内で他職務に割り当てられるよう訓練をすること」を約束している。PSAプジョー・シトロエンでは，「人的資源管理」の項目において，経営陣は技術発達や必要とされる専門知識の変化の方向性を従業員に示すことや，それに備える人材開発を行い職業や雇用の変化に備えると謳っている。このようにGFAの内容は，中核的労働基準をベースとしながらも，労使間の協議を経て，様々な多様性が認められている。

（2） 適用範囲

　GFAと従来の労使協約との違いは，適用範囲の大きさにも見られる[27]。GFAは，①国境を越えて，②一企業の単位を越えて適用されるものであり，その空間的広がりを特徴とする。これまでの労働協約は，通常，国内の職場のみに適用され，海外の事業所や工場は，それぞれ各地域や産業，企業の労使間で，個々に交渉し，それぞれ協約を締結していた。しかしGFAは，そうした世界に広がる事業所に共通して適用される。加えて，巨大な多国籍企業のみならず，その子会社や下請け会社，サプライヤーにもその遵守を求めることが明記されており，規制力が及ぶ範囲は一層拡大された。

　ただし，サプライヤーへの適用に関する文言もまた，各社で異なる。たとえば，VWのGFAでは「自社の方針でこの宣言を考慮することを支援・奨励する」と記されているのに対し，ボッシュのそれは「ILO労働基準の遵守を明

---

[27] Hammer (2005)。

第**3**章　多国籍企業とグローバル・ユニオンの国際協定

表3-2　主要な自動車完成車メーカーのGFA

企業名	表題	締結年	主な内容
フォルクスワーゲン (Volkswagen AG)	フォルクスワーゲンの社会的権利と労使関係に関する宣言	2002	団結権と結社の自由，差別の撤廃，強制労働・児童労働の廃絶，法定最低賃金および最低労働時間の遵守，安全衛生の保障。 ※2009年に労使関係憲章，2012年に臨時的労働者に関する憲章を締結。
ダイムラー (Daimler AG)	ダイムラークライスラーの社会的責任原則	2002	人権の保障，強制労働・児童労働の廃絶，均等な機会の保障，同一労働同一賃金の尊重，労使関係（団体交渉権，建設的な労使関係の構築，情報公開），安全衛生保護，法定最低賃金および労働時間法制の尊重。 ※2006年に健康と安全に関する原則を締結。ただし，この協定の労働側の署名者は，世界従業員代表委員会および欧州従業員代表委員会の代表者であり，労働組合ではない。
ルノー (Renault S. A. S.)	ルノーグループ従業員の基本的権利に関する宣言	2004	安全衛生保護，労働条件の改善，児童労働・強制労働の撤廃，機会均等，雇用保障（組織再編の際に，グループ内で他職務に割り当てるよう訓練をする），訓練の権利，労働時間法制の尊重，公正な賃金の保障，団結権・団体交渉権の保障，従業員代表制度の保障。
BMW (Bayerische Motoren Werke AG)	BMWグループにおける人権および労働条件に関する共同宣言	2005	人権の保障（ILO中核労働基準の号数を示して，国際的に認知された人権に従う），強制労働・児童労働の禁止，差別の撤廃，結社の自由，法定最低賃金の遵守，労働時間法制の尊重，安全衛生保護，訓練の保障。
PSAプジョー・シトロエン (PSA Peugeot Citroën)	プジョー・シトロエングループの社会的責任に関する労使間国際基本協約	2010	基本的人権（人権の尊重，人権侵害に加担しない，結社の自由・団体交渉権の実効ある認知，強制労働・児童労働の廃止，多様性の促進と差別の排除，腐敗防止と利害の衝突防止等），人的資源管理と開発（教育訓練の保障，人材育成，職業的進歩と均等な配置転換，従業員の事業運営への参加，魅力ある雇用条件，交渉で設定する労働内容，安全衛生保護等），環境保護等。
フォード (Ford Motor Company)	社会的権利と社会的責任原則に関するフォード社・IMF・フォード国際情報共有ネットワークの合意	2012	団結権・団体交渉権の保障，ハラスメントと差別の撤廃，強制労働・児童労働の廃絶，最低賃金・同一価値労働同一賃金の保障，労働時間法制の尊重，安全衛生保護，教育・訓練・発展の保障。

（出所）インダストリオールのHP公表データに基づく（http://www.industriall-union.org/issues/pages/global-framework-agreements-gfa　2016年11月28日閲覧）。

らかに怠っているサプライヤーとは取り引きしない」と明言しており，PSA プジョー・シトロエンは，サプライヤーに「類似の協約を要求」したうえで，人権を尊重しないような違反行為に対して，是正勧告を出し，最終的には取引停止処分とすると書かれている。こうした条項が現実にどれほど機能しているのかは別として，条文上，サプライヤーへの要請の程度には幅がある。

なお，GFA の署名者が国際産別組織であることは，本協定がこうした広大な適用範囲を有する点においても意味がある。本社で働く従業員を組織する産別・企業別労組や従業員代表委員は，本社に要請することで，直属の海外事業所には一定程度の影響力を及ぼすことが可能であろう。だがこれらの組織は，下請けやサプライヤーといった他社の労働者を代表としているわけではない。一方，日本の大企業労組に見られるグループ労連のような組織には，関連企業の労働者も加盟しているが，海外事業所の組合は入っていない。つまり，国内の産別労組や企業別労組，グループ労連等だけでは，サプライチェーン全体の従業員を代表する主体とはいい難い。他方，もちろんサプライヤー企業の従業員すべてが，国際産別組織に加盟しているわけでもない。サプライヤー企業のなかには，親会社や納品先の企業の労働組合と別の産別組織に加盟し，インダストリオール以外の国際産別組織に加入しているケースもあるし，サプライヤー企業は，末端にいくほど企業規模が小さくなり，彼ら・彼女らは，そもそも労働組合に組織されていないことも多い。国籍も異なり，雇われている企業も異なる労働者全体を代表する組織として，国際産別組織が，相対的にふさわしいと考えられている。

そして GFA の適用範囲が自社を越えるならば，使用者側の署名者が，本社の経営陣であることは，適当だろうか。下請けやサプライヤーはもちろんのこと，子会社も，法律上，別人格であるにもかかわらず，本社（親会社）の経営陣が署名することで，その効力を子会社などに及ぶと解していいのかどうかは疑問が残る。GFA が，真に下請けやサプライヤーまでを対象とし，遵守を義

---

[28] http://www.industriall-union.org/sites/default/files/uploads/documents/GFAs/Bosch/bosch-gfa-english.pdf　2016年2月10日閲覧。

[29] http://www.industriall-union.org/sites/default/files/uploads/documents/GFAs/PSAPeugeotCitroen/avenant_acm_5_mai_2010_en.pdf　2016年2月10日閲覧。

務づけるのであれば、本社の経営陣とともに、子会社の経営陣やサプライヤーの経営者もまた、これに合意する必要があるだろう。だが現実にそれは容易でなく、GFA にそうした署名が並ぶことはない。そのことを前提に、GFA に効力を及ぼす方法としては、三つの段階があると考えられている。[30] 第一段階としては、GFA 締結を下請けやサプライヤーに通知し、同様に遵守するよう一方的に呼びかけることである。第二段階は、より詳細に、GFA の内容のなかで遵守すべき基準を明示することである。下請け・サプライヤーに対して、基準を示しながら遵守を求めるけれども、それに反した行動をとった場合については、明確にせずにいる。第三段階としては、GFA の内容を遵守しない下請けやサプライヤーとは、取引をやめることを宣言し、実際に違反があった場合には契約解除をすることである。

4　GFA の実効性

(1)　周知と実施

GFA の執行は、第一義的には各国・各地域の労働組合の規制力、影響力にかかっている。[31] GFA が締結されたら、まず締結した事実を、本社に属する管理職や従業員はもちろんのこと、子会社、在外子会社、請負会社、関連企業など、何層にもわたって、周知していかなければならない。たとえば、VW と同社の世界従業員代表委員会は、2003年と2005年に、各地の工場と事業所および関連企業の従業員代表と人事管理者にアンケート調査を行い、GFA 協約を周知させるための措置をたずねている。その結果、とくにサプライヤー企業に対して、各企業および工場の経営陣や従業員代表が、GFA 遵守の義務を通知していないことが判明した。そのことは同社の2006年の世界従業員代表委員会

---

[30]　連合が作成した「国際枠組み協約（グローバル枠組み協定）の類型（パターン）について」（2010年10月）に基づく。

[31]　ただし、本社の労組や従業員代表のみが、世界中の事業所を見張り、是正勧告をし、紛争を解決するといった「見張り番 (global police unit)」になることは、不可能であるため、企業が GFA の遵守に責任をもつことの重要性も指摘されている (Helfen and Fichter, 2013)。

で報告され，議論された。同様に，ダイムラーでも，同社の世界従業員代表委員会とIMFが，GFAを締結した翌年（2003年）に，経営陣に対してGFAの実施と監視に関するヒアリング調査を実施している。

（2） GFAを通じた労使紛争の解決事例

GFAを締結した企業においても，その後，とくにサプライヤー企業などで，GFAに違反した行為が度々告発されてきた。そしてGFAを用いてそれが解決されるケースも数多く報告されている。たとえば，2012年8月，トルコのトゥズラにある工場で，労働者の過半数が組合を結成し，トルコ労働法の規定に基づき，過半数資格の承認審査を受けていた。だがその直後，同社の親会社（イタリア系企業）から，組合員に対する組織的な嫌がらせ行為が行われ，会社は裁判所に組合の法的認証へ異議を申し立てた。こうした行為に対し，組合員らは，インダストリオール（国際産別組織）に支援を要請した。インダストリオールは，同社が，VW，ダイムラー，BMWに自動車部品を納品していることから，これら三社の従業員代表委員会に，サプライヤーでの団結権侵害行為があったことを通知し，GFAの条項に基づく介入を求めた。三社は，いずれもGFAを締結しており，各社は，結社の自由をサプライヤー企業に要請することにも同意していた。各従業員代表委員会は，各々経営陣に事態を通告し，対応を求めた。結果的に，三社の介入により，部品メーカーの経営陣は，組合の法的認証に対する意義申し立て訴訟を取り下げ，組合結成が認められた。他にも，ブラジルで，ダイムラーにGFAの執行を求めたところ，サプライヤー8社が入れ替えられたこともある。

---

(32) IMF『IMFにおける国際枠組み協約の背景』IFA世界会議の報告書，2006年。およびVWの従業員代表委員会のインタビュー調査より。

(33) そこでは，国や地域によっては組合が存在していなかったり，組合の力が弱かったりすることもあるため，世界的に認知されたNGOに援助を求めることも必要だとの議論が交わされている（IMF『IMFにおける国際枠組み協約の背景』IFA世界会議の報告書，2006年およびIGメタルのインタビュー調査より）。

(34) インダストリオール・ウェブサイト・ニュース（2013年2月28日）およびインダストリオールのインタビュー調査による。

(35) IMF [2006] *Metal World*, 22: 3.

第3章　多国籍企業とグローバル・ユニオンの国際協定

　しかしながら，こうした成功例ばかりではない。GFA 違反が告発され，国際産別組織や本社の従業員代表委員会が動いたとしても，それが必ずしも解決に向かうとも限らない。たとえば，ダイムラーは，2002年に GFA を締結し，2012年までに25件の GFA 違反の訴えがおこされた。そのうち17件は解決したものの，1件は保留，7件は結果を出せずに終了となった。GFA 違反の多くは，結社の自由と団体交渉権に関するものであり，その大半は先進国よりも途上国で，そして大企業よりも中小企業で生じている。

　国際産別組織や欧州各国の産別労組は，2000年代，より多くの多国籍企業と GFA を締結することを目標に掲げ，国際労働運動を展開してきた。だが近年では，締結された GFA をどう実施し，執行状況をいかにモニタリングするか，という点に運動の中心がシフトしつつある。なぜなら，GFA を締結した多国籍企業においても，堂々とその協定に反した行動がとられる事例が数多く報告されてきたためである。GFA を締結すれば，事態が自動的に改善されるわけではないことが表面化し，GFA の運用が次の課題となった。この取り組みについては，次章で紹介する。

（3）　法的拘束性

　ところで GFA は，それに違反したとしても，法的に罰せられることはないという意味において，法的強制力をもたないと一般的には解釈されている。ゆえに GFA は，企業の自主的な規制の一つであり，いわば CSR の一種と認識されることも多い。

　他方で，GFA が，まったく法的価値を有さないわけではないとの指摘もある。GFA に法的効果をもたせる一つの方法として，GFA を締結した企業の各

---

(36)　同社の GFA によれば，企業監査部に情報受付窓口（Business Practice Office）を設け，通告を受け，違反が確認された場合には，監査部が適切な処置を講じると記されている。また，組合に申し立てがあった場合には，国際産別組織かダイムラー社の世界従業員委員会に付託され，本社経営陣に通告後，経営陣による調査が実施される。違反した企業の経営陣には，書簡により GFA 遵守が要請される。

(37)　これらの件数は，2012年のA労連主催の国際会合におけるダイムラーの従業員代表委員の報告より（A労連の国際会合の報告書に基づく）。

(38)　IG メタルおよびインダストリオールのインタビュー調査より。

職場の労働協約に，GFAの条文を引用することである。それによりGFAの内容は，各国の労働法の適用を受けることになり，法的拘束力をもたせることができる。GFAは，子会社や下請け業者も対象に含むため，それらの職場でも，労働協約にGFAの内容を反映させることもできよう。こうした行動をとることで，GFAの法的効果は，確実に高まる。

また，もし中核的労働基準に反した行為が裁判にもち込まれた場合，裁判所は，当該企業とグローバル・ユニオンが締結した国際協定の法的意味を全く無視することはできないと予想される。曲がりなりにも労使で締結した協定が存在していれば，その慣習法としての意味が尊重されるかもしれない。そして近年では，消費者法の観点から，裁判所がGFAに反した行為に制裁を課す可能性が指摘される。たとえば，消費者は，企業のCSRを重視して商品選びをすることがある。にもかかわらず，実際には，CSRに反した行為（たとえば製造委託先の工場で児童を雇用している等）が行われていたとする。そうした事実が発覚した場合には，今日では，労働法のみならず，消費者法に反する行為として制裁の対象になりうる。

（4） GFAと国内法との関係性

各社のGFAの条文には，各国の国内法や国内慣習とGFAで規定された条項との関係について，国内法よりもGFAを優位とすることを明記するケースがある一方で，GFAの適用を限定するような表記が見られるケースもある。つまり，国際労働基準（ILO中核的労働基準）を満たしていない法律や労働慣行が存在している国を意識した対応である。具体的に紹介すると，前者のケースとして，ダイムラーのGFAでは，労働組合を結成する権利を人権と位置づけ，「人権の詳細については，国内法規と現行協約に従う」としながらも，「たとえ法律で結社の自由が保護されていない国々においても，これを付与する」と明言している。他方，後者のケースとして，VWのGFAには，各国の適用法と一般慣習を考慮しつつGFAの実現を図る，としており，同様にBMWでも，各国の法律および文化的伝統の違いを認めてGFAが実施される，と書か

---

(39) GFAの法的拘束性については，Papadakis（2008）の第5章を参考にした。

第3章　多国籍企業とグローバル・ユニオンの国際協定

れている。後者のような規定が，実際に GFA を運用していくうえで，どれほど影響を与えるかは不明だが，協定内容を厳格に遵守させるうえで一つの「逃げ道」となる可能性はある。

　特に自動車メーカー各社が，その念頭に置いているのは，工場が集中する米国と中国だと推測される。たとえば，ドイツ系自動車機器メーカー大手のボッシュでは，2005年12月に，アメリカのウィスコンシン州のドゥボイ包装機器工場で，団体交渉をめぐる労働争議が起きている。同工場の従業員がストライキを実施すると，経営側は全員に手紙を送り，「外部から空席補充の人員募集を開始する」，「職場復帰を希望する者は約1週間以内に連絡するよう」伝えたと報道される。そして永続的な代替要員の投入で威嚇された従業員は，失業を恐れ，全員が職場復帰した。ストライキ中の従業員の代替要員の採用について，ILO は，スト権を脅かす行為であり，結社の自由を侵害していると指摘しているが，しかし米国労働法上では，経営側のこうした行為が許容されている。国際産別組織（インダストリオール）は，GFA の規定に従い，団体交渉権の違反にあたり認められないと主張し，ドイツにあるボッシュ本社経営陣に対して，アメリカでの GFA 違反行為をやめさせるよう要求を出している。ボッシュのケースは，決して特異なことでなく，BMW でも米国スパータンバーグ工場での組織化活動に対する同様の妨害行為が告発されているし，日系企業も，米国工場で団結権，団体交渉権をめぐる問題を抱えている。

　中国については，問題はより複雑である。日系労組は，GFA 締結を躊躇する理由の一つに，主要な投資先である中国において，「結社の自由が欠如している」なかで，中核的労働基準の遵守を約束することが難しいことを繰り返し主張してきた。

　ILO や国際産別組織は，国際ルールとして認知された中核的労働基準は，

---

(40)　BMW の GFA 条文については，http://www.industriall-union.org/issues/pages/global-framework-agreements-gfa　2016年2月10日閲覧。

(41)　Human Rights Watch, *A Strange Case*, 2010. および IMF [2006], *Metal World*, Vol. 3.

(42)　ITUC, 2010, "International Recognized Core Labour Standards in the People's Republic of China," pp. 2-3.

(43)　日系労組のインタビュー調査より。

国内法よりも優先して遵守されるべきだと一貫して主張してきた。けれども国際法が国内法よりも優位性をもつことは必ずしも自明でなく，結社の自由や団体交渉権をめぐっては，その解釈に幅もある。現地法を遵守していても，国際基準を満たしていないケースは多々あり，GFA の実施は，こうした困難を孕んでいる。

5 国際産別組織の取り組み

次に，自動車産業を組織する国際産別組織であるインダストリオールが，国際労働運動のなかに，GFA をどう位置づけてきたのかを述べていくが，それにあたり，まず留意しておきたいことがある。欧米の自動車産業は，伝統的に強力な労働組合が存在しており，その国際産別組織の活動は，それら労組の影響を強く受けてきた。その結果，インダストリオールおよびその前身である IMF では，GFA の内容，調印までの手続き，その履行をめぐって，相対的に厳格な要件が設けられてきた。つまり，その他の国際産別組織は，それぞれの企業レベルの状況に理解を示し，各企業の労使に判断を委ねた，より柔軟な対応をしているが，インダストリオールは，必ずしもそうではないことを特徴とする[44]。

IMF は，「1993-1997年アクション・プログラム」において，「国際化とグローバル化により，労働組合はこれまでの団体交渉戦略を再考せざるをえなくなってきている」とし，「国際的な労組の協議と調整を通じて，多国籍企業が雇用する全ての国において同一企業の労働者を対象とする枠組みまたは基本的諸権利の協定を設定する」ことの重要性を強調した。同時に，「多国籍企業の従業員の国境を越えた労組組織を同一企業に承認させることを義務と規定するグローバルな労働者および労働組合諸権利に関する社会憲章」が必要だと主張している。だが，この時点ではまだ多国籍企業と国際産別組織が協定を締結することは，触れられていない[45]。

けれども1997年大会で，「労働者の諸権利を全国レベル労使対話に組み込む

---

[44] 郷野（2015）。

ために企業行動規範を取り決める」という目標が，行動計画に組み入れられた[46]。ここでいわれた「企業行動規範（Code of Conduct）」が，その後，国際枠組み協定へと発展する。本大会の終了後，IMF はワーキンググループを設け，「企業行動規範」モデル案の作成に取りかかっている。そして1998年12月の執行委員会で，行動規範には，①ILO 中核的労働基準を，条約番号をあげて明白に引用すること，②請負業者やサプライヤーにも遵守させる条項を盛り込むこと，③組合がその実施を監視し，違反を確認・報告する役割を果たすことの三点が定められた。

　同時期に，多国籍企業が CSR や倫理憲章，行動規範等を公表する動きが盛んになり，それらと組合が求める協定とを差別化するために，「企業行動規範」から「国際枠組み協定（GFA，当時は IFA）」へと呼び名が変更された。

　「2001-2005年アクション・プログラム」では，GFA の締結に向けた運動を強化することを掲げ，実際に2001年にイタリア系大手家電メーカーのメルローニ（Merloni，現在 Indesit Company）と最初の GFA が締結された。その後，2002年に VW，ダイムラー，2003年にレオニと複数の締結に成功する。ただし，すでに見た通り，この時期に締結された自動車各社の GFA では，こうした IMF の提言が厳格に守られたわけではなかった。企業との交渉過程で，様々に変容せざるをえなかったと予想される。その後も IMF は，GFA 締結を評価する一方で，IMF の関与の強化や内容の統一性にこだわり，2002年の執行委員会では，**資料3-1**の原則を確認している。

　「2005-2009年アクション・プログラム」でも，引き続き GFA の締結推進が掲げられたが，「2009-2013年アクション・プログラム」の多国籍企業への対策では，GFA 締結から次章で論じる労働組合の国際ネットワークの構築と強化に重点が移ったと見られる。つまり2000年代後半になると，GFA の締結を前提として，それをどう末端組織にまで浸透させるか，加えて労働組合間の連帯

---

(45) 当初，IMF は，GFA 締結に対して，他の組織よりも慎重だったといわれる。その理由は，「中核的労働基準の確保は労働組合の活動そのものであり，IFA（GFA）がむしろ労働組合の活動を阻害することを懸念したため」とある（梅本・中村・吉野，2007）。

(46) IMF『IMF における国際枠組み協約の背景』IFA 世界会議の報告書，2006年。

資料3-1 IMFのGFA締結の原則（2002年段階）

- ・IMFは最初から関与すべきである。
- ・IMF役員かIMFに指名された人がIFA（GFAと同じ）に署名しなければならない。
- ・IFAはIMFと経営陣がグローバル・レベルで取り決めるべきである。
- ・本国の組合と世界協議会（設置されている場合）は，交渉において主導的な役割を果たすべきである。
- ・受入国の組合と協議すべきである。
- ・IFAは，ILO中核的労働基準に言及し，「サプライヤーに圧力をかけてIFAの原則を実施させる」という企業の約束を盛り込んでいなければならない。
- ・実施にあたっては，労働組合を参加させなければならない。
- ・経営陣は，全事業所の労働者と組合にIFAのことを知らせ，IFAに基づいて苦情を申し立てるための手段を伝えなければならない。

（注）この時期，GFAは，IFAと呼ばれていた。
（出所）組内資料。

を強化し，GFAを使って国際的な交渉力をいかに高めることができるかが論じられるようになる。GFA締結を推進していく一方で，一旦締結した協定内容を改善していくことやGFAの監視や執行の方法が主たるテーマとなり，こうした取り組みを進めるために，「加盟組織，とくにTNC（多国籍企業）の本国の組織の協力が有効である」と記されている。

そして2012年6月，IMFは，他の国際産別組織と統合しインダストリオールとなったが，その結成大会の場で，**資料3-2**の通り，GFAに関する政治戦略を確認した。

これを見ると国際産別組織は，GFAを多国籍企業と労働組合との国際的な労使対話の最初のステップとして位置づけていることが分かる。すなわち，GFAを契機に，組合は国際的なネットワークを形成し，世界レベルの労使交渉の実現を求めていくこと，さらには「GFA以外の協約も締結」することを目指すと明記してある。国際産別組織が，GFAをきっかけにして，自らが主体となるグローバルな労使関係を形成しようとしていることが分かる。

2012年10月17～18日，インダストリオールは，ドイツ・フランクフルトにて

資料3-2　インダストリオールの GFA の政治戦略

- 多国籍企業（MNC）における組合ネットワーク，国際枠組み協約／グローバル枠組み協約（GFA）の利用によって，国境を越えた勧誘・組織化キャンペーンを展開する。
- 世界・地域レベルで定期的な社会的対話のメカニズムを確立するために MNC との合意を求め，世界レベルの交渉につながる建設的な労使関係を構築できるようにする。
- MNC と GFA 以外の協約も締結できるようにするために，必要な組織的手続きを確立する。
- GFA や OECD ガイドラインをはじめ，あらゆる手段を利用する。

（出所）　インダストリオール『グローバル枠組み協定（GFA）ガイドライン』（JCM による翻訳版），2012年より。

「GFA と労働組合ネットワークに関するグローバル会議」を開催した。ここでは，「過去の見直しと未来へ向けて」をテーマに，新しい組織のメンバー同士で，激しい議論が交わされている。この会合では，GFA のみならず労働組合ネットワークについても話し合われているが，本章では GFA に焦点を絞り，それ以外の部分は，次章で紹介する。GFA をめぐる論点は，「①GFA のモデル協約を作るべきか，その拘束力はどうあるべきか。また，どのような内容が含まれるべきか」，「②GFA の最終案は（インダストリオール）執行委員会で承認されるべきか」，「③GFA の交渉の過程にどこまで関連する労組を含めるべきか」，「④GFA の遵守をどう担保するか」などである。[47]

　GFA の内容について，インダストリオールがモデルを提示する必要性は，多くの国の労組によって賛同を得られた。けれども，実際に各社が締結する GFA が，そのモデルにどれほど縛られるかについては，意見が大きく分かれた。GFA の内容に，ILO 中核的労働基準の他に，安全衛生や教育訓練等も入れるべきとの主張が出された一方で，GFA は中核的労働基準に限定し，その他の事項は別の協約として締結すべき等の意見も出た。最終案をインダストリ

---

[47] JCM『第52回定期大会一般経過報告　2012年9月4日-2013年9月2日』2013年，79頁。

オールの執行委員会で承認する手続きを踏むかどうかも，内容の不備を防ぐために執行委員会が確認すべき，という意見がある一方で，執行委員会に通すことで，締結までに時間を要することへの不満も噴出した。

　これらの見解の違いは，対立的な労使関係を特徴とする国の労組は，より厳格な国際ルールを設け，国際的な圧力を利用しながら，自国の情勢を改善したいとの狙いがある一方で，日本のように，協調的な労使関係を築いてきた国や，GFA締結があまり進んでいない国の労組からは，内容や効力の水準を引き上げることは，締結のハードルをさらに高めるといった懸念が示された。

　この会合には，日本からも複数の産別労組が参加していた。日系労組の見解は，国際的に共通化させる部分は最小限にとどめ，各国および各企業の労使に裁量の幅をもたせるべきだ，という主張で，ほぼまとまっていた。たとえばGFAの内容については，国際産別組織がモデルを示すとしても，「交渉の主体となる母国組合の意見を尊重しながら進める柔軟性を持つべき」，「内容について，縛るものでは推進することは難しい。日本の企業は，締結するのであれば100％実施しなければならないと考えるので，できるだけシンプルなものが望ましい」，「（中核的労働基準以外の要素を義務づけると）締結は難しくなってしまう。中核的なもの以外は，リストにして自由に交渉できるものとすべき」などの意見が出された。またGFA締結にあたって執行委員会の承認を必要とすることについては，「企業と交渉を行った内容が執行委員会で変更される可能性があると締結が進みにくくなる」と発言している[48]。日本としては，締結の実績を積むために，企業レベル労使の自由度を高めておきたいと考えていることが分かる。

　インダストリオールは，本会合後，GFAモデルを検討する作業部会を設置し，そこでの議論を経て，ガイドラインを発表した（**資料3-3**）。そこには，GFAの内容には中核的労働基準のすべてを明確に記載すること，インダストリオールは，多国籍企業の本社労組と連携しながらも，GFA締結に向けた交渉や協議にイニシアティブをもち，その署名を行うことが明記された。

---

[48] JCM『第52回定期大会一般経過報告　2012年9月4日-2013年9月2日』2013年，79-80頁。

資料3-3　インダストリオール　グローバル枠組み協定（GFA）ガイドライン（一部抜粋）

■**GFAの主要項目：**
　グローバル枠組み協定は，ILOの条約および法理に示された権利，1998年の労働における基本的原則及び権利に関するILO宣言に含まれている権利に明確に言及し，これらを承認しなければならない。それらの条約には，以下を含む：
・結社の自由と団体交渉（ILO第87号および98号条約）；
・差別（ILO第100号および111号条約）；
・強制労働（ILO第29号および105号条約）；
・児童労働（ILO第138号および182号条約）

　国内法が当該のILO条約よりも劣る場合，ILO中核的労働基準およびILOの関連法理が優先される。
（中略）
　GFAは以下の条件を満たす必要がある：
・例外なく全世界の企業運営を網羅する；
・サプライヤー・下請け業者がその労働者に対して同様の基準を採用するという企業の強い絶対的なコミットメントを含む；
・労働組合を好意的に扱い，あらゆる反組合的活動を慎み，労働組合に加入する，留まる，移る，関係を停止するという従業員の選択に関して，完全に中立であるという企業からのコミットメント；
・組合代表者は職場に適切にアクセスできなければならない；
・実施・施行・苦情取扱い手続きの効果的なメカニズムを含む

　当該多国籍企業は，現地の言語に翻訳された協定が労働者，マネージャー，サプライヤー，下請け業者まで行きわたり，これらのグループ全てに対し，協定の内容とその実施に関するトレーニングが行われるよう努めなければならない。
（中略）
■**手続き：**
　［インダストリオールの］会長および書記長は，当該企業のあらゆる事業所／施設に組合員を擁する組合，とりわけ本社のある国の労働者を組織化・代表する組合と密に連携を取り，部門共同議長，執行委員会委員，作業部会と密接に連携

しながら，グローバル枠組み協定に関する協議を開始し，交渉し，締結し，署名を行う正式に承認された代表者である。
（中略）
　グローバル枠組み協定に署名する前に，［インダストリオールの］書記長は関係する加盟組織に情報提供と承認のために最終文書を送付する。書記長はまた，作業部会とも協議を行う。執行委員会委員にも時宜を得て情報が伝えられる。
（以下，省略）

(注)　[　] 内は筆者による加筆。
(出所)　インダストリオール『グローバル枠組み協定（GFA）ガイドライン』（JCM による翻訳版）より。

　2000年代後半以降，IMF およびインダストリオールでは，GFA を遵守していないケースについても，盛んに議論されるようになった。そうした実態を受けて，インダストリオールは「企業による基本的権利の侵害に対抗するインダストリオール連帯憲章」を示した。この憲章では，GFA を締結しているにもかかわらず，中核的労働基準等の国際基準を遵守しておらず，違反行為を是正する要請を拒否している多国籍企業が存在していることが強調されている。「本国では組合を承認し，労働者を尊重して行動しているが，進出先の他国では労働者に対して反組合的・虐待的な態度で振る舞う」ことや，「中核的労働基準の遵守を約束しておきながら，そのほうが得策と考えれば，国内法の遵守といった理由を口実にするなどして約束を完全に無視」することに対して，痛烈に抗議をしている。そして，こうした GFA 侵害行為があった場合には，「多国籍企業の本国の組合（もしあれば）に接触し，問題の解決に取り組む」，インダストリオールが「当該多国籍企業の本社経営陣との会談を求め，問題の

---

(49)　そもそもこの憲章は，2012年12月の執行委員会において，ワーカーズ・ユナイティング（Workers' Uniting，英の製造業と米の鉄鋼労組が統合した組合）が，「悪しき企業行動に対抗するための原則に関する憲章（A Charter of Principles to Confront Corporate Bad Behavior）」として提案し，その場での採択を求めたことから始まった。反対意見が強く，その場で採択されることはなく，作業部会が設置され，議論のうえ修正された。日本の労組も，「憲章については躊躇する。まずそのタイトルが，インダストリオールが全ての多国籍企業が悪しき行動を取っているとみなしているような印象を与える」などの批判的な意見を出している（JCM『第52回定期大会一般経過報告　2012年9月4日-2013年9月2日』2013年）。

解決を促す」といった対応をとることが表明されている。にもかかわらず，問題が是正されない場合には，インダストリオールの「全加盟組織に通知して一連の行動を調整し，行動の修正を求めて多国籍企業に圧力をかける」とし，その具体的な方法としては，「当該企業に組合員がいる加盟組織と会合を開き，状況を詳しく把握する」，「広報活動を実施し，可能な限り多くの人々に労働者の権利の侵害を知らせる」，「影響を受ける労働者・組合を支持する争議行為やデモの可能性を検討する」，国際的に設置されている裁判所等などで「適切な訴訟を起こす」ことがあげられている。

6　日本の労働組合の対応

（1）　JCM の動き

　2000年代半ばになると，国際会議の場で頻繁に，欧州を母国とする多国籍企業で GFA 締結が進む一方，北米企業や日本をはじめとするアジア各国の企業でそれが達成されないことが強く批判されるようになっていく。2002年末に，米国系企業の GM・ヨーロッパが，同社の EWC（欧州従業員代表員会），欧州金属労連（EMF）との間で，ヨーロッパ事業に限定した社会的責任原則に関する協約を締結した。その後すぐにヨーロッパ・フォードも同様の協定を結んだ。こうした地域協約が，全世界レベルの協定締結への足掛かりとなるという見方がある一方で，むしろ国際的な協約実現を妨げる可能性があるとの批判も沸き起こった。現実に，GM は，2016年現在，未だ GFA は結ばれていない。フォードは，地域協定の締結から約10年が経過した2012年4月に，非欧州系自動車メーカーで初となる GFA を締結した。これは，次章で見る通り，同社で働く各国の従業員代表が集う世界情報共有委員会の結成と連動したものだった。

　IMF を上部団体とする日本の金属産業労組 IMF-JC（現・JCM，金属労協）

---

(50)　これは，「社会的責任の原則に関するゼネラル・モーターズ・ヨーロッパと欧州従業員フォーラムとの合意」と題され，人権尊重，機会均等原則，結社の自由・団体交渉権の保障，法定および現地協約に基づく報酬，安全衛生の保障等について合意した文書である。使用者側は，人事担当副社長と労使関係・給付担当取締役が署名した（金属労協／IMF-JC『金属労協政策レポート』15号，2003年5月8日）。

は，IMFの運動方針を受けて，2000～2001年と2003～2004年の二度にわたり，日系企業とのGFA締結に向けたキャンペーンを展開している[51]。しかし，いずれのキャンペーンも具体的な成果を生み出さずに終わり，今日にいたるまで旧IMF傘下の日系企業で，GFA締結は実現していない。

　まず，IMF-JCは，2000年7月に「『海外事業展開に際しての労働・雇用に関する企業行動規範』締結のための今後の進め方」[52]（当時は，国際枠組み協定の呼び名は，統一されておらず，日本国内では，「企業行動規範」という用語が用いられていた）として，「第1陣として取り組む組合を選定」し，「戦術を策定」したうえで，単組が「2000年秋以降，経営側に対して働きかけを行い」，2001年に「本格的協議」に入り，「2001年11月に開催される第30回IMF世界大会までに締結する」と目標を定めた。

　同時に「海外事業展開に際しての労働・雇用に関する企業行動規範（IMF-JC版）」を作成した[53]。これは，IMFの指針をベースに，「企業行動規範」のモデルを示したものであり，その内容や適用範囲等は，IMF版とほぼ同等となっている。しかし，梅本らによれば，一点だけ日本的特異性を有していた[54]。それは，IMFは，一貫してGFAの協議，交渉，署名に関与することを強調していたが，IMF-JCは，IMFが署名に加わることは「日本の労使関係においてなじまない」との考えから，IMF-JC版は「企業と労働組合の連署」となっており，IMFの署名を義務づけなかったことである。IMFが署名に加わらないということは，当然のことながら，IMFが多国籍企業とGFA締結に向けた協議や交渉にも加わらないことが想定されていたと推測できる[55]。

　梅本らによれば，IMF-JCは，「ヨーロッパで締結されたIFA［現・GFA］

---

(51) なお，IMF-JCは，金属産業の産別組織であり，自動車産業のほか，電機産業や鉄鋼産業などの組合も加盟する。それに対し，自動車産業の労働組合のみを組織した産別組織として，自動車総連がある。自動車総連も国際労働運動を担ってきた歴史もあり，2010年代には，第5章で述べる労働組合の国際ネットワークの構築に積極的に動くようになってきた。だがGFA締結については，IMF-JCがイニシアティブをとっていたため，ここではIMF-JCの動向を中心に記述した。
(52) IMF-JCの内部資料。
(53) IMF-JCの内部資料。
(54) 梅本・中村・吉野（2007，229頁）。

は，企業，従業員代表委員会，IMF の三者によるものが多いが，従業員代表委員会は労働組合ではなく，IMF の指示が直接及ぶ組織ではない。従ってこうした場合には，IMF が労働組合代表として締結当事者となることに意味があるものの，日本の場合には IMF の加盟組織たる企業別組合が交渉当事者・締結当事者となるわけで，IMF が締結当事者となる必要性の度合いは，ヨーロッパの場合とは異なると考え」た[56]。けれども，日本は企業別組合を特徴とするため，本社および本国の従業員を組織する労働組合が，本社と協定を結び，本社に働きかけることで国際的な組合規制を担保できるという主張は，海外の労組向けに仕立てたものであり，本音としては，IMF 版のままでは，経営側が国際産別組織の関与に強い抵抗を示すことが予想され，GFA 締結が難航するとの考えから，IMF 版の修正をはかったのではないかと推測される。

　現実に，日経連は，2001年6月に「国際社会における責任ある企業行動のために」を発表し，「企業行動規範に対する日経連の見解」を示した。日経連は，「1．行動規範（Codes of Conduct）作例の意義」を認めつつ，「2．行動規範は企業の主体的事項」であるとして，「行動規範は労使で作成する性質のものではない」，「経営権に属する事柄である」と記した[57]。さらに「3．第三者による監視（モニタリング）」についても，「労働組合が行動規範について関心を持って意見を述べることは差し支えない」，「経営側は労働組合に対して十分な説明をする必要がある」としながらも，「しかし，その作成とモニタリングに労働組合が参画することには同意できない」と表明した[58]。つまり経営側は，国際産別組織どころか，母国の企業別組合と連署することにさえ抵抗を示したのである。これに対し IMF-JC は，すぐに抗議文を送っている。

　IMF-JC は，その後も活発にキャンペーンを展開した。同組織の議長を本部長とし，三役会議メンバーを委員とする「企業行動規範推進本部」を設置し，

---

[55] 国際産別組織が署名せずに，母国の労組と多国籍企業だけが署名した協定において，仮に海外の事業所や工場までを包括した国際的な条項が含まれていたとしても，今日ではそれを GFA とは呼ばない。

[56] 梅本・中村・吉配（2007，229頁）。[　]内は著者による加筆。

[57] こうした主張の根拠として，日経連は，行動規範は企業行動全般にわたる事項を記すのであり，労働分野に限定するものではないことをあげている。

[58] 金属労協／IMF-JC『金属労協政策レポート』5号，2001年9月13日。

GFA締結を単組に強く呼びかけた。「企業行動規範セミナー」を複数回にわたって開催し，資料集を発行し，ポスターやパンフレットも作成し，機関誌では特集を組んだ。経営者団体への働きかけも強め，金属産業労使会議で経営側の見解を質し，日本経団連との会談でも要請を行った。

IMF-JCには，「日本企業で締結の成果があがらないまま，各国で実績が積み重なっていけば，IMFの国際労働運動，あるいは国際ビジネス社会において日本が孤立化する」，「わが国が国際労働運動において大きく遅れをとる」といった強い焦りがあった。だが，こうした産別労組の要請にもかかわらず，傘下の組合がGFAを締結することはなかった。

むろん一部の単組は，IMF-JCの働きかけに応じてはいる。たとえば，2001年に開催された第30回自動車総連大会の一般経過報告質疑のなかで，全C労連の代議員は，同年8月末に「企業行動規範」を締結することを目標に，労使で話し合いを進めていると発言している。けれども経営側からは「そもそも人権を尊重した経営を展開しており，改めて労使で締結する意味が不明確」，「締結するメリットより，締結した場合の見えないデメリットを懸念する」との見解が繰り返し述べられていることを明かし，締結が厳しい状況にあることをうかがわせた。

（2）　単組の見解

2013〜2015年にかけて行った単組へのインタビュー調査によれば，A・B・C・D各労組のいずれも，これまで正式な労使協議の議題としてGFAをあげたことはない，と話している。つまり産別組織が，いかに旗をふったとしても，単組は必ずしもそれに沿った行動をとらなかった。

各労組の話では，その理由は次の二点に集約される。第一は，経営側が国際産別組織の存在を強く警戒しているためである。企業が，自社の行動に対して，企業外部の組織から介入を受けることに強い抵抗感を示すことを，組合は十分

---

(59)　金属労協／IMF-JC『金属政策レポート』12号，2002年9月27日。
(60)　2004年春闘に向けた「第47回協議委員会・特別報告」のなかでの発言（JCM『企業行動規範（COC）と企業の社会的責任（CSR）の取り組みについて』2005年）。
(61)　自動車総連『総連新聞』2001年10月1日号。

に分かっているため,敢えてそれを強く要請してこなかった。第二に,組合は,すでに企業が中核的労働基準を遵守しているという前提に立っているためである。本書が対象とするこれら大手企業は,CSR や企業ポリシーを公表しているし,国連のグローバル・コンパクトに加盟している企業もある。こうした企業の方針のなかに,中核的労働基準の遵守は含まれていると,組合は考えている。ただしこうした企業姿勢を示す内容の策定には,組合は一切関与しておらず,経営側が独自に決定し,公表してきた。そうであったとしても,各労組は,今の段階で,敢えて労使で GFA を締結する必要性を感じていないと話す。

たとえば C 労組は,企業倫理が,海外事業所で守られているかどうかは,組合は「完璧に把握はしていない」が,同社の「労使宣言にある『相互信頼』のもと,組合は組合で守り,会社は会社として守ってくれている」と考えている。「また日本の労使宣言を参考にした各事業体労使間での労使宣言が,タイ,インド,ブラジル工場でも自主的に締結されている」[62]。会社の方針や姿勢は,グループ企業を中心に取引先にも共有されており,それに沿った行動をしてもらうように,会社から依頼もしている。それらの結果をモニタリングしているわけではないものの,ごく僅かな事例を除けばこれまで大きな問題は生じておらず,現地の労組に聞いても,中核的労働基準に反するような行為があったという声は上がってきていない,という意見だった。

(3) 日系企業で締結が進まない理由

JCM は,二度にわたる GFA 締結キャンペーンが失敗に終わった理由は,経営側の要因,労組(主に各単組)側の要因の両面があると考えている[63]。

経営側の理由としては,企業の従業員によって組織された企業別労組との間で協定を締結することは可能であっても,産別組織や国際産別組織が介入した協定は,これまでに前例もなく,抵抗感が強いという点である。加えて,協定締結に,ヨーロッパほど慣れていない日本は,具体的な事項ではなく,抽象的で理念的な内容の協定を結ぶことへの反発が大きい,という側面もあるという。

---

[62] C 労組インタビュー調査時の発言。
[63] JCM のインタビュー調査より。

国際産別組織UNIの東京事務所長であった伊藤も同様の指摘をしており，日本企業の体質として「ネガティブな完璧主義」が，GFA締結を阻んでいると指摘する。すなわち日本企業は，欧米と比較して協定等の形で文書に記す際には，それを完全に遵守しなければならない，と考えがちであり，慎重になるという。実際には，GFAを締結している企業で，多くのGFA違反が告発されており，違反行為があった時に，労使が連携してそれに対応していくことが，GFAの重要な機能の一つである。けれども日系企業の多くは，GFAに反する行為が指摘される可能性が少しでもある場合には，そうした協定に署名することを拒むケースが多いといわれる。

　他方，単組もまた，国際労働運動や海外事業所で生じた問題に対しての認識が欠けていたことも，GFA締結が進まない理由の一つである。これまで単組は，本社労使間の協議テーマの多くが国内の職場，組合員の問題であり，海外事業所の問題について，協議・交渉することはほとんどなかった。単組自身も，海外の問題は，経営側や産別組織に委ねてきた。そのため，GFA締結の意義や重要性を深く理解できていなかったのではないか，とJCMは考えている。過去の進め方を反省し，JCMは，その後，本社の労組が，海外工場および事業所の労組とのネットワークを構築する動きを促し，支援している。単組が，海外事業所の労組と交流するなかで，従来の意識が改善されることを狙っているのである。

（4）　日本でのGFA締結のケース

　ただし，日本の企業でもGFAを締結したケースはある。2008年に百貨店の高島屋が，その後2011年にスポーツ用品メーカーのミズノが，2014年にスーパーのイオンが，それぞれの国際産別組織とGFAを調印した。

　高島屋がGFA締結にいたった経緯は次のようなものだった。高島屋労組が

---

　(64)　伊藤（2012, 11-12頁）。
　(65)　伊藤は，GFA締結が進まない最大の要因は，「日本経営者の一部に根強くみられる時代認識のズレ」にあると述べ，国際的な事業展開をするうえで，「労働問題のリスクは思っている以上に大きい」ことに気づいていない点を指摘している（伊藤, 2012, 12頁）。

加盟する国際産別組織 UNI（サービス産業の労働者を組織する組合）は，2005年の世界大会時に，次回の大会（2010年開催）を日本で行うことを決定した。UNI-LCJ（UNI 日本加盟組織連絡協議会）は，2010年大会までに，「最低でも 1 社とグローバル枠組み協定を締結する」という目標をたて，本格的な取り組みを始めた。UNI に加盟する国内の産別労組では，グローバルな事業展開をしている労組幹部を集め，GFA の勉強会を重ねた。

　当時の高島屋労組の中央執行委員長によれば，そもそも同社は1996年の商法違反事件を機に，CSR の取り組みを労使で強化させていた。そして2008年に派遣労働者が無差別に殺人事件を起こしたいわゆる「秋葉原通り魔事件」が起きたことを受け，多くの派遣社員が働く百貨店においても「『差別感』のない職場環境」を実現しなければならないと，労使で議論を交わし，そのなかで労組から経営側に GFA 締結を提案したという。その後，経営側に GFA 締結のメリットとデメリットを繰り返し説明し，CSR の検証や内部統制の仕組みを構築するとともに，GFA の協議を進めていった。

　高島屋労組は，締結に向けて全国の全事業所をまわり，延べ1300回を超える職場会討議を実施した。GFA は，労使の共同宣言であるため，従業員自身が実践主体としての理解を高める必要があると考えた。つまり仕事を通じて，多様なステークホルダーと関わるのは，組合員であるため，組合員一人ひとりが，主体的に GFA を遵守していくように職場集会で説明が繰り返された。こうした活動の結果，労使ともに従業員・組合員とのコミュニケーションが高まり，社会的責任に関わる活動を充実させることができたと労組は感じている。これは GFA 締結の副産物だった。

---

(66)　高島屋とイオンは UNI グローバル・ユニオンと，ミズノは ITGLWF（現・インダストリオール）と GFA を締結した。国内では高島屋労組は，当時は JSD（日本サービス・流通労働組合，現在 UA ゼンセン）に，イオン労組とミズノ労組は，いずれも UA ゼンセン同盟に加盟しており，それぞれの産別組織も署名した。

(67)　高島屋労働組合の機関誌『TARO PRESS』18号，2008年，5頁。

(68)　高島屋労組の活動は，次の資料に基づく。末吉武嘉「グローバル枠組み協定（企業の行動規範に関する労使協定）締結の意義を労働組合に求められること」『DIO』2011年10月号，および「座談会　労使の共同責任で『SR』を推し進め世界で信頼されるより良い企業へ」『連合』2012年7月号。

同時に，高島屋労組と当時の上部団体であったサービス・流通連合は，UNI[69]のトップと同社経営陣とが直接に対話する機会を設け，相互信頼の醸成に取り組んだ。国際産別組織との対話は，「当社労使においても，企業活動に，よりグローバルな視点が求められる中で，社会的対話の重要性について強く認識」することにつながった。高島屋労組は，労使の共同宣言であるGFAは，「労働組合としてのSR（社会的責任）への取り組み宣言」でもあると認識しており，そのため同社のGFAは「労使の締結にUNIが加わるかたちの独自の形態」となったと説明している。[70]

　GFA締結後，同社は，年一回，「労使GFAニュース」を作成し，組合員や取引先の販売員を対象に配布している。また，労使相互にモニタリングする仕組みを作り，環境，労働，人権といった項目は，相互に取り組みをチェックし，年一回，中央経営協議会で確認している。その内容は，従業員に公開され，UNIとJSD（現在UAゼンセン）にも共有されてきた。

7　おわりに

　GFAの根幹をなすILOの中核的労働基準は，それ以前から国際ルールとして確立していたものであり，海外直接投資を展開してきた大手企業の多くは，すでにその遵守を経営理念に謳っていた。GFAを締結することで，労組もまた，その遵守に責任をもち，執行状況をモニタリングし，よりスムーズに労働問題の解決が図れるようになった。つまりGFAは，国際労働基準の実効性を高めたといえよう。

　だが国際労働運動において，GFAは，それ以上の意味をもっていると考えられる。それはGFAをきっかけに，労働組合が，企業と国境を越えた問題について話し合い，国際的な労使関係構築の一歩となったことである。産別労組や企業別労組は，従来，一国内の産業や事業所の労働条件を協議したり，規制

---

[69] 正式には，日本サービス・流通労働組合連合。2012年にUIゼンセン同盟と統合し，UAゼンセン同盟となった。

[70] 末吉武嘉「グローバル枠組み協定（企業の行動規範に関する労使協定）締結の意義と労働組合に求められること」『DIO』2011年10月号，13頁。

したりする力はもっていても，自国以外での企業活動に関与することは，自国の組合員に大きな影響を与えるものを除いては，ほぼなかった。国際産別組織は，ILOや国連そしてWTOなどの国際機関に国際労働基準の強化を働きかけ，中核的労働基準を結実させるなど，間接的に企業行動を規制する機能を果たしてきたが，直接に多国籍企業と協議したり，協定を締結したりすることはなかった。GFAは，こうした従来の労使関係のあり方を変えた。

　この変化によって生じる問題も，もちろんある。労使関係とは，それぞれの国の労働運動の歴史，雇用慣行などに基づき形成される。海外の労組（とくに本社の組合）が，同一企業の海外事業所であることを理由に，どこまで海外の労使関係に関与し，介入できるのか，また，そうするべきなのか，という疑問は残るだろう。これは次章以降でより詳しく論じる。

　GFAは，まずは中核的労働基準というベーシックな条件に限定してスタートした。しかし，今日の状況を見てみると，中核的労働基準を超えて，様々な労働条件についても国際協約が結ばれるようになりつつある。こうした動きがどこまで広がるかは，まだ不透明だが，一部の企業では，すでに複数の国際協定が締結されている。

　また，GFAは，国際産別組織と多国籍企業の協定であるため，その拡大は国際労働運動において，企業単位化が進行しているように見える。実際に，GFA締結に至る企業との交渉や協議，締結後のモニタリングは，企業別組合や従業員代表委員会が請け負わざるをえないことが多く，企業レベルの労組の役割は，明らかに高まっている。だが同時に，労働運動が企業別に分散していくことを防ぐために，今日では，国際協定は，国際産別組織が署名し，その内容の共通化も図られてきた。国際産別組織が，様々な国の企業と，国際的に統一された内容の協定を締結することで，ある程度共通したルールが，国と企業を越えて等しく適用される側面がある。つまりGFAは，企業ごとの協約ではあるが，国際産別組織が各社，各労組をつなぐ要となることで，企業を越えた要素ももち合わせている。

資料3-4　フォルクスワーゲンのGFA（2002年6月6日締結）

「フォルクスワーゲンの社会的権利と労使関係に関する宣言（Declaration on Social Rights and Industrial Relationships at Volkswagen)」
　　署名者：世界従業員代表委員会（The Group Global Works Council），
　　　　　　フォルクスワーゲンAG，IMF（国際金属労連）

序　文

　フォルクスワーゲンは，この宣言によって基本的な社会的権利・原則を文書として記録する。この合意宣言で説明する社会的権利・原則は，フォルクスワーゲン経営方針の基本をなすものである。この宣言で説明する社会的権利・原則は，関連のある国際労働機関（ILO）条約を考慮に入れている。

　フォルクスワーゲン・グループと当社従業員の将来を確実なものとするには，経済的・技術的競争力の確保を基礎・目標として，協力的な紛争管理と社会参加の精神を持たなければならない。社会参加を表明する特別な手段は，雇用機会の保障と開発である。

　フォルクスワーゲンのグローバル化は，当社および従業員の未来を保障するうえで不可欠である。

　フォルクスワーゲンおよび従業員は，ともにグローバル化の難題に直面している。両者は潜在的リスクを抑えつつ，この機会を捉えて会社ならびに労働者の成功と競争力の強化とを目指すべきである。

　フォルクスワーゲンAG，フォルクスワーゲンAG世界従業員代表委員会，国際金属労連（IMF）は，同世界従業員代表員委員会に参加する国・地域の目標について，以下のとおり合意する。三者は，異なる国・地域に適用される法律と一般的慣習を考慮しつつ，以下の目標の実現をはかる。

1．基本的目標
1.1．団結権と結社の自由

　組合設立・加入と従業員代表に関する全従業員の基本的権利を承認する。フォルクスワーゲン，同社労組，従業員代表は，ともにオープンに建設的・協力的な葛藤

的経営の精神に則って協働する。

1.2. 差別の撤廃

人種，肌の色，性別，宗教，市民権，性的嗜好，社会的出身または（民主主義の原則と思想の異なる人々に対する寛容性を基礎としている限り）政治的信条に関係なく，平等な機会と待遇を保障する。

従業員の選抜・採用・昇進にあたっては，資格と能力だけを評価基準とする。

1.3. 雇用の自由な選択

フォルクスワーゲンは，強制労働，契約的な強制労働，債務返済のための労働，非自発的な囚人労働を故意に利用することを拒絶する。

1.4. 児童労働の撤廃

児童労働は禁止する。政令が規定する最低年齢を遵守する。

1.5. 報　酬

標準週労働時間に対して授受される報酬・給付は，少なくとも，当該国の法定最低賃金または各産業部門の最低賃金に対応したものとする。

1.6. 労働時間

労働時間は，少なくとも，各国の法定要件か各産業部門の最低基準に対応したものとする。

1.7. 職業安全衛生保護

フォルクスワーゲンは，少なくとも，安全で衛生的な労働環境に関する各国の基準を守り，この文脈において，職場の安全衛生を確保するために適切な措置を講じ，健康的な雇用条件を維持・保障する。

2．実　現

2.1. フォルクスワーゲンの従業員に，この宣言の規定すべてに関する情報を提供する。労働組合または既存の選出従業員代表は，各工場の慣行の枠内で，経営側代表とともに労働者に情報を提供することができる。

2.2. フォルクスワーゲンは，供給業者や請負業者が各自の企業方針でこの宣言を考慮に入れるよう支援し，明白に奨励する。フォルクスワーゲンは，この宣言を相互関係の有益な基礎とみなしている。

2.3. フォルクスワーゲンAG経営委員会かフォルクスワーゲン世界従業員代表委

員会の提案により，世界従業員代表委員会の会合の枠内で，この宣言とその実現について フォルクスワーゲン AG 経営側代表と討議・検討する。必要があれば，適切な措置について合意する。

2.4．第三者は，この宣言に基づく権利を促進または実施することができない。この宣言は，署名日に発行する。この宣言には遡及効力はない。

（出所）原文はインタビュー調査時に入手した。ここでは JCM による翻訳文に，筆者が一部加筆修正を加えた。JCM 翻訳文は，金属労協／IMF-JC『金属労協政策レポート』12号，2002年9月27日に基づく。

第4章
欧州で広がるグローバル・ネットワーク

1　はじめに

　多国籍企業の経営者が，各地の労働者の賃金水準や労働市場の状況，労使関係のあり方を考慮して生産地や投資先を決定することは，経済合理的な行動である。他方，労働者は，雇用をめぐって労働条件の引き下げ競争が巻き起こることは，回避したいと考える。問題なのは，グローバル企業において，こうした労使間の利害を国際的に調整する仕組みが存在しないことである。それは，国内では当たり前に存在する労働法や労使紛争を解決するための諸制度が，国際的には存立しないためである。グローバルな労使対話がなされないままに，グローバル化が加速していけば，企業の優位性はますます高まり，労使の均衡は崩れていくことになる。

　ゆえに労働組合は，かねてより各国の労働者・労働組合同士の連帯を呼びかけ，国際的な労使対話の実現を目指してきた。国境を跨いで繰り広げられる競争を制御するには，労働側が，国を越えて手を取り合い，多国籍企業に国際的な協議を働きかけ，国際的な労使関係を築くしか道がないためである。

　しかし，言語，文化，宗教，雇用慣行，生活水準等が異なる労働者・労働組合同士が，互いの状況を理解し合い，協力し合うことは，容易でない。労使関係をめぐる考え方，労働運動の理念やイデオロギーも，国による差異が大きい。そしてこれらの相違を乗り越えうるかどうかの以前に，そもそも地理的に遠い労働者同士が集まろうとすれば，交通費がかかり，話し合おうとすれば通訳費を要する。こうした様々な経費を誰が，どうまかなうのかという現実的な課題もある。加えて，各国の労働者・労働組合は，いずれも国内でいろいろな問題を抱えており，国際的な活動にまでなかなか手が回らない。こうした理由から，

企業が築き上げてきた国際的な生産ネットワークほどに，労働組合のグローバル・ネットワークは成熟していない。ゆえにグローバル・レベルでの労使の力関係は，不均衡状態のまま現在にいたる。

けれども，一部の企業の従業員代表委員会や労働組合，そして一部の地域の労働組合は，グローバルな労使対話を実現しようと，様々な苦労を重ね，一定の成果を生み出してきた。その中心地は，EU（欧州連合）である。EU は，1992年のマーストリヒト条約以後，貿易の自由化，共通通貨ユーロの導入，人の移動の自由化などを認め，地域統合を実現させてきた。近年は，難民問題や加盟国の経済危機，英国の離脱等で，壁にぶつかっているが，今のところ体制に大きな変化はない。EU 諸国の労働組合は，市場統合が進むなかで，EU 域内での労組同士のつながりを深め，EU レベルの組合機能を強化させてきた。そして EU に本社を置く多国籍企業が，EU 域外にも事業を展開させていくことに伴い，その労組間連携をグローバル・レベルに拡大させようと取り組んでいる。

前章で論じた GFA 締結は，こうした労働組合のグローバルなネットワークが構築された結果，生まれたものであり，同時にこのネットワークをさらに深化させる力にもなっている。なぜなら GFA を締結するには，そもそも各地の事業所の労組同士が，その内容に合意することが求められるし，GFA 締結後には，その内容をいかに世界に散らばる事業所に，そしてサプライヤーにまで周知させ，遵守させていくのかという問題に迫られるためである。それ以前からグローバルな労組連携を積み重ねてきた企業で GFA が締結され，GFA を締結した企業で，グローバル・ネットワークがさらに活性化する傾向が見られる。

本書では，労働組合のグローバル・ネットワークを次のように定義する。すなわちそれは，国境を越えた労組間連携を強化することを目的に，国際産別組織とつながりながら，同じ企業で働く従業員の代表および従業員を組織する労働組合が集い，情報を共有し，支援・協力しあう体制である。

補足すると，ここでは，同一企業で働く「従業員の代表」と「従業員を組織する労働組合」をあえて同等のものとして扱う。その理由は，これから詳しく紹介していく自動車産業のグローバル・ネットワークが，従業員代表と労働組

合(企業別組合,産別組合および国際産別組織のいずれも含む)の協業により築き上げられてきたためである。とくに本書が対象とするVWとダイムラーに限っては,従業員代表と労働組合が一体となって活動しており,両者を線引きすることは困難である。

ただし,第1章で触れた通り,会社法により情報提供と協議の権利を与えられた従業員代表委員会と,労組法により団体交渉やストライキ権が保障された労働組合とでは,その機能や役割は異なる。本来,従業員代表制度をもつ欧州各国では,この二つが有効に機能して,労働者の代表権が確保されると考えられてきた。けれども,その欧州において,労使関係の分権化が進展し,産別労組の交渉により,産業ごとに決定された統一的な枠組みに,カヴァーされる労働者が徐々に減り,企業ごとの労使関係の重みが増している。従業員代表と労働組合という二重性のうち,従業員代表の機能だけが強化されていくことは,長期的に労働者の立場を弱めていくと懸念される。なぜなら,仮に従業員代表が,企業内の労働条件を改善させるほどの強い力をもっていたとしても,その力は企業外に波及しないためである。企業を越えた連帯がなければ,企業間競争による「底辺への競争」は防げず,長期的に企業内の雇用と労働条件を守り続けることは難しい。従業員代表が,あくまでも企業内組織である一方で,労働組合が,元来,企業を越えた結びつきを特徴としてきたのは,そうした理由からである。すなわち,分権化により企業内の労使関係の重要性が増したとしても,従業員代表や企業単位の組合組織が,企業内だけで活動を完結させることなく,企業外の労働者・労働組合とつながり合い,企業の枠を越えた社会性をもち続けることが肝要となる。

いま一度,整理すると,従業員代表と労働組合という二重性は,企業単位の労使関係と,企業の枠を越えた社会的な労働運動という二重性を意味する。従業員代表制度がない日本のような国では,この両方を,(組織化されている労働者に限っていえば)労働組合が担ってきた。そして多国籍企業においては,企業単位の労使関係は,従業員代表や本国の産別・企業別の労働組合が担い,企業外に広がるグローバルな社会的運動は,一国レベルの組合組織には担いきれないため,国際産別組織が担うようになった。すなわち,本書が意味するグローバル・ネットワークとは,国際産別組織を紐帯として相互に結びついた従業

員代表や労働組合が,企業ごとに連携していくことである。

　本章では,日本以外を母国とする自動車メーカーで進展しているネットワークに焦点を絞り,論じていく。そのうえで,次章で日系企業の労組の動向をより詳しく紹介する。以下,最初に過去の企業別の国際連帯行動を簡単に紹介し,次いで近年の組合のグローバル・ネットワークの実態を見る。とくにモデルケースとして位置づけるVWとダイムラーの労組と従業員代表の活動については,ヒアリング調査に基づき仔細に叙述する。

2　IMF 企業別世界協議会の設立

(1)　1960年代に発展したグローバル・ネットワーク

　金属産業の国際産別組織であるIMF（現・インダストリオール）は,企業単位の組合ネットワーク形成に長年にわたり取り組んできた。1960年代,大手自動車各社が自国以外に工場を建設し,生産を始めると,IMFは他の産別労組に先駆けて,多国籍企業の行動を規制するために,世界の自動車産業の労働者が連帯して行動することを傘下の労組に要請した。

　1964年にフランクフルトで自動車部会が開催され,そこで「企業別世界自動車協議会の結成に関する勧告」が採択された。[1] 企業別世界協議会（World Enterprise Council）は,UAW（全米自動車労組）の著名なリーダーであるウォルター・ルーサー（Walter Philip Reuther）が構想したといわれる。ルーサーは,当初,本協議会の獲得目標として,「団結権,団体交渉権の完全な承認,賃金・社会給付の高位平準化,賃金収入の削減なしの労働時間短縮,有給休暇の増加など」を掲げ,その実現のために「世界各地に工場をもつ巨大自動車企業の協約改定期をそろえ,諸工場でのすべての問題に満足できる回答をひきだせるまでは協約に調印しない」ことを提案した。[2] こうした提案の背景には,「多国籍企業の海外事業の展開によってアメリカ国内の雇用が失われていくことへの危惧」があった。[3]

---

(1)　塩路 (2012, 151頁)。
(2)　戸塚 (1995a, 22頁)。
(3)　戸塚 (1995a, 24頁)。

IMFの要請を受けて，1966年7月，北米のデトロイトで，UAWが，GM，フォードそしてクライスラーの世界自動車協議会を発足させたのを皮切りに，同年11月にドイツのヴォルフスブルグで，VWとダイムラー・ベンツ（現在のダイムラー）の世界協議会が設立，次いで1968年11月，ジュネーブでフィアット・シトロエンが世界協議会を立ち上げた。

各協議会は，定期的に開催され，労組同士が共同で取り組む事項が次々と議論されていった。たとえば，クライスラーの世界協議会の報告を見ると，ストライキの「統一支援行動」が具体的に討議されている。「ストライキ中の工場に関連する仕事を無視する程度の支援はできる」（イギリス），「争議内容の詳細と進捗状況を把握することが必要」（ドイツ），「生産業務拒否はできないが，残業拒否，スト中の工場関連業務の無視に協力することはできる」（フランス）といった意見が各々の労組から出され，各国の法律の範囲内で，どこまでの連帯行動がとれるか，具体的な論議が交わされている。そして現実に，ジュネーブのIMF世界協議会事務局が，「ある自動車会社の外国にある工場がストライキのとき，その会社の別の国の工場において通常行われる時間外労働を削減する」ことを要求した記録もある。

こうした連帯行動が，成果をあげたとの報告もある。たとえば「フランス・ストラスブールに於けるGMの工場で最近ストライキがあった時，IMF・GM世界自動車協議会は，西ドイツ・リュッセルスハイムのオペル工場での工場協議会代表者の会議とストラスブール工場での争議委員会を開催する上で，指導性を発揮」した。「GMのフランス工場は，欧州の多くのGM系企業へ，とりわけオペルへ，トランスミッションを供給して」いるが，「しかしながら，ストラスブールの労働組合は強固な組合」ではないため，「そこでIMF自動車協議会は，ドイツの強い労働組合が，フランスの弱い組合を助けるよう取り計

---

(4) Levinson (1972)。
(5) 自動車総連『総連新聞』通刊181号，1968年5月2日。
(6) 「協約解消日の世界的統一」についても討議されているが，「過去に国内統一を試みた結果，実現の困難さが分かった」（イギリス），「団交方式を変更しない限り不可能」，「決まった解消日はない」（フランス）といった否定的な声が多かった。
(7) IMF『第23回IMF世界大会 本部・加盟組合報告 1971-1973年』1974年，44頁。

ら」ったという。そして「会議の数日後，ストライキは適切な解決に向い収束され」た。(8)

そして各世界協議会では，長期的に労働条件を統一させていくことを目指し，当面，重点的に取り組む項目が整理されていった。たとえば，IMF・GM世界協議会では，労働時間と雇用の安定が第一とされ，フォードでは健康保険給付や病休手当，年金制度，クライスラーでは労働時間の短縮や生産ラインのスピードコントロール，VWとダイムラー・ベンツでは労働組合の基本的権利と生産スピードに労働者が関与することなどが掲げられ，それぞれの各国労組に共有された。(9)さらに一部では，多国籍団体交渉権の確立と国際的な労働協約締結に向けた取り組みもあった。(10)

同時に，国境を越えて工場から工場へ生産が移転することによる職務の喪失または雇用の創出は，世界協議会の中心的議題だった。たとえば，IMF・GM世界協議会では，1972年会合で，GM欧州工場の基幹工場をグルノーブルとストラスブールに移す動きがあることから，各地の組合組織率が討議され，各事業所の組織化を援助する計画が検討された。(11)同社の1981年会合では，GMが米国で労務費の削減を実施する一方で，海外工場で新規採用を計画していることが議題となっている。「過去3年間に，113,000人以上もの労働者が減少し，(中略)多くのレイオフがさしせまっている」一方で，「スペイン，オーストラリアおよびメキシコにおいて約30,000人の新しい労働者を採用しようとしている」と述べられ，UAWは「世界中のGM労働者の雇用を防衛するため，強力な労働者の国際連帯の環を作る」ことを強調した。(12)

そして生産移転と雇用流出は，労組間で話し合うだけでは解決が難しいため，1970年代に入ると，企業別世界協議会は，経営側との非公式の会談を取りつけようとした。たとえば，1972年のフォード協議会では，欧州工場の組合代表ら

---

(8) 『第3回 IMF・A-C世界協議会』におけるIMF自動車協議会の事務局長の基調報告より。
(9) Levinson（1972，邦訳版130-132頁）。
(10) Levinson（1972＝1974，邦訳版133頁）。
(11) IMF『第23回IMF世界大会 本部・加盟組合報告 1971-1973年』1974年，45頁。
(12) IMF『第26回IMF世界大会；1985年6月9日-14日』1985年，26頁，41頁。

が、「労働者の職務保障と所得保障に関係した、会社の長期生産・投資計画を、非公式に（経営側と）討論すること」が最重要である、と主張している。それに対してフォード本社は、労働法や慣習が異なることを理由に、国別に労使間で討議すると返答し、この提案を一旦拒否した。けれども、「同社の生産政策は、外国の子会社を含めて、デトロイトの本社において世界的規模で計画されている」として、UAW、IMFは圧力をかけ続けた。最終的にデトロイト本社で、フォードの副社長（労使関係と団体交渉担当者）と、IMF自動車部会の会長および副会長、UAWとの会談がもたれた。[13]

さらに1981年のIMF・GM世界協議会では、「GMの400億ドルにのぼる投資の一部分は、各国政府からの助成金が含まれている。われわれは、これら諸政府ならびにその国家元首に対し、直接話しかけ、IMF-GM世界自動車協議会の名において、GMがまず長期的な雇用および所得の保障と完全な労働組合権を与えない限り、公的な資金は使わないように要求する」と宣言し、各国政府にも働きかけを強める姿勢を見せている。[14]

IMF企業別世界協議会は、少なくとも1990年代までは継続されてきた。IMF世界大会の報告書や議事録によれば、[15] GMは1985年、1988年、1992年に世界協議会を開催している。日系企業労組、フォード、VWも、同様に世界協議会を開催したとの報告が出ている。90年代には、世界規模の協議会とは別に、地域レベルの協議会も活発に開催されており、フォードの欧州協議会（1990、1991年開催）では、フォードによるジャガーの買収が論点となり、欧州GM会議（1990年開催）では、GMとサーブの業務提携が討議され、またルノーとボルボの資本交換発表を受けて、両労組が緊急会議（1990年開催）を開いた記録もある。このように資本統合や企業買収等で、企業間の統合と連携が進むなか、国籍の異なる各社の労組が情報を交換し、連携していくルートを模索していた。

---

[13] IMF『第23回IMF世界大会：本部・加盟組合報告・1971-1973年』1974年、45頁。
[14] IMF『第26回IMF世界大会：1985年6月9日-14日』1985年、27頁。
[15] IMF／IMF・JC『第27回IMF世界大会；I 本部報告／II 加盟組合報告』1989年、IMF, *28th IMF World Congress; Reports of the Secretariat*, 1993.

（2） 財政問題

　だが，世界協議会の開催は，次第にその間隔が開き，開催頻度が減少していった[16]。その理由のすべては明らかではないが，一つには，企業が巨大化し，世界各地に事業所が広がるなかで，開催に多くの資金を要し，組合独自で頻繁に会合をもつことが難しくなったことがある。つまり労組は，国際連帯する上で，財政問題に直面していた。

　1993～97年のIMFアクション・プログラムでは，「IMFは，多国籍企業別協議会の設置に関する活動を増大する」，「多国籍企業の労働者の国境を越えた労働者のリンクを創設することは，IMFの最重要課題の一つである」と述べる一方で，「多国籍企業の労働者間で，定期性と一貫性と継続性を持ったコミュニケーションや調整を可能とするために，これらの労働者をリンクする新たな機構（メカニズム）を考案する」ことを課題にあげた。「労働者の統合を図る上で，より安価で簡潔な機構（メカニズム）の開発が必要であり，企業に，工場や事務所がある国の従業員が社会的処遇について協議および連絡するのにかかる費用を負担する社会的責任を求めることが主要な要求のひとつである」と記されており，企業にその負担を求められないか模索していた[17]。

　2000年代に入り，IMFは，本格的に企業別世界協議会の改革に乗り出す。2005年のIMF世界大会で採択された「IMFアクション・プログラム2005-2009年」には，次のような記載がある（**資料4-1**）。すなわち，企業別世界協議会の規模を縮小し，企業にその資金提供を要請することをはっきりと目指し始めたのである。

　さらに2009年の世界大会で採択された「アクション・プログラム2009-2013年」では，「多国籍企業との対抗勢力の構築」のなかで，IMFは「企業協議会の財源について，（中略）妥協することなく，TNC［多国籍企業］経営陣と交渉

---

[16] 各労組が，どのくらいの頻度で，何度世界協議会を開催してきたのか，そのすべてが明らかとなったわけではない。だが，少なくとも，過去の全開催状況を把握できている日系企業の労組（C労組）においては，回数の減少が確認できる。欧米労組については，IMF世界大会で報告にあがっているものだけに限定すれば，回数は明確に減っている。

[17] IMF『IMFアクション・プログラム1993-1997年』1993年，13-14頁。

第4章　欧州で広がるグローバル・ネットワーク

資料4-1　『IMFアクション・プログラム2005-2009年』一部抜粋

> 　IMFは，IMF産業別専門部会の活動による部門別調整に基づき，IMF世界企業別協議会やアクション・グループを通して，TNC［多国籍企業］生産チェーンで労働者を代表する組合間の連携を引き続き強化していく。この努力の一環として，IMFはTNCの本国の組合と協力し，受入国の組合が本国の組合と同様の情報・協議機会を得られるよう援助する。
> （中略）
> 　IMF世界協議会は，国境をこえて労働者の利益を擁護するうえで重要な役割を果たしてきた。私たちはIMF世界企業別協議会を改造し，<u>企業が十分に資金を供給できる規模の小さい常設作業機関に変え</u>，よりよく以下の行動を実施できるようにするために努力する。
> ──<u>緊急行動要請への対応</u>
> ──<u>共同戦略の立案・実施</u>
> ──<u>地域労働者代表機関（例えば欧州労使協議会）との行動調整</u>
> IMF地域部門別会合は，企業レベル・部門レベルの労働者フォーラムを効果的に結びつけることによって，世界企業別協議会の改造・強化や産業別組合間調整の確立を支援している。

（注）　下線および［　］内は，筆者による加筆。
（出所）　「IMFアクション・プログラム2005-2009年」第31回IMF世界大会（2005年5月オーストラリア・ウィーンで採択），15-16頁。

する。経営陣は，定期的な会議を通じて，会社の現状や方針，投資に関する情報を提供することにより，これらの協議会において役割をはたすべきである」と明言した。[18]

　つまりIMFは，企業別世界協議会の運営にかかる費用を企業に求め，それによって財政問題を克服しようとした。同時に，協議会をより小規模の常設作業機関へと変更し，経営側を本会合に関与させ，会合の場で経営戦略や投資に関する情報提供を行うことを提案した。こうした改革を打ち出すにあたり，

---

[18]　IMF『アクション・プログラム2009-2013年』第32回IMF世界大会（2009年5月スウェーデン・イェテボリで採択），22頁。［　］内は，筆者による加筆。

IMFは一つのモデルを想定していたと思われる。それは，次に紹介するVW，ダイムラーなどで設立された世界従業員代表委員会である。これらの会合が，交渉の結果，会社による資金提供によって運営されていることにIMFは着目したと推定される。[19]

なお，組合の会合を会社の資金によって開催することは，日本では，労働組合法第7条3号の経費援助禁止規定で禁止されているとの解釈が一般的である。その理由は，労働組合の経営からの自立性を担保するためである。

国際産別組織内でも，企業の資金に基づく組合活動の自立性が，繰り返し議論された。最終的に，あくまでもこの国際会合が会社から自立的に運営されることを前提条件とし，そのうえで会社に資金提供を要請すると，取り決めた。インダストリオールの自動車・ゴム産業担当部長は，次のような見解を示す。[20] まず本会合は，組合が主催するものであり，組合が経営側を招待する形で，経営の関与を促すものである。[21] そのうえで，「企業は法律によってではなく組合の力によって，組合の旅費や会合参加費を支給しなければならない。この資金供給が組合の独立性に影響を及ぼすことはない」。そして「企業の本国にもよるが，これらの会合は通常，経営側ではなく各従業員代表委員会が主導している。従業員代表委員会は，経営側を会合に招待し，CEOが出席して組合に報告するよう求めている」と述べ，あくまでも労働側主体の会合であることを条件としている。「組合は経営側に対し，『労働者はグローバルな組織機構を必要としており，経営者は国際会議に参加するための航空料金を自分で払っていないのだから，組合も払うべきではない』と言っている。『あなた方は企業経営者としての仕事をし，私たちは組合としてグローバル・レベルで仕事をしてい

---

[19] IMFは，『アクション・プログラム2009-2013』において，会社による資金提供のケースとして企業名を示し，これらのケースを紹介している。なお両社のほか，SKFおよびロールスロイスも名前があがっている。
[20] インダストリオールのインタビュー調査およびIndustriALL [2014] *Global Worker*, Vol.1, pp.15に基づく。
[21] ただし，各国の法律や慣行に基づく違いはあり，すべてが組合主催の会合とはなっていない。たとえばフランスは，こうした会議を組織するのはHRマネージャーでなければならない，というルールがある（インダストリオールのインタビュー調査より）。

る。双方が自分の仕事をしており，それにかかる必要は会社の負担であるべきだ』」というのが組合側の論理である。

3　新たなグローバル・ネットワークの形成

(1)　VWとダイムラーで始まった世界従業員代表委員会

　実は，2000年前後から，IMF 企業別世界協議会とは別の形の国際ネットワークが結成されていた。それは，EWC（欧州従業員代表委員会）をきっかけに構築された世界従業員代表委員会である。大手自動車メーカー各社は，その規模からいずれも欧州従業員代表委員会の設置が義務づけられており，各社の従業員は，経営者から一定の情報提供ならびに協議を受ける権利を有する。同制度は1994年に導入されたが，一部企業で，欧州以外の国の従業員代表もオブザーバーで参加することを認める動きが，1990年代後半からあらわれ始めた。

　たとえば，VW では，1999年から年1回のペースで，全拠点の従業員の代表者（そのほとんどは労働組合の役員）が集う世界従業員代表委員会（Global Works Council，以下，VW の世界従業員代表委員会を GWC と略す）を開催している。同社は，この会合と同時に，各事業所の人事担当者が集まる世界会議も開催している。つまり本社労使は，世界各国の事業所の労使の代表者が，一堂に会する場を設けている。2015年現在，GWC および人事担当者会合の参加者総数はそれぞれ100名ずつ，合計約200名にのぼる。開催にあたる費用はすべて会社側が負担し，各会合には社長を含む本社経営陣も参加する。

　ただし100人規模が全体で議論することは困難であるため，VW は，GWC の開催に加えて，下部組織としてブランド（アウディや MAN 等），部門（ファイナンス・物流部門や機械生産部門等），地域（中国，アメリカ大陸等）ごとの委員会会合を年1回，また地域およびブランドごとに選出された議長団（計17

---

(22)　ヨーロッパでは，EU 指令により，EU 内で1000人以上の従業員を雇用し，かつ最低2ヵ国でそれぞれ100人以上雇用する企業，企業グループに欧州従業員代表委員会（EWC）の設置を義務付けている（第2章参照）。

(23)　ただし中国工場からは，「総工会」の役員は GWC の正式メンバーではなく，ゲスト参加という形で出席している。

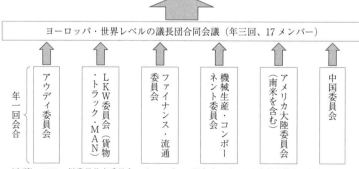

図 4-1 VW の世界・ヨーロッパレベルの労組会合

(出所) VW の従業員代表委員会のインタビュー調査時に示された資料を筆者が翻訳した。

名)の会合を年3回開いている(図 4-1)。

同様に,ダイムラーでも本社の従業員代表委員会は,2002年に世界従業員代表委員会(World Works Council,以下ダイムラーの世界従業員代表委員会を WWC と略す)を発足させた。そのきっかけは,ダイムラーと米国系自動車メーカー,クライスラーとの合併(1998年)だった。「合併後にはいつも工場閉鎖や解雇がおこなわれるので,それを見越して会社の計画をめぐり緊急に討議する必要があ」ると考えた従業員代表員会は,まず1999年に国際自動車作業グループ(International Automotive Working Group)を立ちあげ,それを足掛かりとして,2002年に WWC の発足を経営側と合意した。その後,WWC は,年1回のペースで開催されている。

2012年の WWC の資料を見ると,会社側からは COO の代理が出席し,従業員側はドイツ6名,アメリカ(UAW)3名,ブラジル,スペイン,南米,日

---

(24) Eurofound,2002年9月27日。
(25) なお,同社は,2007年に関係を解消している。
(26) IMF [2011] *Metal World*, No1/2011. および A 労連の2012年世界会議でのダイムラーの代表者からの発言資料に基づく。
(27) インダストリオール調査時に示された資料。

本（提携関係にある三菱ふそうトラック）からそれぞれ 1 名が参加し，加えて来賓として北京汽車中国とインダストリオールから 1 名ずつが出席した。総計15名ほどであり，その規模は VW のそれと比べるとはるかに小さい。2015年会合では，これにインド，アルゼンチン，インドネシア，トルコが加わり，また中国が正式メンバーとなった。工場の新設や，労組の結成が進み，参加者は増加しているが，それでも20名弱の構成である。

　本会合では，経営側から雇用の動向，投資，施設の開設・閉鎖，生産の移転といった国際的な事業実態と計画が報告される。世界従業員委員会のメンバーであるブラジルの代表者の証言では，それ以前，本社から遠く離れたブラジルの労働者たちは，会社方針や経営計画に影響を及ぼすことはもちろんのこと，それらの情報を入手することさえほとんどできなかったが，「しかし世界委員会に参加すると状況が変わった」。本社の経営陣から，定期的に，直接話を聞く機会を得たことは，海外事業所の労働者にとっては，大きな変化だった。

（2）　労働組合か，従業員代表委員会か

　なお，両会合はともに，あくまでも世界規模の従業員代表委員会であり，その中心は本社の従業員代表である。つまり，それは労働組合ではない。だが実態として，両社の従業員代表委員会に限っていえば，ドイツの金属産業労組である IG メタルと極めて密接な関係にあり，歩調をそろえて活動を行っている[28]。両組織のメンバーは，それぞれ個人的にも親しく，時には従業員代表のメンバーが IG メタルの役員を兼ねることや，IG メタルの専従職員から従業員代表委員のメンバーに異動すること，またその逆も珍しくない。

　けれども，繰り返しになるが，そもそも従業員代表委員会は，会社法で定められた制度であり，それはあくまでも情報提供と協議を目的としている。そのため労組法でストライキや団体交渉権が付与されている労働組合より，その機能は劣ると認識されてきた。しかしながら，IMF は，世界従業員代表委員会を IMF 企業別世界協議会と代替できると考え，将来的には交渉機関に発展する可能性さえあると見ている。その実現のためにも，IMF は世界従業員代表

---

[28]　IG メタル，インダストリオールのインタビュー調査より。

委員会に，IMF 自身の参加を求め，実際にこれらの会合には IMF 役員が毎回出席してきた。そして従業員代表が組織した協議会であっても，従業員代表制度が存在しない国・地域では，実質的に組合が参加することを想定し，各地の加盟組織（すなわち労働組合）に参加を呼びかけている。同時に「企業レベルでの労働組合代表や TNC［多国籍企業］担当の労働組合役員に，国際的かつ異文化受容の能力を身につけさせる訓練コースを支援し企画する」ことも行動計画に盛り込んだ。(29)

このように2000年代後半以降，IMF は，利用可能な資源を積極的に活用し，多国籍企業との対話を推進させる姿勢を見せた。従業員代表制度の機能は，制度上，情報提供と協議に限定されているが，それを交渉や共同決定の場へと発展させることを目指した。その結果，組合が担う企業別世界協議会と従業員代表委員会が担う世界従業員代表委員会は，ほぼ同列に並べて論じられるようになり，今日では，それらをまとめて「グローバル・ネットワーク」と呼ぶ。

こうした IMF の運動方針の背景には，労使関係の分権化が，強く影響している。1960～70年代に設立された企業別世界協議会は，企業単位の協議会とはいえ，各国の産別労組の影響力が相当に強かったが，2000年前後に誕生してきた世界従業員代表委員会への産別労組の関与は，それよりも弱まっていると予想される。過去の世界協議会から，今日のグローバル・ネットワークへの「進展」には，こうした質的相違を内包している。

ゆえに従業員代表による協議会設立を推進する IMF 方針には，いくつかの国から懸念の声も出されている。たとえば，2012年9月に開催されたインダストリオール自動車部会では，組合ネットワークの好事例として，VW やダイムラーの世界従業員代表委員会のケースが紹介された。それに対し，ロシアの労組は，「ドイツを参考にして従業員代表委員会を強化しようという動きがあるが，労働組合が強力でない企業においては労働組合の役割が従業員代表委員会に奪われる可能性がある。政府は組合の弱体化を狙って従業員代表委員会を強化しようとしている」と発言している。(30)

---

(29) 「IMF アクション・プログラム2009-2013」22頁。［　］内は筆者による加筆。
(30) JCM『第52回定期大会一般経過報告2012年9月4日-2013年9月2日』2013年，77頁。

第4章　欧州で広がるグローバル・ネットワーク

（3）　グローバル・ユニオンの呼びかけ

　IMFは，労組のグローバル・ネットワークを強化させるために，2010年5月と10月にネットワーク・ガイドラインを検討する作業部会を開催し，グローバル・ネットワークの構成や役割，資源等を話し合った[31]。ネットワーク化を推進する重点企業19社が提示され，そのなかには日系自動車メーカー三社（A社，B社，C社）も含まれた。構成については，サプライヤーをネットワーク化するか否かで意見が分かれたが，最終的にガイドラインでは可能な範囲でサプライチェーン（とくに一次下請け会社や委託会社）に拡大させるという記述にとどまった。その他，**資料4-2**の原則がガイドラインに明記された。

　さらにIMFは，より具体的にネットワーク作りを支援するために，2011年に「IMF多国籍企業労組ネットワーク・コーディネーター会議」を開催した[32]。IMFは，コーディネーターを任命することが，ネットワークの強化に効果的だと考えたのである。コーディネーターは，組合の専従役員や組合代表者が担うことが想定され，その役割は定期的な情報交換を奨励し，会合の開催準備を行い，会合の結果を報告書にまとめたり，各地の取り組みを紹介するニューズレターを作成したりすることである[33]。報告書やニューズレターは，当然のことながら，各地の言語に翻訳されなければならない。要するに，コーディネーターとは，ネットワークの管理・運営の担当者である。

　コーディネーター会議では，20ヵ国にわたる各企業のネットワークの実例が紹介され，実践的な経験が数多く共有された。ネットワークの構築方法は地域，会社ごとの違いが大きく，極めて多様であることが分かり，経営側に承認されたネットワークと，経営側抜きで発展してきたネットワークの2パターンがあることが示された。

　こうした議論のなか，日系労組の主張は，コーディネーターのマニュアル作

---

[31] JCM『第49回定期大会一般経過報告2009年9月1日-2010年9月6日』2010年，118頁，IMFニュース・ブリーフス，2010年5月18日・2010年10月26日。ガイドラインの内容については，IMF, "Guidelines on Trade Union Networks in TNCS" に基づく。

[32] IMF-JC／金属労協『第50回定期大会一般経過報告2010年9月7日-2011年9月5日』102-104頁。

[33] IMF [2011] *Metal World*, No.1/2011.

資料 4-2　多国籍企業ネットワーク・ガイドラインの概要

> 1．ネットワークは，IMF もしくは IMF 加盟労組が主導すること。関連加盟組織から政治的委任を受けること。
> 2．多国籍企業の母国の労組は，ネットワークの構築と運用，そしてとくに経営陣の関与を深めるために，決定的な役割を果たすこと*。同時に同一企業の IMF 加盟労組は，早い段階から関与し議論に加わること。
> 3．ネットワークは，独立した労働組合機関でなければならない。会社に，財政的支援を含めた承認を求めるが，企業からの自立的な地位を確保すること。会社への承認は，場合によってはネットワーク自体が会社と交渉し，承認を求めることもある。
> 4．ネットワークは，透明性をもち，IMF 加盟組織の合意に基づいて参加を希望するすべての労組に対して，開かれていなければならない。
> 5．各労組はネットワークへの参加者の決定において，職場の労働者が代表され，参加することの重要性を認識すること。
> 6．行動計画を策定し，ネットワークの目的，優先事項，組織構造，コミュニケーションの方法，コーディネーターの役割等を定めること。
> 7．ネットワークの目的は，一国レベル，地域レベルそしてグローバル・レベルで，企業と対峙する労働組合の力を強めることにある。ネットワークの目的や目標は，各社の置かれている状況によって異なるが，本国の組合によるネットワーク加盟組織への支援を行うことは，共通である。

（注）　＊ただし会合のなかでは，「本国労組は既に本社と対話チャンネルを持っており，ネットワークを作るインセンティブが低い」ために，「本国の労組が他国労組とのネットワークを構築したがらない」傾向が，多くの国に共通して見られると指摘されている（IMF-JC『第49回定期大会一般経過報告2009年9月1日―2010年9月6日』2010年，118頁）。
（出所）　IMF, "Guidelines on Trade Union Networks in TNCS," pp. 5-7. 筆者が翻訳し，同ガイドラインの内容を要約した。

成も，ネットワーク・ガイドラインも，IMF がそうしたモデルを示すことの意義を評価しつつ，それらに完全に縛られることなく，各国・各地域の多様性を容認するよう求めるものであった。とくに IMF が示すモデルが，欧州系企業を念頭に置いて作成されていると指摘し，それ以外の地域を本国とする多国籍企業にそのまま適用できない，と文書内容の一部修正も要請した。同時に，

日系労組は，日系企業で既に存在しているグローバル・ネットワークの状況を発表し，その一部は先進的ケースとの位置づけを得た。

（4） 本社と合意し，企業の承認を得る

　IMFの呼びかけに応じて，各国労組は，経営側に財政的支援を求めたネットワーク結成に向けて動き出した。(34)その結果，2012年4月に，米国系企業のフォード・グループでネットワーク会合が立ち上がった。フォードは，2012年から2016年の4年間，年1回，会社の費用負担で，「フォード世界情報共有委員会」と呼ばれる会合を開催することに合意した。現在のところ，UAWは2016年以降も会社と合意できる見通しをもっている。初回の会合には，アメリカ，カナダ，ヨーロッパ，オーストラリア，ブラジル，南アフリカが参加した。そして同会合の開催とともに，同社はGFAを締結した。これはヨーロッパ以外の地域を母国とする自動車メーカーで，初のGFA達成となった。フォード世界情報共有委員会には，経営側も参加し，企業状況や投資先などの情報が提供され，議論が交わされた。

　同じく2012年，米国系企業であるGMでも，2012年から2014年までの2年間，年1回，経営側の費用負担で，組合のネットワーク会議を開催することを合意した。2年間の限定協約であるが，現在までのところ，順調に契約は更新されている。(35)ただし，経営側は，会社の費用負担で招聘できる国に制限をかけていること，さらにGFA締結には難色を示しており，同社でのGFAは未だ達成されていない。

　スウェーデンを母国とするボルボ・グループは，2013年に新たに労使協約を結び，組合が世界規模で年次会合を開く権利を約束した。(36)この会合は，毎年春にヨーロッパで開催され，組合・企業両方の内部問題について議論する場となっている。開催期間の初日は，最高経営陣との協議・情報共有にあてられ，こ

---

(34) 以下，フォード，GMのケースは，2012年9月11〜13日に開催されたインダストリオール自動車作業部会での報告に基づく（JCM『第52回定期大会一般経過報告2012年9月4日-2013年9月2日』2013年，76-77頁）。
(35) 2015年3月現在。インダストリオールのインタビュー調査より。
(36) インダストリオール・ウェブサイト・ニュース，2013年1月31日。

れはボルボ・グループ対話（VGD）と呼ばれる。[37]

ドイツ系のBMWも，労働協約で，欧州従業員代表委員会の拡大を取りつけた。2013年から，南アフリカ，中国，インド，タイなどヨーロッパ以外の国からの参加者が加わり，欧州従業員代表委員会が開催されるようになった。それ以前にも，EU域外からオブザーバーで参加することがあったが，2013年協約により，EU域外からも正式メンバーとして参加することが認められた。[38]

2014年時点，自動車産業では，以下のネットワーク会合が開催されている（表4-1）。これによれば，欧州系企業では，会社との合意を取りつけているが，日本を含むアジア系の企業では会社非公認のケースが多く，また日系2社については，アジアに限定した地域ネットワークであることが分かる。なお，ここでいう会社の公認／非公認は，会社から資金提供を受けるかどうかを意味している。日系企業の会合はいずれも資金提供は受けていないが，会社側が会合に参加し，経営方針などを説明しているものも含まれる。

本書では，自動車完成車メーカーを分析対象としているが，グローバル・ネットワーク会合は，他業種にも広がっている。表4-1に記載されていないケースとして，たとえば，フランス系のタイヤメーカーであるミシュラン（Michelin），米国系の建設機械メーカーのキャタピラー（Caterpillar），ドイツ系総合電機メーカーのシーメンス（Siemens），ブラジル系鉄鋼メーカーのゲリダウ（Gerdau），アルゼンチン系鋼管メーカーのテナリス（Tenaris）などでもネットワークが立ち上がっている。[39]一部の地域に限定されたネットワークであれば，大手鉄鋼メーカーのアルセロール・ミッタルの労働組合が，南米地域限定でネットワークを創出した。これらは，IMFが主導したものばかりでなく，ある工場でストライキが発生し，それを他の海外事業所が支援するといった連帯行動をきっかけに発足するなど（ゲリダウ・ネットワークや，テナリス・ネッ

---

(37) なお，それ以前も，2002年からはインフォーマルな了解によってヨーロッパ域外の参加も認め，2年に1回のペースで開催されてきた。欧州従業員代表委員会は，本会合とは別に開催されている。

(38) インダストリオールのインタビュー調査より。

(39) IMF-JC『第51回定期大会一般経過報告2011年9月6日-2012年9月3日』2012年およびIMF［2011］*Metal World*, No. 1/2011.

第4章 欧州で広がるグローバル・ネットワーク

表 4-1 自動車産業における GFA 締結と労組ネットワークの状況

企　業	ネットワーク	GFA	従業員数（人）
BMW	EWCの拡大（南アフリカと中国の代議員を含む）	締結済	100,000
ボッシュ	会社公認の3年ごとのグローバル会合	締結済	281,000
ダイムラー	会社公認のグローバル・ネットワーク	締結済	275,000
フィアット／クライスラー	会社非公認のグローバル・ネットワーク		215,000
フォード	会社公認のグローバル・ネットワーク	締結済	181,000
GM／オペル	会社公認のグローバル・ネットワーク		212,000
日系企業・B	アジア労働組合ネットワーク		190,300
現代／起亜	会社非公認のグローバル・ネットワーク		86,100／40,000超
日系企業・A	グローバル労働組合ネットワーク		160,500
PSAプジョー・シトロエン	会社公認のグローバル・ネットワーク	締結済	194,600
ルノー	会社公認のグローバル・ネットワーク	締結済	121,800
日系企業・C	アジア労働組合ネットワーク		333,400
フォルクスワーゲン	会社公認のグローバル・ネットワーク	締結済	572,800
ボルボAB	会社公認のグローバル・フォーラム		110,000

（注）この表は，インダストリオールによる発表資料に基づく。これとは別に，各労組が独自にネットワーク会合を開催しているケースも存在する。たとえば，C労組は独自で2国間個別ネットワーク会議を開催してきた。

（出所）IndustriALL, "Global Worker", Vol.1, pp14.（http://www.industriall-union.org/globalworker　2016年3月10日閲覧。）

トワークのケース），その契機は様々である。

4　ネットワーク会合の議論

　グローバル企業におけるグローバル・ネットワークは，世界の労働者の声を，企業単位で集団的意見としてまとめ，労使関係における労働者の力を強化させる効果が期待される。では実際に，これらの会合が，そうした役割を担っているのかどうかを検証するために，グローバル会合で，どのような事項が議題とされ，各国の労働者がどういった議論を交わし，いかなる行動をとっているのかを見ていく。以下では，主にインダストリオール，VWの従業員代表委員会，IGメタルのヒアリング調査に基づき，VWのGWCと，ダイムラーの

WWCを中心に,その取り組みをまとめた[40]。

まず,各社のグローバル・ネットワーク会合に出席してきたインダストリオールの担当者によれば[41],会合で交わされる議論の深まりは,各社で大きな差がある。始まったばかりのネットワーク会合では,相互に信頼関係を築くことが最優先課題となっており,本質的な問題を話し合うことは難しい。他方,開催から何年も経過し,労組同士の気心が知れてくると,企業の経営戦略や,人事・労務管理,非正規雇用,健康・安全衛生など,幅広い点で各地の情報が共有され,議論されるようになる。さらにそれが進むと,より本質的で,基幹的な問題について,深い議論が行われている。

最も進んでいると位置づけられるのが,VWのGWCである。2013年会合の議題は,本社の経営陣からの経営方針や事業計画の報告,次に述べる各憲章の説明とその実施に向けた取り組み,各国報告で構成されている(**資料4-3**)。経営方針や事業計画の内容としては,新モデルをいつどこで出すのか,各工場の稼働率をどれほどの水準とするかといった雇用・労働条件に関わる事柄が丁寧に取り上げられる。各国の労働者が関心のあるこれらのテーマについて,経営側は極力具体的な数値を示しながら,質疑に応じる。在外事業所の労組にとっては,本社の方針や戦略を細かく把握し,本社経営陣に直接質問できることで,交渉力が高まっていると考えられる。

さらに,各工場の雇用に関わる生産調整についても,事細かに話し合われる。たとえば,十分に生産する車種がなく,勤務時間の短縮やレイオフの危険性に迫られている工場がその内情を訴えると,他方で,勤務時間の超過が問題となっている他工場が名乗りをあげ,本社の経営陣を交えて,生産移転の可能性が討議される[42]。むろん工場の設備,生産可能車種,輸出先など,生産立地の決定

---

(40) なお,IGメタルは,ドイツを代表する強力な労働組合であり,そのIGメタルと強い連携関係にあるVWの従業員代表委員会は,ドイツ国内の従業員代表委員会のなかでも,最も強力な組織である。つまり以下の内容は,必ずしもドイツ系企業のグローバル・ネットワークで普遍的に見られるわけではないことには留意が必要である。

(41) ただし,次章で詳しく述べる通り,日系企業のネットワーク会合には参加していない。

(42) インダストリオールのインタビュー調査より。

第4章　欧州で広がるグローバル・ネットワーク

資料4-3　VWのGWC 2013の議題

①会長・議長の声明
②事務局長による活動報告
③各種委員会の活動報告
④労使関係憲章について
⑤臨時労働者憲章について
⑥各レベル（ヨーロッパ，グローバル，自動車業界）の活動報告
⑦各種テーマに関する一般的審議
⑧ワーキンググループ報告
⑨選定された重要テーマの説明
⑩取締役会との合同会議の準備状況
⑪各国報告

（出所）　VWの従業員代表委員会のヒアリング調査時に示された資料を筆者が翻訳した。

には多くの条件が関わるため，移転が簡単に決まるわけではないが，海外の一工場の雇用をどう守るかということに，世界中の労組と本社経営陣が話し合う体制が存在している。

　こうした生産調整までが議題にあがり，論議されるネットワーク会合は，VWの他にはないという[43]。同じく先進事例とされるダイムラーであっても，すべての工場に労組が結成されているわけではないため，参加国が限られるし，現地のマネジメント層が招集されていないために，話し合われるテーマも限定されている。

　そしてVWに限っていえば，各事業所の労使には，年一回の世界会合の前までに，各職場の問題を解決しておこうという力が強く働く[44]。たとえば，南米のある工場で，賃金や労働条件について労使でもめていたとする。そこの人事担当者は，世界中の人事担当者が集まるこのミーティングで，自社工場のローカルな問題を話題にされることを嫌がり，極力，事前に解決しておきたいと考

---

[43]　インダストリオールのインタビュー調査より。
[44]　インダストリオールのインタビュー調査より。

える。こうしたプレッシャーは，労組に対しても同じようにかかる。もし労組が，経営側に法外な要求を出していたら，それはGWCで，他国の労組や従業員代表から「もう少し妥当な（reasonable）要求に引き下げたほうがいい」といった助言を受ける。その結果，労使の国際会合の開催によって，労使双方が，より合理的で，より協調主義（corporative）的な行動をとるようになったと指摘される。つまり労使関係のあり方には，本来，国ごとの特徴が強く表れるが，グローバルなつながりが強化されることで，「国際標準」に集約されていく傾向が見られる。

5　海外工場の組織化と現地労組の育成

（1）　海外工場の組織化

　在外工場の組織化は，各グローバル・ネットワークが最も力を入れている活動の一つである。ネットワーク会合では，本社労組から，在外事業所の組織率と組織化の取り組みが全世界の工場に共有され，有効な組織化のあり方が議論される。

　いうまでもなく，労働組合とは，各々職場の労働者が主体的に結成するものである。けれども世界には，そもそも団結権や団体交渉権を知らないままに働いている労働者も少なくない。また組合を結成しようとしても，現地の経営者から妨害行為を受けることも珍しくない。このため国際産別組織であるインダストリオールは，本社の労組――本国の産別労組ではなく，本社の組合支部――が責任をもって，自社の海外事業所の従業員に接触し，その権利を伝え，必要があれば支援するべきだとの認識を示している。むろん本社労組は，海外労組とのコネクションをもっていないことが多く，在外事業所の従業員と連絡をとることさえ極めて難しい。インダストリオールが，海外の組合や労働者と，本社の労組とをつなぎ合わせる役割を果たし，こうしたサポートを受けながら，本社労組が海外事業所の組織化を推し進めるケースが，数多く存在する。

　たとえば，ダイムラーの従業員代表委員会および組合のローカル・オフィスは，同社が海外工場や事業所の新設を決めた段階で，現地の労組に連絡を取り，組織化の意向を伝え，可能な限り操業開始までに組織化を達成する方針を立て

ている。だが，それは必ずしもすべて成功してきたわけではない。2012年，同社はインドのチェンナイ近郊にトラック工場を設立したが，この工場にも稼働当初，組合がなかった。本社の組合と従業員代表，インダストリオールとの間で，繰り返し検討会議が開かれ，本社労組と従業員代表は，インダストリオールの紹介を受けてインドに赴き，現地の従業員，現地のマネジメント層と話をし，労働実態を調査した。その後インド工場内に，従業員代表委員会の設置を促し，結成された。本社の労組と従業員代表は，何度も同工場を訪問し，従業員代表委員会に集まってくる労働者に，団結権や組合運動についてワークショップを行ってきた。そして2015年からは，この従業員代表委員会も WWC に参加することが決まり，両者の関係はさらに深まっている[45]。なお本事例のように，ドイツの労働組合と従業員代表組織は，海外事業所の従業員や組合員に，ドイツの労使関係の仕組みを説明し，従業員代表制度を導入することにも積極的に取り組んできた[46]。

　こうした地道な努力を重ねるかどうかが，海外事業所の組織率を左右する。完成車メーカーのなかで組織率が最も高いとされるのが，やはり VW である。同社は海外に106工場を有するが，アメリカ工場を除く全工場が，各国の現地労組により組織されている[47]。アメリカ工場については次に述べるように，2014年に地方組合支部が結成された。同社の高い組織率は，各地の労組と本社の労組，本社の従業員代表委員会，そして国際産別組織が共同で取り組んできた成果であるという。

（2）　アメリカにおける組織化の取り組み
①アメリカでの組合結成

　多くの完成車メーカーにとって，現地労組によって組織化されていない最大

---

[45]　ダイムラーのインド工場のケースは，IG メタルおよびインダストリオールのインタビュー調査に基づく。
[46]　VW 本社の従業員代表委員会によれば，実際に同社ブラジル工場では，経営や就業規則に関わる事項の協議や決定に，従業員の代表者が参画することがあり，従業員代表制度が一定程度機能しているという。
[47]　VW の従業員代表委員会のインタビュー調査より。

の海外生産拠点の一つが,アメリカである。アメリカの自動車産業の労働組合UAWは,いわゆるビック・スリーと呼ばれるGM,フォード,クライスラーの工場は組織しているものの,外資系企業の工場は,労働法上の手続きに則った形での組織化は実現していない。過去には外資との合弁企業で組織化に成功した工場もあったが,それも三菱自動車のMMNA工場が2015年11月末に生産を終了したことでなくなった。現在,日系企業はもちろんのこと,ドイツ系企業であるBMWやダイムラーなどの工場も,ノン・ユニオンである。[48]

　表4-2の通り,UAWが組織する組合員数は,ビック・スリーの合理化により大幅に減少してきた。[49]一方で,組織化されていない外資系企業で雇用者数が増えており,米国の自動車産業ではノン・ユニオン化が進展している。ゆえにUAWは,今日,外資系企業の組織化を最重要課題と位置づけている。

　そもそもアメリカは,法制度上,労働組合の結成が難しい国の一つである。アメリカにおいて労働組合法に相当する全国労働関係法(NLRA:National Labor Relations Act)では,労働組合が団体交渉を行うためには,使用者が自主的にそれに応じるか,もしくは従業員の投票により,過半数以上の支持を得ることが必要となる。後者は,「排他的交渉単位制度」と呼ばれる。すなわちアメリカでは,使用者に対して,従業員の過半数の支持をもつ労働組合としか団体交渉を義務づけていない。

　労働組合は,まず団体交渉の単位となる工場や事業所の労働者の3割以上から,組織化に賛同する署名を集める。それを全国労働関係委員会(NLRB:National Labor Relations Board)に提出し,排他的交渉代表者に認証されるための選挙の実施を申請する。たいていは,この段階までは組合が秘密裡に事を進める場合が多い。

---

(48) 過去には,日系企業の工場も組織化されていたケースもあり,トヨタとGMの合弁会社であったNUMMIとマツダとフォードの合弁会社AAIがそれにあたる。しかし,NUMMIは2010年閉鎖された。トヨタは,その後ミシシッピ州に工場を建設したが,それに対してUAWは,UAW加盟工場を閉鎖し,未加盟工場を新設したと批判した。2011年にマツダは生産を打ち切り,その後2014年にフォードとの協業関係を解消し,同工場はフォードに売却された。なおMMNAは,当初,三菱自動車とクライスラーとの合弁工場として始まった。

(49) Chaison (2014)。

選挙申請が無事に受理されると，選挙命令が出され，組織化活動は公となる。組合が組織化を進めていることを知った経営側は，多くの場合，その対抗措置として，組合が職場内での組織化活動を行うことを禁じるとともに，反組合キャンペーンを展開する。経営側の組織化を妨害する行為は，凄まじい。経営側が，反組合的な態度を隠すことは少なく，むしろ従業員に経営側の姿勢を明確に示し，組合が結成された場合のデメリットを従業員に伝えようとする。従業員と組合関係者との接触を断つために，従業員が利用する駐車場にビラを配布させないようフェンスで囲いを作ったり，従業員同士が組織化の話し合いをしないよう休憩時間をずらしたりもする。労働組合も，経営陣に直接・間接的に脅しをかけ，時に暴力沙汰に発展するほどに，激しい組織化活動を展開する。こうしたことが，幅広くアメリカ全土で行われていることは，数々の研究で実証されてきた。[50]

表4-2 UAWの組合員数の推移

	組合員数（千人）
1955	1,260
1965	1,150
1985	974
1995	751
2005	624
2009	455
2012	382

（出所）Chaison（2014）。

選挙で，全従業員の過半数の賛成が得られれば，当該組合は排他的交渉権を得るが，実際には，選挙での勝率は極めて低い。[51] 仮に，事前の署名集めの段階で，過半数が賛同していたとしても，その後の経営側からの切り崩しにより，選挙で過半数を集めることは容易でないのが実態である。こうした法的な仕組みが，組合結成を困難にしていると考えられている。よってアメリカの労組は，2000年代にそのハードルを下げようと，法改正を求める運動を展開したが，それは未だ実現されていない。

加えて，外資系自動車メーカーが集中する南部の諸州では，労働権法（Right to Work Law）が制定されているところが多い。[52] 排他的交渉権が認証された組合は，交渉単位内で働く労働者を，組合員・非組合員を問わず代表し，その労働組合が締結した協約は，交渉単位の全労働者に適用しうる。そのため，

---

(50) 藤木（2014）。
(51) 「組合組織化に関する全国労働関係法（NLRA）改正をめぐる攻防」『ビジネス・レーバー・トレンド』2011年3月。
(52) 労働権法については，荒木（2015）を参考にした。

いわゆるフリーライダー問題を回避するために、各職場はユニオン・ショップ協定を締結するか、そうでない場合には非組合員にも組合費相当額の納入義務を課してきた。これはエージェンシー・ショップと呼ばれる。

しかし、全国労働関係法は、1947年の改正で、州法によって、ユニオン・ショップおよびエージェンシー・ショップを禁じることが可能となった。組合員にならずに働く、もしくは組合費相当額を支払わずに働く権利を保障する、という意味で、それは「労働権法」と呼ばれる。つまり労働権法が制定された州では、組合が認証されている職場においても、従業員が労組に加入するかどうかを選択でき、労組に入らなくても働く権利が保障される。いわゆるオープン・ショップ制の導入である。その結果、労働権法が制定されている州ほど、労働組合の組織率が低いという特徴がある。これまでは、とくに南部の州で労働権法は制定されてきたが、近年は中西部の州にも広がりを見せており、これが労働組合の影響力を削ぐ役割を果たしている。

② VW のチャタヌーガ工場

VW においても、在外工場の組織化で非常に難航したのが、2011年に操業を開始したアメリカ工場であった[53]。

VW のチャタヌーガ工場（テネシー州南東部）では、UAW による新しい取り組みが行われてきた。まず2013年夏、IG メタルに、UAW からチャタヌーガ工場の組織化に協力してほしいとの打診があった[54]。その後、IG メタルと本社の従業員代表、UAW の三者で会合を重ねてきた。IG メタルと従業員代表は、当初より、米国には存在しない従業員代表制度を同工場に導入することを提起し、UAW は、組織化が実現され、労組が従業員代表者を兼ねるのであれば、制度導入は可能であると応じたという。途中からは本社の経営側もこの会合に参加し、UAW による組織化に理解を示し、アメリカ工場内での組織化活動を許可した[55]。職場内で組織化活動が許されることは、米国では珍しい。

UAW は、組織化キャンペーンをはり、積極的に活動した。過半数の従業員から支持を得られるメドが立ったと判断した UAW は、2014年2月に、同工

---

[53] アメリカ工場の従業員数は2250名である（出所は同社 HP http://www.volkswagenag.com/en/group.html 2016年1月23日閲覧）。

[54] IG メタルのインタビュー調査より。

場において団体交渉権を獲得するための従業員投票を実施した。ところがその結果は，626対712という僅差でUAWが敗れるというものだった。UAWは，敗北した理由を地元政治家の反組合活動が影響したと述べている。

　その後UAWは方針を変更し，同年7月に，当該地域に地方組合支部（Local 42）を設立し，同工場の従業員に加盟を呼びかけた。UAWにとっては，特定の職場で労働者を代表するために地方支部を設立するのは，初めてのことだった。しかもこれは，組合費を徴収せずにメンバーシップを付与するという新しい手法でもあった。順調に組合員からの支持を集めたUAWは，VWの現地経営陣（Volkswagen Group of America）と継続的に話し合い，当該労組を従業員代表として承認する合意を得た。同時に，UAWは，VWの世界従業員代表委員会（GWC）に，正式メンバーとして加わることになった（それまではオブザーバーとしての参加だった）。そしてVWは，2014年11月に「支持率が45％を超えれば，組合は2週間に1回，VWチャタヌーガの経営委員会と会談できる」という規定を含む方針を正式に発表した。つまり経営側は，組合組織率が過半数に達していなくても，同組織を従業員代表と承認し，協議――団体交渉ではない――に応じる姿勢を見せたのである。

　ただし同時に，同社は，2015年2月には，UAWの組織化に反対する労働者らが結成した従業員組織（ACE：the American Council of Employees）との労使協議にも応じることを決めた。ACEは，同工場内で15％以上の支持を集めたとされる。

　UAWの発表によれば，2015年6月時点で，ブルーカラー労働者816名

---

(55) このように在外事業所の組織化は，時に，本社経営陣を巻き込んで行われている。ただし経営側は，協力的な態度を示すこともあるが，中立的な立場を強調し関与を拒む場合も，対抗的な姿勢を見せる場合もある。

(56) UAWのニュースリリース，2014年7月10日。

(57) インダストリオール・ウェブサイト・ニュース，2014年7月11日。

(58) *Reuters*，2014年9月11日（Volkswagen global labor representation back UAW at Tennessee plant）。

(59) インダストリオール・ウェブサイト・ニュース，2014年11月13日。

(60) *Automotive News*，2015年2月23日（1VW plant, 2 unions: UAW foes get a voice; New group stresses that it's lean, local, inclusive）および *Global Insight*，2015年2月18日（Volkswagen recognizes second workers' union in US plant）。

(55％）の組織化を達成しているという。そして本社の組合であるIGメタルは，UAWを団体交渉のパートナーとしても受けることを経営側に求めている。

さらに2015年12月，UAWは，チャタヌーガ工場で働く約161名のメンテナンス労働者(61)を対象に，組合承認選挙を実施し，108対44で承認を勝ち取った(62)。同工場で働く従業員（約１万5000人）のうち，わずか１％の従業員によって結成された組合ではあるものの，アメリカでは，外資系自動車メーカーで初めての組合誕生となった。だがVWは，UAWに，全労働者による承認選挙を行うよう求め，全国労働関係委員会（NLRB）にメンテナンス労働者らによる組合認証選挙に対して異議を申し立てた。その後，現地の報道によれば(63)，全国労働関係委員会は，当該労組を承認する判断を示したが，現地法人はそれに反発し続け，その判決に従っていない。本件は，2016年７月現在，連邦裁判所にもち込まれている。

他方で，VWと同じように，米国工場に組合をもたないダイムラーの世界従業員代表組織は，2014年７月，新執行部体制を発表し，その副委員長にUAW副会長が就くことを表明した。もともとダイムラーの世界会合には，UAWがゲストやオブザーバーではなく，正式なメンバーとして参加してきたが，2014年以降，同会議の執行部に加わったのである。これは会社に対し，世界従業員代表組織が，アメリカ工場の組織化をいかに重視しているかを示すためのデモストレーションの要素が強い。同委員長は「世界各国の従業員代表によるこの会合は，明白なメッセージを送っている。すなわち，国際協力を強化したいという意向だ。ダイムラー経営陣は断固としてグローバル化戦略を推進している。WWCとEWCでもグローバル化を進め，労働者とその代表も全面的に関係を強化できるようにしていく」と述べている(64)。

---

(61) この部分は，現地の新聞記事に基づいて記述しているが，この労働者については，熟練労働者（skilled workers）と表現されている場合と，メンテナンス労働者（maintenance workers）と表現されている場合がある。

(62) *Reuters*，2015月12日23日。

(63) *Reuters*，2016年５月３日（VW, UAW officials to meet on labor dispute at Tennessee plant）および *The Wall Street Journal*，2016年６月10日（VW, Union Fail to Reach Accord ― Germany's Powerful IG Metall Trade union has joined fight over U.S. assembly plant.）。

第**4**章　欧州で広がるグローバル・ネットワーク

（3）　海外労組の強化に向けて

　グローバル・ネットワークにとって，海外事業所にようやく誕生した労働組合をより強化していくことも，組織化と並ぶ重要な課題である。本社労組や各社の従業員代表委員会は，組織化後には，組合役員のためのトレーニングコースを設け，組合運動の進め方を具体的に伝授するだけでなく，その地域の他の労組と連携することを促し，自国内で組合組織が強化されるよう力を注いできた。

　たとえばVWは，インドに四つの工場を保有しており，そのすべてに企業別組合が存在する。(65)これらの企業別組合は，現地のナショナルセンターが政党との結びつきが強すぎることを理由に，ナショナルセンターに加盟していない。そのため各労組は，組合運動の経験が少ないにもかかわらず，上部団体からの支援がなく，他労組とのつながりも薄いなかで孤立していた。IGメタルは，国際産別組織とともに現地労組を繰り返し訪ね，現地でワークショップを開催し，ドイツの組合運動の進め方や従業員代表委員会制度のあり方を話してきた。たとえばインド労組の一つは，結成後の最初の1年間，団体交渉をしても何も得られないとの不満をこぼしていた。本社労組は，どのように譲歩や妥協をするのかを現地労組と何度も議論したという。そのなかで，時に過激な運動に走りがちな途上国の労組に対して，会社全体のことを考えて，あまりに要求しすぎることによる雇用喪失のリスクも知らせた。同時に，組合間の連携を図ることの重要性を説明し，本社労組が同じ地域の他労組との交流会を開催し，両者に知識や活動を共有することを促してきた。こうしてインドのVWの四つの企業別組合は，現地の労働組合の上部団体よりも，本社があるドイツの労組および本社の従業員代表委員会と強いつながりをもち，それらの支援を受けながら活動を進めている。

　IGメタルや各社の従業員代表委員会は，インドに限らず，各地で同様の取り組みを行っている。たとえば国際会議の報告書を見ると，IGメタルがベトナムで，組合幹部を対象に団体交渉の研修を実施し，インストラクターを育成

---

(64)　インダストリオール・ウェブサイト・ニュース，2014年7月24日。
(65)　VWのインド工場の労組については，インダストリオールおよびVWの従業員代表委員会のインタビュー調査に基づく。

しているとの記録がある。研修は，「年100回」のペースで開催され，「協約の内容，交渉の方法，安全衛生の取り組み方法，紛争解決の方法など」が説明される。さらに同様のセミナーを地方でも開催していく方針が示されている。これら途上国だけでなく，アメリカでも，IG メタルと従業員代表委員会が，ダイムラーの工場で働く労働者200名に対して，ドイツの労使関係のあり方についてセミナーを実施したとの報告もある。これらはいずれも，単なる労組強化というよりは，ドイツ式の労使関係の移転と見ることもできる。IG メタルと従業員代表委員会は，これらのセミナーを通じて，従業員代表制度の役割や意義を伝え，同制度の導入も促している。

　なお，このような組合強化の取り組みについて，インダストリオールも IG メタルも従業員代表委員会も，現地労組の「育成」や「教育」といった発言はしない。「『教育』なんかして，上手くいくわけはない」と述べ，「我々の願いは，彼ら・彼女らと話をし，彼ら・彼女らの力で，今の状況を少しでも変えていくことです。なので，我々は労組を教育して，君たちは，こうするべきだし，ああするべきだ，と言うつもりはありません。そんなことをしても，変わりません」と語っている。

6　海外事業所で発生した労働問題への関与

　さらにグローバル・ネットワークで関係を深めた本社労組および従業員代表委員会は，在外工場で発生した労働問題や労使紛争の解決に乗り出すこともある。たとえば，VW のブラジル工場では，2001年に景気が落ち込み，現地経営陣が整理解雇を提案し，現地労組はストライキを計画した。それを受けてドイツ本社の従業員代表委員会は，本社経営陣にブラジル工場の雇用維持を要請

---

(66)　ベトナムの事例は，IMF-JC『第50回定期大会一般経過報告2010年9月7日-2011年9月5日』2011年，132頁より。日本とベトナムの二国間セミナーのなかで，ベトナム労組からの聞き取り結果に基づく。
(67)　IMF-JC『第51回定期大会一般経過報告2011年9月6日-2012年9月3日』2012年，94頁。
(68)　インダストリオールのインタビュー調査時の発言より。

するとともに，現地でワークショップを開催し，ドイツ式のワークシェアリングにより雇用を守る方法を現地労組と組合員に説明した。ブラジルの労働慣行は，新規採用とレイオフを繰り返すいわゆる「ハイヤー・アンド・ファイヤー(hire and fire)」の伝統が強かったが，説得を受けた現地労組は，最終的に雇用保障と引き換えに労働時間の削減と賃金の低下を受け入れた。[69]

同様に2006年11月に，ヨーロッパ経済の悪化を理由に，本社経営陣がベルギーのフォレスト工場で約4000人の雇用削減を実施し，同工場を閉鎖する可能性を示した。当時IGメタルは，ドイツ国内の雇用確保のため，フォレスト工場の「ゴルフ」車生産をドイツに移転することを経営側と締結していた。けれどもIGメタルと本社の従業員代表委員会は[70]，国内雇用を確保した後にも本社経営陣と協議を続け，最終的にフォレスト工場で新型「アウディ」を2009年から生産することを取りつけ，工場閉鎖を回避させた。[71] すなわち景気が悪化すれば，EU域内で生産（雇用）の奪い合いともいえる現象が生じる。そのなかIGメタルと従業員代表委員会は，ドイツ国内の雇用確保を最優先しながらも，同時に海外工場の雇用維持についても本社に働きかけ，現地労組に説明するといった努力を重ねている。

他の事例としては，VWのポルトガル工場での国境を越えた配転による雇用維持のケースがある。ポルトガル工場は，同社のオープンカーの生産拠点であり，商品の特性上，季節によって生産台数が変動することが課題だった。オープンカーは，春・夏の売れ行きはいいが，秋・冬に販売台数が落ち込むためである。従業員代表委員会は，本社経営側と協議し，同工場で新しい車種を生産することを取り決め，その生産開始までは，勤務時間内に教育訓練を実施することに加え，国境を越えた工場間異動（ポルトガルからドイツ・ブラジルへ）の措置を取った。[72] 調査時点の2014年現在，約200名の従業員が，ポルトガル工

---

[69] ブラジル工場の事例は，VWの従業員代表委員会のインタビュー調査と *Reuters*，2001年11月22日（VW Brazil workers accept wage cut to secure jobs）に基づく。

[70] 欧州従業員代表委員会も協議に加わった（IGメタルのインタビュー調査より）。

[71] ベルギー工場のケースは，VWの従業員代表委員会のインタビュー調査と，*XINHUA News Agency*，2006年12月1日（Brussels VW Plant to produce new Audi A1 from 2009）およびIMF [2007] *Metal World*, No.1/2007に基づく。

場からドイツ工場に2年限定で働きに来ていた[73]。

その他には，ダイムラーのWWCが，ある国のストライキでの連帯行動につながったとの証言もある。WWCのブラジル代表者いわく[74]，「会社側は，何度か労働者同士を競争させようとした。たとえば，2004年に南アフリカでストが実施されたとき，生産活動が停止したため，同社はブラジルとドイツから南アフリカ市場に車を輸出しようとした。だが，そのような行為はストの効果を弱めるものであるため，私たちはそれを許さなかった。組合側の態度は会社側に明確にメッセージを送った」という。同氏は，「ダイムラー世界従業員委員会の目標は，労働者間の連帯を促進し，同社が労働者同士を競い合わせるのを阻止することだ」と話す。

7　国際労働協約の萌芽

これまで見てきた通り，VWのGWCでは，生産移転の可能性が論議され，実際に雇用が脅かされるような事態があれば，本社の労組と従業員代表が中心となって，各国の労組と連携しながら，本社経営陣と協議し，真剣に世界各国の工場の雇用を守ろうとしていることが分かる。こうした実態から，IMFが目指してきた世界従業員代表委員会およびIMF世界企業別協議会を交渉機関に発展させるという構想は，一部の企業で実現しつつあるといえる。

では世界従業員代表委員会が，経営側との協議を経て，国際的なルールを締結することはありえるのだろうか。すなわち国内の労使が行ってきた団体交渉や労働協約締結が，国際化しうるかどうかである。

いうまでもなく，GFA（国際枠組み協定）は，CSRの一種とされるが，国際

---

[72]　ただし，国境を越えた配置転換は，すべての国で適用可能とはいい難い。ポルトガルが国内での失業率が高く，とくにEU域内への移民送出国の色彩が強いこと，ブラジルの公用語がポルトガル語であること等によって可能となったと推測される。

[73]　ポルトガル工場の事例は，VWの従業員代表組織へのインタビューによる。なお，同工場からは，ドイツとブラジルの他に，イタリアへの異動もある。いずれの工場でも，年3回の帰休休暇が与えられる。給与は，出向先での勤続年数に従い，出向先の労働者と同一水準が保障される。

[74]　IMF [2011] *Metal World*, No. 1/2011.

第4章 欧州で広がるグローバル・ネットワーク

資料4-4 ダイムラーの健康と安全原則

原則1．我々は，従業員の安全と健康を保護し向上させ，最終的に士気を高めるよう努めることを基準として確立する。 原則2．我々は，健康と安全を質的に総体的に向上させるプロセスとシステムをより発展させるために努力する。最も阻止すべきことは労働災害である。 原則3．人間工学に基づいて規格された働き方を促進し，現代の人間工学の知識を反映したものに常に改善されることを基準とする。 原則4．我々は，健康と安全原則を守り，他の模範となる責任ある行動を経営陣に義務づける。同時に我々は，最善の安全性を得るために，経営層をサポートする。 原則5．全従業員は，安全基準に則って仕事を遂行することによって，個々の健康と安全の責任を取るべきである。(中略) 我々は，従業員の就労環境や仕事の工程を常に改善させ続けるために，職場の整備に従業員を関わらせる。

(出所) ヒアリング調査で示されたDaimler, "Health and Safety Principles" を一部抜粋し，翻訳。

協約の一つでもある。ただしその内容は，基本的人権の遵守を謳ったものであり，とくに先進国にとっては，それは労働条件に具体的な影響を及ぼす条項とはいい難い。本章の最後となる本節では，GFAの内容を越えるような協定の締結可能性を探る。

実は，VWとダイムラーでは，GFAとは別に，労使間で締結された三つの協定および憲章がある。ダイムラーは，2005年に「健康と安全原則（Health and Safety Principles)」を従業員代表と経営陣が合意した（**資料4-4**）[75]。職場の安全衛生の確保と従業員の健康保持に関する五つの原則を遵守することを取り決め，ダイムラーの世界中の工場で，この基準が採用されることになった。なお，この協定の署名者は，本社経営陣と世界従業員代表委員会および欧州従業員代表委員会の代表者であり，IGメタルや国際産別組織は含まれていない。

VWでは，本社経営陣と国際産別組織，GWCの三者で，2009年に「労使関係憲章（Charter on Labour Relations within the Volkswagen Group)」，2012年には「臨時労働者憲章（Charter on Temporary Work for the Volkswagen Group)」が結

---

[75] IGメタルのインタビュー調査時に示された資料に基づく。

表 4-3 VW の労使関係憲章（一部抜粋）

	情報提供	労使協議	労使共同決定
1．人的資源・社会的規制：人材の獲得・支援・育成等			○
2．労働組織			
社員のスケジュール管理		○	
標準労働の定義，生産システム，労働時間等			○
3．報酬制度：賃金，職務考課，福利厚生等			○
4．情報提供と対話			
従業員に対する意識調査		○	
ワークルール，経営方針，データ保護			○
5．職業訓練：訓練内容，設備等			○
6．労働安全衛生：事故防止策，高齢者や障碍者対策			○
7．管理：管理手法，主要指標（顧客・従業員満足度，財務状況等）		○	
8．持続可能性：環境保護，資源エネルギーの効率化		○	

(注) 項目別に，各事業所の従業員代表委員会が有する権利を○で示した。
(出所) "Charter on Labour Relations within the Volkswagen Group" を一部抜粋し，翻訳。

ばれた。

　労使関係憲章とは，ドイツ式の労使共同決定の仕組みを，海外事業所を含むVWグループ全体に拡大させようとするものである。同憲章では，報酬や労働時間，生産システム，安全衛生等の決定に，各事業所の従業員代表組織が関わる権利を3段階（情報提供，労使協議，労使共同決定）で定めた（**表4-3**）。同憲章には，標準労働の定義や生産システム，労働時間，賃金，職業訓練，安全衛生などの項目がならび，それぞれ経営側が従業員に情報提供をすれば決定できるものなのか，労使協議を経て決定されるものなのか，さらには労使が共同で決定しなければならないものなのかが，細かく示されている。こうした労使関係のあり方は，ドイツ国内の製造現場においては，必ずしも珍しいものではない。しかしこれが，同一企業であることを理由に，国を越えて，他国の労使関係のあり方に影響を与え，それを規定するとなれば，これは画期的なことである。加えて同憲章には，GWCを年1回開催すること，そして各事業所で少なくとも年1回は事業計画や雇用見通しについて労使代表が議論することも記されている。

　臨時労働者憲章は，いわゆる派遣労働者の権利保障を記したものである。派遣労働者と正規労働者との間の均等待遇の保障，派遣労働者への教育訓練の提

表 4-4　VW の臨時労働者憲章（一部抜粋）

前　文	・柔軟性を確保するために臨時労働を利用する場合には節度ある配置を心がける。 ・臨時労働者の賃金は，正規社員と同様に，経験・能力の高まりとともに上がる。 ・臨時労働者は，職業教育および学卒者募集に加えて，正規社員となる第三のルートである。
上　限	1事業所で5％を上限とする（従業員代表との合意に基づき，変更可能）。
同一賃金	・勤続10ヵ月目以降は，正規社員の基本給と同一。 ・勤続2年目以降，業績ベースの給与（チームボーナス等）は，正規社員と同一。
均等待遇	・週労働時間，休憩時間，福利厚生施設の利用，会社情報へのアクセス，労働安全衛生において，正規社員と平等な待遇を保障する。
雇用期間	・最大雇用期間36ヵ月，最小雇用期間は6ヵ月とする。 ・契約延長に関する情報は，契約終了の4週間前までに提供される。
正規雇用への登用	・正規社員の採用は，臨時労働者を優先して行う。 ・相応する資格がある場合，勤続18ヵ月後から登用可能とする。

（出所）"Charter on Temporary Work for the Volkswagen Group" を一部抜粋し，翻訳。

供，正規採用ルートを整備すること，雇用期間の上限（最大雇用期間36ヵ月）などが定められており，そして一事業所の従業員に占める派遣労働者比率の上限（1事業所で原則5％以内）も規定されている（表4-4）。

　なおVWに限らず，多くの労組や従業員代表委員会が，グローバル・ネットワークを活用し，海外事業所の組織化に力を注いでいるが，その組織化は，ほとんどが正規に雇用される従業員の組織化を指しており，非正規で雇用される労働者は，たいていは組合に入っていない。そして国によっては，7～8割が非正規雇用の従業員によって構成される工場もあり，非正規労働者の増大は，先進国と途上国に共通した課題である。そのため，非正規雇用の問題は，組織化とは別の課題として国際的に議論されてきた。

　VWでは，これらの憲章を締結した後，GWCで繰り返し憲章の内容を各地の従業員代表に報告し，各地で取り組むよう促し，実施するうえでの問題点を拾い上げてきた。これらの内容がどれほど遵守され，憲章が実際に機能しているかどうかは，GFAと同じく，各職場の労組の力に依存するためである。

　これらの原則や憲章を見ると，ダイムラーやVWの労使が，ILO中核的労働基準にとどまらず，安全衛生，労使関係のあり方，非正規労働者の労働条件といった各国の法制度や雇用慣行により差異が大きい事項にまで踏み込み，国

境を越えたルールを作ろうとしていることが分かる。今はまだ，これらのルールは，いずれも「原則（principle）」や「憲章（charter）」と名づけられており，国内労使が締結する労働協約のような強制性は有さない。つまり，各国の事業所の経営者やマネジメント層，そして労働組合に対して，こうした原理原則に則った行動を要請し，これに反する行為に対しては労使で協議し是正を図ることを求めたものであり，国内の労働協約と比べれば，それはより緩やかな規制といえる。

　労使関係のあり方や，非正規労働者の労働条件といった問題は，企業内だけで完結する問題ではない。各地の工場の実態は，各地の労働法や労働市場の状況などに大きく影響を受けており，企業外の国内環境と不可分である。こうした企業単位のグローバルなルールが，各地の労働市場条件や労働法とどう対立し，また融合していくのかは，今の段階では見えていない。ただ，企業外の制度や環境と深く関わるからこそ，ルールの適用を求めていけば，それは各地の企業外の法律や制度，労働市場，他社の労働条件などにも影響を及ぼす可能性がある。

　世界に共通して適用されるルールは，むろん各国の労働者と労働組合の納得を得ながら進めなければならない。そのため，勤務シフトや労働時間，さらに賃金制度や評価システム，といった具体的な労働条件は，国際的な協定として締結することは不向きとされ，これまでは議論されていない。その理由は，各国・各地域で，求める内容に大きな隔たりがあるためである。インダストリオールもIGメタルも，これら具体的な労働条件は，各地の労使が，各地の状況に応じて決定すべきことであり，世界会合で合意する種類のものではないとの見解をもっている。

8　おわりに

（1）「かつて」と「今」の違い

　本章で紹介した事例に基づけば，本社労組と従業員代表委員会は，国際産別組織と連携しながら，企業単位で国際的な組合ネットワークを構築し，国際会合の場で各国の雇用と労働条件について真剣に議論し，各地の組織化と労組の

第4章　欧州で広がるグローバル・ネットワーク

強化を支援し，さらにグローバルなルール——現在はまだ「原則」や「憲章」レベルであるが——の形成に着手している。グローバル・ネットワークが，労組の国際連帯を強めてきたこと，そしてとくに雇用保障について，本社労組と従業員代表が具体的に関わり，成果を上げてきたことが分かる。

　従来の一国主義的な労働運動では，職場を組織し，経営側と協議をして労働協約を締結することが重要視されてきた。だが，グローバル経済時代の労働運動では，「ネットワーク」の構築がカギとなっている。同一企業で働く国籍が異なる労働者同士は，同一組合に加盟するわけではない。それぞれが異なる各地の組合に在籍しながらも，交流し，支援し合うのである。様々な違いを内包しているため，より緩やかな連帯ではあるが，ネットワークの構築により，国際的に労使が協議し，ルールを作る仕組みが形成されつつある。

　ところで，1960～70年代に設立された企業別世界協議会と2000年以降に発展してきたグローバル・ネットワークとの間には，いくつかの違いがある。主体が労働組合か従業員代表かという相違については，既に論じてきたが，その他にも，たとえば，国際会合で話し合われる論点は，かつてはストライキの連帯行動が盛んに話題となっていたのに対し，現在ではストライキの前にどう問題を解決するかという点に力点が置かれている。今日，海外の労使紛争をいかに未然に防ぐか，という運動方針を掲げるのは，次章で見る日系企業の労組だけでなく，ドイツの労組も同じである。またかつては，いずれの会合名にもIMFの冠がついており，国際産別組織が主催し，先導した様子がうかがえるのに対し，現代では本社の従業員代表や労働組合が主催し，IMFがそこに参加する形へと変わってきた。

　そして何よりも大きな違いは，組合の国際会合に，経営を巻き込むようになったことである。今日，本社の経営陣は，ネットワーク会合に参加し，経営方針や中長期計画などの情報を提供するとともに，世界の労働組合や従業員代表との話し合いに応じ，開催に関わる資金を負担する。1960～70年代の企業別世界協議会のなかにも，経営側に協議を要請し，それを成功させたケースがあるが，定期的かつ継続的に，そうした体制が築けていたわけではない。この変化は，財政的安定をもたらし，ネットワーク会合の定期開催の実現につながった。

　経営側の関与を可能とした背景には，この間に進んできたCSR意識の高ま

りや，途上国での民主化に伴う労使紛争の増加なども関係しているが，決定的に影響したのは，欧州従業員代表委員会制度の導入にあると推測される。同制度の存在により，経営側は，従業員に対して，国境を越えた問題についても情報を提供し，必要に応じて協議することが義務づけられた。むろんこれは EU 域内に限定した制度ではあるが，世界規模に事業を拡大させた多国籍企業にとって，これを EU 域内だけにとどめておかなければならない積極的根拠を示すことは難しい。

（2） 国際連帯の根源的動機

ただしグローバル・ネットワークは，欧州従業員代表委員会が導入されている企業に等しく存在しているわけではなく，ドイツ国内でも別格に強力といわれる VW とダイムラーの従業員代表組織以外では，その形成は必ずしも順調ではない。ネットワークが進むケースと，そうでないケースとの間には，いかなる違いがあるのだろうか。

まず，経営側が関与するネットワークを結成するためには，本社経営陣の姿勢が，大きく影響する。経営の財政的余裕，CSR 意識，本社の労使関係のあり方，そして国際的な労使関係に対する認識や理念などによって，ネットワーク構築が進みやすい場合とそうではない場合とに分かれると考えられる。

他方，本社の組合および従業員代表組織の「力」も関係する。ここでいう「力」とは，会社に対する交渉力であり，それに加えて，他国の労組と関係を築いていく力でもある。後者について述べれば，現地の労組とデリケートな問題をやりとりするためには，言語の障壁があるだけでなく，各地の労働法や雇用慣行，文化を学ばなければならない。組合内部でそうした人材が育っているか，育てる環境があるか否かがカギとなる。

そのためには，これら国際的な活動を担当するスタッフの配置が求められる。たとえば，VW の従業員代表委員会は，独自で国際局をもっており，そこには 6 名の人員が在籍する。ちなみに，そのうちの一人は中国人であり，同社の従業員代表委員会が，中国との連携強化を真剣に目指していることがうかがわれる。ダイムラーは，VW に次いで，従業員代表委員会の規模が大きい。その他のドイツ系企業の従業員代表組織では，国際局を設置していなかったり，

国際活動に専念できる人員が不在だったりする場合も少なくない[77]。

 VWが，最も先進的な活動を展開できる理由は，こうした手厚い人員配置にあるが，同時に，これは同社の従業員代表委員会が，これまで会社にその必要性を訴え，活動のなかで勝ち取ってきた成果の一つでもある。つまりこれは，原因でもあり，結果でもある。

 そしてIGメタルの担当者は，国際連携が進むかどうかを規定するのは，「意欲があるかどうかにつきる」と話す。国際連帯は，進めようとすればすぐに困難にぶつかる。異なる言語ゆえに話し合えないことから始まり，文化や雇用慣行の相違ゆえに分かりあえない，お金がかかるなど，それを諦めさせる壁はいくつも立ちはだかる。いい換えると，できない言い訳は，いくつでもあげることができる。だが同時に，「意欲」さえあれば，言語の壁には通訳をつけ，文化や雇用慣行は相互に学び合うなど，それらはいずれも克服可能であるという。

 では，この「意欲」をもちうるかどうかを規定するもの，すなわち国際連帯の動機は一体何か。1960年代にIMF世界協議会を立ち上げたアメリカ労組は，国内雇用の流出を阻止する，というモチベーションをもっていた。自国の利益を守るために，他国に介入し，労働条件を引き上げるという論理は，極めて具体的で分かりやすい。今日でも，そうした根拠が失われたわけではなく，「底辺への競争」を防ぐ手立てを講じていくことは，長期的に先進国での雇用と労働条件に影響する。

 しかしながら，1960年代と違い，冷戦崩壊後に進展したグローバル化は，雇用獲得競争の相手を途上国にまで広げた。共通ルールとして求めているものは，賃金や労働時間ではなく，中核的労働基準や安全衛生といったよりベーシックなものとなった。仮にそれらのルールを世界に適用できたとしても，それによって今の先進国の雇用と労働条件が，直ちに守られるとは考えにくい。つまり現代では，国際連携を強化していくことが，短期的かつ直接的に，先進国の雇用と労働条件を左右するとはいい切れない。

---

(76) VWの従業員代表委員会のインタビュー調査より。
(77) IGメタルのインタビュー調査より。

それにもかかわらず，IG メタル，VW とダイムラーの従業員代表委員会が，あれほど熱心に海外事業所を訪ね，組織化を支援し，労組を強化し，連携に取り組む理由は何だろうか。インタビュー調査から見えてきたことは，組合運動の理念，イデオロギー，そして使命感といった極めて抽象的なものである。彼ら・彼女らは，世界のどこで働いていても，労働者は組合に加盟し，発言権を確保することが望ましいと考え，各国の労働者たちは団結し，支えあうべきだと願い，それを推進するのが自らの使命であるために取り組んでいるのだと口をそろえる。

第5章
日系労組の国際活動の実態

1 はじめに

　本章では，日本の企業別組合が取り組んできた国際活動を描く。日系労組としては，大手完成車メーカーの3労組（A，B，C労組）と大手自動車部品メーカーの1労組（D労組）の合計4労組のケースを取り上げる。
　まず，あまり知られていないが，日本の企業別組合は，日本独自のやり方で，企業単位のグローバル・ネットワークを築いてきた。これから紹介するA労連やD労組の国際会合は，世界のなかでも長い歴史を誇り，今日では，先進事例の一つとして，海外から注目を集めている。これらは，本社の労組が自主的に築き上げてきたケースもあるが，国際産別組織や他国の労組から強く要請されて構築されたケースもある。
　日系労組のグローバル・ネットワークとして，本章では四つの事例を叙述するが，前もって留意すべきことが一つある。それは4事例のうち，3事例が，国際産別組織（インダストリオール）が直接関与しないネットワークとなっていることである。本書では，グローバル・ネットワークを「国境を越えた労組間連携を強化することを目的に，国際産別組織とつながりながら，同じ企業で働く従業員の代表および従業員を組織する労働組合が集い，情報を共有し，支援・協力しあう体制」（122頁）と定義した。つまり国際産別組織の関与は，グローバル・ネットワークの存立と不可分な関係にあり，それが達成されていない日系労組のケースは，厳密には「グローバル・ネットワーク」とは呼べない。[1]

---

(1) これは，本書の定義に限らず，国際産別組織も同様の認識をもっている。そのため，国際産別組織が作成する「グローバル・ネットワーク」の一覧に，日系労組の事例が含まれていないこともある（インダストリオールの内部資料に基づく）。

ゆえに本書では，日系労組が開催する会合を「労組世界会議」，「ネットワーク」などと表現する。

ただし日系の労組ネットワークが，国際産別組織と全く関係なく運営されているわけではない。そもそも国際産別組織の要請に呼応して，ネットワークを結成しており，国際産別組織の会合では日本の取り組みを報告してきた。日系労組は，IMF が作成したネットワーク・ガイドラインのあり方にも強くこだわり，文言の修正を迫っており，国際産別組織と関係が切れた状態で，これらのネットワークが運営されているとは考えにくい。また将来的には，国際産別組織の出席を認める可能性もある。

以下では，日系労組と海外労組との会合が，いつ，何をきっかけに築かれ，会合内で何が議論されてきたのか，そして日系労組が海外事業所の労組といかなる関わりをもってきたのかを明らかにする。そのうえで，日系企業の海外事業所で起きた労働問題に対して，本社労組がどのような対応をとってきたのか，いくつかの具体的事例を紹介する。

2　IMF 企業別世界協議会の設立

（1）　A-C 世界協議会の設立

IMF は1960年代半ばに，企業単位で労組の連携を強化することを呼びかけ，欧米自動車メーカー労組は，次々と企業別世界協議会を設立させた。この動きを受けて，1973年9月，「A-C 世界自動車協議会」が立ち上がった。[2] 最初は，2社合同の世界協議会だった。

初回会合には，日本代表を含めて14ヵ国から70名が参加した。参加国は，オーストラリア，台湾，香港，インド，韓国，マレーシア，メキシコ，ニュージーランド，フィリピン，シンガポール，タイ，ブラジル，インドネシアである。当時の日系企業の海外生産拠点がアジア中心であったことから，アジアからの参加労組が多い。会議初日は自動車総連会長の演説，A-C 労組および海外労組からの現状報告が行われた。二日目は，世界自動車協議会事務局長が，世界

---

[2]　自動車総連『総連新聞』通刊184・185合併号，1973年10月15日。

自動車協議会の設立経緯と機能について説明し，その後，A系労組とC系労組のグループに分かれ，各協議会の結成を決定し，組織の運営方法について討議した。

その結果，A-C世界協議会の活動内容，運営方針，構成人員は，**資料5-1**のように定められた。それによれば，協議会の活動は，情報交換や労組間の交流だけにとどまらず，「海外の労使紛争解決への援助」，「組織化」支援，「労働組合教育に対する支援」が掲げられている。さらに財源については，当初，協議会の開催にかかる費用は，原則としてIMFが負担することになっていた。だが聞き取り調査によれば，その後，経費は，自動車総連と各労組も一定の財政負担を要請されるように変わっていった。経費負担は，とくに規模の小さい労組にとって，会議開催を躊躇させる一因となったという[3]。今日では，国際産別組織は，この経費を経営側に負担させる方針であるが，日系労組の会合はいずれも，2016年現在まで経営側による拠出はなく，自動車総連，本社の単組および労連がまかなっている。

そして日本の世界協議会は，欧米のそれと比べ，ある特徴をもっていた。当時の自動車総連会長は，結成宣言のなかで，次のように話している。「（それまでに発足した海外の）七つの協議会は，同一資本の傘下にある，世界の工場の生産労働者の集まりです。私たちが作りたいと思う協議会は，資本には無関係に，同じ製品（ブランド）で結ばれた労働者の国際的な団結体です」[4]。つまり，GMやフォード，クライスラーなどの協議会は，本国工場と在外工場の生産労働者の組合で世界協議会を構成したのに対し，日本のみが，生産労働者のみならず，販売，整備，サービス部門等に従事する労働者を組織する組合も加えたのである。すなわち同一のブランド生産に携わっていれば，資本関係の有無を問わず，協議会に参加させることにし，AもしくはCのブランド名がつけば，その企業の労組や関連会社の労組が，協議会の構成員となることを容認した。

自動車総連会長が，このように考えた理由は，「1953年のA自動車における大争議」の経験にあった[5]。メーカー労組における長期間のストライキは，部品，

---

(3) JCMおよびインダストリオールのインタビュー調査より。
(4) 自動車総連『総連新聞』通巻184・185合併号，1973年10月15日。
(5) 自動車総連『総連新聞』通巻184・185合併号，1973年10月15日。

資料5-1　IMF・A世界自動車協議会

1．名　称
　この協議会は，IMF・A世界自動車協議会という。
2．活　動
　この協議会は主として次の活動を行なう。
　(a)A系企業に関する賃金労働諸条件，現場の諸問題，投資，財務状況，生産に関する定期的な国際間の情報交換。
　(b)各国労働者の雇用の安定，及び賃金労働諸条件の向上。
　(c)Aの海外活動が，進出国の労働者に対して社会的責任を十分に果たすとともに同国の発展に寄与するよう影響力を行使すること。
　(d)海外のA系労働者の労使紛争解決への援助。
　(e)本国及び進出国の労働組合間の交流促進。
　(f)世界のA系労働者の組織化及び労働組合教育に対する支援。
　(g)世界及び（または）地域別会議の定期的開催（原則として2年に1回）。
3．運　営
　この協議会はIMFのもとに，IMF世界自動車協議会のコーディネーターとの緊密な協議にもとづき運営される。連絡事務所は自動車総連本部におく。
4．構　成
　(a)この協議会は原則としてA製品の生産，販売，サービスに従事する労働者により組織された，IMF加盟の労働組合の代表をもって構成する。
　(b)IMFに加盟していない労働組合も，この協議会に参加することができる。
　(c)海外企業にAの資本が参加していると否とを問わず，そこに働く労働者はこの協議会の構成員となる資格を有する。
　(d)当該企業に労働組合が組織されていない場合は，その従業員代表がオブザーバーとして参加することができる。
5．財　政
　この協議会に必要な経費は，原則としてIMFが支出するが，自動車労連国際連帯基金からも，これを負担するものとする。

（注）　IMF・C世界自動車協議会についても，社名が異なるだけで，その他の文面はすべて同一である。
（出所）　自動車総連『総連新聞』通刊184・185合併号，1973年10月15日。

販売の労働者にも失業と生活苦を強いた。この苦い経験により，メーカー労組はメーカーの労働者を守るだけではなく，販売や部品の労働者も守る義務があることに気づかされ，自動車労連（現・A労連）が結成された。労組のこうした動きは，経営側にも，自社の従業員のみならず，関係企業の雇用と労働条件にも責任をもつことを迫り，そうした社会的責任の自覚を促した。この経験を国際的に広げていきたいとの思いから，世界協議会には，企業の枠を越えた参加を認めたのである。

けれども，この方針は，IMF本部との間に摩擦を生じさせた。なぜなら，IMFは主に現業労働者の組合によって構成されており，販売や事務部門の組合は，IMFと異なる国際産別組織に加盟している。そのため日本の方針は，IMFが主催する世界協議会に，他の国際産別組織に加盟する労組が加わることを意味した。IMF側は，同協議会に参加する労組をIMF傘下の労組に限定するよう，繰り返し要請した。同時にA-C世界協議会とIMFの他の企業別協議会との連携をより強化することを目的に，IMF加盟労組であれば，A-C系列以外の海外労組も，希望すれば参加することを容認するよう求めた。[6]

IMFからの度重なる要請を受けても，自動車総連が自らの方針を変えることはなかった。そればかりでなく，自動車総連は，世界協議会の活動をより効果的に進めることを目的に，傘下の一部の労組に，IMF以外の国際産別組織に新たに加盟させ，IMF加盟以外の労組との協力関係を積極的に築こうとした。[7] 結果的に1994年（第7回）を最後に，当時の自動車総連会長の出身労連であったA労連は，IMF主催の世界協議会を開催していない。だがA労連は，その後，国際産別組織が関与しない形で，Aブランドで結ばれた各国労組や友誼労組との会合を独自にもつことを決め，1995年から今日までそれを継続させてきた。

IMFはその後方針を転換し，IMF加盟労組かどうかを問わず，同じ製品で結ばれている部品企業や販売企業で働く労働者と幅広く連帯することを呼びか

---

(6) A労連，JCM，インダストリオールのインタビュー調査，および『第3回IMF・A-C世界協議会』におけるIMF自動車協議会の事務局長の基調報告より。

(7) 『第3回IMF・A-C世界自動車協議会資料』のうち自動車総連会長挨拶より。およびJCMのインタビュー調査に基づく。

けるようになった。メーカー企業には，サプライヤーを含めて，生産ネットワーク全体について，労働者の雇用と労働条件にも責任がもつことを要請していることは，既に見た通りである。すなわち日本の協議会は，構成範囲において，結果的に先進的な取り組みだったといえる。

1995年以降のA労連の世界会合は，IMF（現インダストリオール）の主催ではなくなったため，同会合にIMF本部からの参加者はいない。ただしIMFの日本組織であるIMF-JC（現JCM）は出席している。なお，C世界協議会は，IMF主催のもと，開催頻度を段階的に減らしながら，2007年まで続けられた。

（2） 会議の内容とその後の進展

IMF・A-C世界協議会は，結成後，基本的に2年おきに開かれた。第2回は，1975年10月に行われ，16ヵ国の代表71名が参加し，傍聴者を含めると参加者数は100名を上回った。1977年9月の第3回には，12ヵ国の代表82名が参加するとともに，初めてB社の海外事業所のうち2ヵ国の労組がオブザーバー参加した。そして1980年の第4回協議会開催にあたり，B労組の世界協議会が立ち上がった。さらに1984年には，マツダ（マツダ株式会社）と三菱（三菱自動車工業）の労組も，世界協議会を発足させた。

協議会での討議の内容を具体的に見てみよう。たとえば第3回では，初日は，夕方に各国の代表者が到着し，ともに夕食をとり，夜にはボーリング大会で懇親を深めた。翌日はA-C合同会議が開かれ，各国労組および日本労組より各国の社会経済情勢，自動車産業の現状，操業・販売状況，労使関係，賃金・労働条件が報告された。各国労組は，給与水準や現在要求している賃上げの状況，

---

(8) インダストリオールの自動車部門担当者は，A労連会長に，直に会議への参加を打診したものの，断られたと述べている。ただし，A労連は，そうした打診は受けていないと説明している。
(9) 自動車総連『総連新聞』通刊215号，1975年11月15日。
(10) 自動車総連『総連新聞』通刊246号，1977年9月30日。
(11) 「第3回IMF・A-C世界自動車協議会資料」全日本自動車産業労働組合総連合会，1977年。
(12) 「第3回IMF・A-C世界自動車協議会資料」全日本自動車産業労働組合総連合会，1977年。

第5章 日系労組の国際活動の実態

資料5-2 IMF・A-C世界自動車協議会の成果

一, まず, この協議会を結成した結果, 日本の自動車産業労働者の中に, 外国にも同じ製品を取り扱うことにより生活している多数の仲間がいること, そしてその仲間がかかえている諸問題についても, 一緒に考えてゆかなければならないとの認識が広がった。

二, さらに日本の組合は, 労使協議会の中で, 自動車企業の対外政策に関する問題を積極的に取り上げるようになった。そして各国の実情をふまえた主張をすることにより, 経営側に多国籍企業問題についての認識を深めさせ, 経営政策の決定に影響力を与えるようになってきた。

三, また諸外国で起きた労使紛争や, 団体交渉の行き詰まり, さらには組合結成問題などに対して当該労組や労働者と連携をとりながら, 日本から当該企業の経営者に対する影響力を行使することにより, それらの問題を解決する上で成果をあげてきた。

(出所) 「今後の活動方針確認 第2回 IMF・A-C世界自動車協議会」『自動車総連』通刊215号, 1975年11月5日。

資料5-3 IMF・A-C世界自動車協議会の活動方針

一, まず未組織労働者の組織化の問題である。(中略) それぞれに困難な事情もあるわけだが, できるだけ早く組合が結成され, それが健全に成長するようこの協議会を通じ, また私たちが関係する国際組織を通じて, 支援と協力を強化していきたい。(中略)

二, 協議会加盟メンバーが団体交渉で困難な事態に立ち至った場合に, どのような支援活動ができるかについても, さらに検討を深め, 私たち日本の組合として必要かつ有効な対策を進めていきたい。(中略)

三, 協議会の重要な活動の一つとして, 幹部の教育活動や, セミナーやシンポジウムの開催により, お互いの考え方や活動のよい点を吸収し, 組合活動を強化し合えるようにしたいと思う。

(出所) 「今後の活動方針確認 第2回 IMF・A-C世界自動車協議会」『自動車総連』通刊215号, 1975年11月5日。

昇給制度の内容，勤務時間やシフトのあり方，深夜や残業の割増賃金率がどれくらいであるのか，有給休暇日数がどれほど付与されているかなど，労働条件の詳細を説明している。最終日は，A系労組とC系労組に分かれて討議が行われるが，そこでの議題は，①未組織労働者の組織化，②各国の団体交渉に対する支援，③組合幹部のための教育計画，④組合の人物交流，相互理解の促進であった。最後に再び合同討議をし，結語を採択して閉会となった。

第1回から第3回の結語や宣言を見る限り，本協議会が結成されたことによる成果としては，**資料5-2**のようなことがあがっている。そして，今後の活動の進め方としては，組織化と団体交渉の支援，組合活動の強化を重視することが掲げられた（**資料5-3**）。これらによれば，当時の自動車総連は，未組織の事業所の組織化や団体交渉を現地の労組のみに委ねるべきだとは考えていなかった。実際に本協議会が，マレーシアの組織化支援や，メキシコの団体交渉支援を行った記録もある。[13]

3　世界協議会の停滞と中断

IMF企業別世界協議会は，1990年代まで継続されるものの，その開催頻度は徐々に低下していった。ヒアリングによれば，1980年代後半以降，IMFが世界協議会の開催を各国労組に呼びかけなくなり，日本のみならず，他国でも，開催頻度は大幅に低下した。そのなか，日系労組で，継続して会合を重ねてきたのが，A労連だった。A労連は，1994年のIMF・A世界協議会後，1996年から独自で世界協議会を開催するようになり，それを現在まで続けている。A社の世界各地の事業所を組織する各国の労働組合および従業員代表，そして友誼労組は，過去20年にわたり2年に一度のペースで集まってきた。現在では，A社と資本提携や技術提携をしているX社やY社の労組も協議会に参加している。A労連が従来の開催頻度を維持しながら，本協議会を継続してきたことは，評価されるべき点である。

では，C労組とB労組が，いかなる理由で，本協議会を中断させるにいたっ

---

(13)　自動車総連『自動車総連』通刊215号，1975年11月5日。

たのかを先行研究とヒアリング調査をもとに詳しく見ていく。

(1) C労組のケース

　ウィリアムソンによれば，IMFのC世界協議会は，1984年までに6回開催されたが，1988年，全C労連は，IMFが関与しない「アジアを中心とした海外工場の組合代表」による第1回「全C労連日本招待プログラム」を実施した。[14] その後，1990，1991年に，同じプログラムが催され，「オーストラリア，タイ，台湾，インドネシアのC社の従業員」が招待されている。だがその後，「IMFは自動車総連に，この会議はIMFの基準に依然として合致しないと苦情を呈し」，それを受けて自動車総連は「IMFとのトラブルを避けるために」，「IMFの名を冠した国際会議の開催を」続けるよう傘下の企業連に勧告する。それを受けて，C労連は，1992年に第7回IMF世界協議会を8年ぶりに開催している。

　C労連が，IMFの国際会議とは別に，国際会議を開催した理由をウィリアムソンは，次のように分析する。[15] C労連は，「IMFの会員資格やガイドラインを会議への主要な参加要件とすることよりも，会社の全部署からの参加者を含めて，C社ブランドを基盤にした会議を主催する方に関心があった」。また，IMFのガイドラインの下では，「比較的『戦闘的な』組合が，WCC（世界企業別協議会）[16] に参加する可能性がある」ことや，「対立的な国際問題について会社側と交渉しなければならなくなる」ことを好まなかったため，全C労連が，参加者を選別したのだろうと推測する。

　C労組は，1999年に第8回IMF世界協議会を開き，2007年に第9回をタイ・バンコクで開催し，それがIMF主催で開催された最後の世界協議会となった。[17] IMFは，ちょうど2005〜2009年のアクション・プログラムのなかで，IMF世界協議会の改造を提案しており，こうした方針転換により，IMFから

---

(14) Williamson（1994＝1998，邦訳版143-154頁）。
(15) Williamson（1994＝1998，邦訳版144-145頁）。
(16) カッコ内は，筆者による加筆。
(17) 第8回まではIMF世界協議会だったが，第9回は「機動力を高めるため作業部会（Working Group）として」開催されることになり，IMF・C作業部会となった。

開催要請がなくなり，2007年以後開催していないものと思われる。同会合の参加者数は，だいたい100名規模だった。第7回は10ヵ国から労組代表19名，第8回は海外11組合から20名，第9回は海外9組合から25名の参加があった。加えてIMF本部から数名，日本側は自動車総連，総連加盟の各労連などから多数が参加している。[18]

　同会合はIMF主催であるため，原則として，IMFに加盟する組合は，参加する権利を有している。そのため，C社の海外事業所のうち，まだ組織化されていない職場（たとえばアメリカやカナダ）からも，それぞれの国の自動車産別労組（UAWやCAW）が出席している。そしてこれらの労組からは，自国の組織化に関する「強い問題提起」がなされてきた。[19]他方で，組織化されている事業所の労組（南アフリカやブラジル，イギリス等）からは，概ね「C社との労使関係は良い」との発言が出され，本協議会の場で，アメリカ・カナダ等の労組の意見に同調する動きは見られない。会合のなかでC労組は，組織化に対して，「未組織労働者は組織化されるべきであり，企業は組織化の妨害をするべきではない。但し，会社に『組合結成を認めろ』というのは筋違いであり，現地の従業員の自由意志で民主的に実現されることが望ましい」と自らの考えを述べている。

　協議会では，各国労組からの報告時間が設けられている。そこでは，勤務シフト，柔軟な勤務時間の協定の有無，事業所レベルの労働協約上の課題，組織率の現状，労使関係の状況，雇用縮小や請負化，退職金，技能育成上の変化，賃金体系の変化，組合活動の課題などが取り上げられている。[20]それぞれの項目について，各国労組は細かい数値を交えた報告をしており，相互の実態について詳細な情報が共有されていることがうかがわれる。

　また，第9回協議会でC労組は，「自動車産業を取り巻く環境」，「グローバ

---

[18] 組合内部資料（第8回，第9回報告書）および中部産業・労働政策研究会『C自動車および関連部品企業におけるグローバル戦略の展開と労働組合の課題（暫定版）』2002年。
[19] この段落に記した協議会での各労組の発言は，組合内部資料（第9回の報告）に基づく。
[20] 組合内部資料（第8回協議会の各国報告）。

ルC社の状況」,「C労組の歴史と取り組み」について,パワーポイントとビデオ映像で説明をしている。とくに歴史的な取り組みをまとめたビデオ映像は,海外労組にとってC労組に対する認識(いわゆる「御用組合」だという理解)を揺るがすものとなっており,高い評価を受けたという。C労組は,「UAWを始め他労組にもC労組の考え方を,少しは理解して頂いたと考える」と総括している。

ただし現在のC労組幹部によれば,C労組はIMF世界協議会に,90年代以降,ほとんど意義を見出していなかった。同協議会は,全世界のC社の事業所で働く者を組織した労組が集まり,各国の状況を共有する機会にはなっていたが,労組幹部の人物交流としての効果はなかった。なぜなら7〜8年に一度しか集まらないため,その間に各国の労組幹部は変わっている場合が多く,労組間の信頼関係を築いたり,その後もやりとりしたりするようなネットワークが形成されることは,ほとんどなかったという。C労組は,IMFの要請に応じざるをえず,仕方なく本会合を継続してきたにすぎなかったように見える。

(2) B労組のケース

B労組は,IMFの呼びかけに応える形で,1975年に単組内に国際局を設置し,1980年にB世界自動車協議会を発足させた。同協議会は,「国際化の進展に伴い,欧米労働組合の連帯だけでなく,近隣アジアや発展途上国の労働組合との交流と連帯を深め,労働者の生活を向上させ,労働組合を育成していく」ことを目的に設置された。初会合には,日本,タイ,台湾,マレーシアの労組が参加した[21]。その後,B世界自動車協議会は,隔年で2回開催されたのみで,1984年が最後となった。そしてB労組は,1986年に「海外のBグループで働く仲間の連帯と,現地の組合活動の自立化や健全な労使関係の構築」を目的に,独自に「Bアジア労組幹部セミナー」を開始した[22]。同セミナーは,それ以後,2年に一度のペースで開かれ,2005年までに全9回開催された。同セミナーの目的は,「労働組合役員の資質向上」にあり,その内容は「概要報告(企業・

---

[21] 組合内部資料。
[22] 組合内部資料。

経済・労組近況），国際連帯教育プログラムの提案，今後の連帯活動の進め方，会社との懇談，実践教育（QC，安全衛生など），工場見学，社会見学」などである。「IMFや自動車総連主催の活動との棲み分けを考慮し」た結果，同セミナーは「アジア」を対象とすることとした。参加国は，年によって異なるものの，タイ，インドネシア，マレーシア，フィリピン，台湾が主であり，2005年には，そこにインドも加わった。セミナー期間は，当初は10日ほど実施していたものの，回を重ねていくなかで内容が見直され，効率性を高めた結果，1990年代は5日間，2000年代は3～4日間となった。

そして2005年の開催後，B労組は「活動の方向性や目的，開催方法，参加労組，開催場所の再整理」が必要であるとし，同会合を一旦中断させる。労組は，それまでの活動が「日本の労使関係の歴史や健全な労使関係の必要性を理解することで一定の目的は達成できた」としながらも，他方で「国や事業所ごとにおかれた環境の違いがあり，労使関係や労働条件のレベル差があることが今まで以上に明確になってきた」と総括している。

4　ネットワーク会合の変容と再開

（1）　A労連のケース

　A労連は，国際的に唯一世界協議会を継続させてきたが，協議会の目的は，時の経過とともに，大きく変わっていった。1999年，当時の自動車総連事務局次長（現・A労連会長）は，本協議会の主な目的が，「経済・社会・賃金・労働条件・労働時間・安全衛生・組織化などについての情報・意見交換を行なうこと」にあると明言している。つまり，その目的は連帯行動をとることでも，直接的に何か支援をすることでもなく，「情報・意見交換を行なうこと」に限定されるようになった。そして本協議会の役割についても，今日では，海外事業所での労使紛争を未然に防ぎ，安定した労使関係を構築することが重視されるようになった。つまり，かつて構想されていた組織化や団体交渉の支援といっ

---

(23)　組合内部資料。
(24)　ヒアリング調査時に示された組合内部文書による。
(25)　高倉（1999, 12頁）。

た本協議会の役割は大幅に後退した。

　現在，開催されている同会議の内容を2012年の開催報告や会議資料等に基づき詳述してみたい。まず，参加国は11ヵ国，16労組であり，国際産別組織（インダストリオールやUNI）の本部からの参加者はいない。一工場が複数の労組によって組織されている場合には，一国から複数労組が参加している場合もある。なお，台湾からの参加はあるが，中国本土からの参加はない。

　会議の前半は，A労連と本社経営陣による講演にあてられる。最初に，A労連幹部が日本的労使関係の特徴を説明する。まず，企業別労働組合の意味，労使協議制度と団体交渉の違いを話したうえで，日本の労組が，各レベルで，経営者との関係，組合員・家族との関係，政府との関係，国際関係等，それぞれの分野でどのような役割分担をし，各々の活動を進めているのか，A労連とメーカー企業との関係において，どのような内容の労使会議をどの位の頻度で行っているか等，具体的な数値も示した話が展開される。途上国では労働基準法や労働組合法，労使紛争の解決制度等がまだ十分に整備されていない地域も多く，些細な労使の認識のズレが，激しい労使紛争を生み出すこともある。そのためA労連は，各国の経営者に対しては，機会あるごとに，現地国の労働法の遵守だけでなく，ILOの中核的労働基準を守ることや，現地労組や従業員とのコミュニケーションをとることの重要性を伝えてきた。他方で各国労組には，労働組合としてストライキ権を行使する権利はもっているものの，働く者の雇用の安定，生活の安心・安定・向上には，企業の健全で永続的な発展は不可欠であり，そのためにも「闘争は最終的な手段であり，安易な闘争至上主義に陥らず，話し合いのなかで解決していくことが大切である」，「団体交渉だけでなく，労使協議制を導入し，労使間の認識を共有することこそが肝要だ」と説くことに努めているという。

---

(26) 国によっては，労働法の内容自体が，ILOの中核的労働基準に抵触する場合もあるため，現地の法律遵守だけでは，不十分であることを認識させる必要があるという。

(27) A労連およびJCMのインタビュー調査より。こうした働きかけは，A労連の上部団体も実施しており，現地の日系企業の経営者団体と労働組合を集めて，定期的にセミナーを開催している。

次いで，本社の経営陣より経営計画等が説明される。海外事業所の組合にとって，本社の経営陣と会う機会はこの他にほとんどないため，同会合で「日本本社の経営者」から直接話を聞きたいとの要望が出されており，関心は高い。こうした海外労組の要請に応えるため，A労連が企業側に依頼し，講和者として日本本社の経営者に毎回参加してもらっている。そして経営者は，一方的に講演するだけではない。質疑応答の時間も設けられており，そういう意味では，各国労組と日本本社の経営者との対話の要素も含む。

　会議後半は，各国労組から現地の労働事情と運動の実態を報告してもらい，それぞれの課題に対し，相互に助言しあう。たとえば，A労連が推進する労使協議や労使懇談会については，現在，複数国の労組が，導入しようと試みている。定期的に労使間で協議する場を現地経営陣に要請するものの，経営側がそれに応じないなどの実態が報告され，A労連に日本本社の経営陣に働きかけを求める声も出る。A労連はこうした情報を得たら，日本の本社にその旨を伝え，日本の本社から現地経営陣に働きかけてもらうように依頼する。現地の経営トップが，労組からそうした要請が出されている事実を把握しておらず，人事労務部門の判断で拒否しているケースも多々あるという。そうした場合には，日本の本社を通じて情報を共有することによって，事態が改善されるケースが少なくない。

　各国労組の活動報告の内容は，全体として，どのようにして新モデルを自社工場での生産に結びつけたか，といったものが目立つ。これはA社が，2000年代半ばより世界の工場間で品質とコストで競い合い，新車の生産立地を決定しているためと思われる。たとえば，イギリスの労組からは，国とメーカーによる集中投資と新たなシフト勤務体制を導入したことで，新モデルの生産を勝ち取ったことや，スペインの労組からは，労使間で結ばれた賃上げ緩和と柔軟措置を内容とする競争力に関する合意が成立し，新型車の生産導入が決定したという報告がなされている。一般に対立的な労使関係のイメージが強いこれらの労組が，雇用を守るために柔軟に対応している様子がうかがわれる。そうした報告に対して，他国の参加者からは，新しい勤務シフトの内容や非正規雇用の比率など，具体的な質問が出され，勤務シフトがどう変更されたか，どの程度の賃上げを要求しているかといった細かな労働条件に関する情報も相互に交換

し合っている。

　とくにリーマンショック直後の会合では，生産台数の減少に，各国労組がどう対応したかが共有されている。世界会議の場でA労連は，仮に生産移管が生じたとしても，現在の組合員の雇用を守ることを原則として，各労組が，各経営陣と協議・交渉を進めてほしいと，繰り返し述べている。そこには，本社労組であるA労連が，本社の経営陣と各国の雇用保障を協議する姿勢を見せることはなく，あくまでも各国の労使間での協議と交渉を促している。

　また，2010年に資本提携したドイツ系メーカーからは，世界従業員委員会の代表者が参加していた。同社のGFA締結やグローバル・ネットワーク，サプライヤー企業による違反行為への対応などが報告され，とくに同社のグローバル・ネットワーク会合の実態について複数の労組から質問が出された。

　会議終了後，A労連は，現地の要望や意見を日本の本社へ伝え，各国の経営側に対応を要請する。現地の経営陣は，現地労組がこうした要望をもっていることを知らない場合もあるため，そのような職場には労使コミュニケーションの活性化を促す。A労連は，各国の労使関係は，原則として相互不介入と考えており，日本の本社への要請がすぐに現地の労働条件や人事制度に反映されるわけではない。けれども，A労連が普段から海外労組との信頼関係を築き，不満や不安を早い段階で把握し，本社を通じて現地の経営側に伝えることは，現地での労使紛争を未然に防ぐことに貢献していると，A労連幹部は考えている。

　加えて世界会合の場で議論しきれなかった各事業所のより具体的な問題について，その後に，個別に海外労組から相談を受けることも多い。とくにA労連は，アジアの労組と密にやりとりをしており，関係を強化させてきた。数多く寄せられる相談が，賃金と労働環境に関する不満であるが，A労連は，それに具体的なアドバイスする。つまり2年に一度の会議の場だけでなく，この会議に参加している労組の一部とは，2国間交流をし，機会があるごとに相互に訪ね合っている。

　なお，A労連は，A社と資本提携したX社の労組とも，関係を築いてきた。資本提携の翌年，A労連は，X社の従業員を組織する現地のナショナルセンターのうち，IMFに加盟していた労組（2団体）と会談をもった。そこで経営が統合しても，組合活動は，相互に独立して行うことを確認し，同時に労組間で

定期的に会合をもつことを約束した。この労組間交流は，情報交換を主な目的としており，両労組が共同で要求や宣言を出すことは，これまでしていない。経営側は，共同出資で工場を建設したり，グローバル・レベルで部品の共同購入を実施したり，連携をさらに強めているようにも見えるが，両経営陣による決定が，両国の組合員の雇用・労働条件を直接左右しない限りは，これ以上労組間の連携強化は必要ないとA労連は考えている。

（2） B労連のケース

　B労組は，1986年から続けてきた「アジア労組幹部セミナー」を2005年に一旦中断させていたが，2010年代に入り，自動車総連やJCMが，多国籍企業の労組ネットワークの構築を呼びかけ始めたことを受けて，今度はB労連として，新たな活動をスタートさせた。自動車総連が，2013年8月にアジア自動車労組会議を開催させたのと同時に，B労連は，同じくアジア地域の労組とのネットワーク形成に着手した。ただし，以前にB労組が行っていたセミナーのように，複数国の労組を一堂に集める形ではなく，まずは2国間協議から取り掛かることにした。

　最初の交流相手として選んだのは，タイの労働組合である。タイは，アジアの自動車生産の最大拠点の一つといわれる。B社も，現地に完成車工場を置き，多数の系列部品メーカーが進出している。タイは企業別組合を特徴としており，その労使関係は日本と似ている。B労組にとって，タイB労組は立ち上げ時よりつながりを築いてきた相手であり，相対的に連携をとりやすい関係にあった。B社のタイ工場の組合は，2010年に，サプライヤー労組を含めた16組合が加盟するタイB労連（B Labour Confederation of Thailand）を結成していた。タイB労連の活動内容を把握するためにも，日本とタイにおける労連間の関係強化が

---

(28) X社の従業員は，複数の産別労組によって組織されているが，A労連はそのうち技能労働者を組織する産別労組2団体との関係を強化してきた。他の組織についても，交流をもっている組織もある。なお，会談した2組織の労組幹部は，当初，資本提携が自らの雇用に負の影響を及ぼすと強く警戒していたという。

(29) 会議の議題は年によって異なる。たとえば，ある年には，新興国での生産が増加することに伴い，自国の雇用が揺さぶられる状況への対応策が意見交換された。

(30) B労連に加盟する日系企業の現地労働組合である（開催当時）。

望まれていた。

　タイと日本との2国間協議の主たる目的は，労使協議を基調とした「建設的な労使関係」の構築にある。初回の会合では，どのようなテーマを協議内容として取り上げ，いかに労使協議を進めたらいいのか，といった点について，情報交換を行った。その後，2年に一度のペースで開催していくことを決め，対象国を増やす計画を立てた。そして2015年に開催した第2回会合では，タイ労連との会合とは別に，インドネシアの労組との会合も開かれた。B社は，インドネシアに複数の工場をもつが，それぞれの工場を組織している労組が，相互に異なる産別組織に加盟しており，会合開催にあたっては，それらの労組を同時に集めることができるかどうかで難航した。結果的に，インドネシアの労組との会合は工場ごとに開催することとなり，計3回にわたって行われた。なお，2013年の交流会には，経営側もオブザーバーとして参加した。B労連によれば「経営側も，組合のグローバル・ネットワーク構築に向けた取り組みに理解を示しており，会社としての取り組みに参考とするため，オブザーバー参加することとなった」。ただしB社経営側は，A社のように世界協議会で講演するなど，プログラムに参加してはいない。

　なお，B労組が開催してきた「アジア労組幹部セミナー」および2013年よりB労連が実施してきたタイ，インドネシアとの会合はいずれも，国際産別組織は一切関与していない。B労連曰く，これまでインダストリオールからの参加要請は届いていないため，国際産別組織の出席については「未決定」である。

(3) C労組のケース

　C労組は，2007年にIMF・C世界協議会を開催したが，その翌年（2008年）にIMFが関与しない，アジア地域に限定した海外事業所の労組との交流会を実施した。ウィリアムソンによれば，かつても同様の試みがあったが[31]，2000年代後半以降，それは定期的に開始され，今日，定着しつつある。

　C労組は，企業別組合を特徴とするアジア地域の労組と交流し，連携を深めていく方が現実の運動において相互にメリットがあると考えている。そもそも

---

[31] Williamson (1994)。

C労組は，IMF主催の世界協議会に集う欧米労組とは，労使関係に対する考え方や，運動の理念，日々の組合活動において，大きな乖離があると認識している。

　C社は，1950年に激しい労働争議を経験し，その教訓から1962年に労使宣言を締結した。その労使宣言には，「労使関係は相互信頼を基盤とする」，「生産性の向上を通じ企業の繁栄と，労働条件の維持・改善を図る」ことが謳われた。この宣言は，今日においても，経営理念の一つに掲げられ，組合綱領の柱となっている。C労組によればこの理念は，企業別組合を前提としているのであり，自分たちが進める組合活動とは，企業に在籍する組合員によって担われ，彼ら・彼女らが職場活動を通じて職場の声を吸い上げ，会社に伝え，職場環境を向上させながら，それを生産性向上につなげていくことを目指すものであり，労使ともに企業の繁栄と労働条件の維持・向上を好循環でまわしていくことを求めている。こうした組合の活動理念は，欧米の労組には受け入れにくいが，企業別組合を特徴とするアジアの労組には共感してもらえる可能性があると考え，アジア地域に限定したネットワークを形成しようとしてきたと話す。

　アジア地域の労組交流会の初回は，タイ，インドネシア，マレーシア，台湾の4ヵ国が参加した。その後，2年に一度のペースで開催されており，2014年現在までに，さらにベトナム，フィリピン，インドが加わっている。なお，各地の労組は，現地の従業員らが主体的に結成したものである。本社労組が，海外事業所の組織化を支援したり，そのための活動に関与したりしたことはない。

　C労組は，各地にいる日本人の出向者の生活環境調査を定期的に行っており，周期的に海外事業所を訪問している。その際，現地の組合と交流する機会を積極的にもってきた。そうした2国間交流を数年間重ねるなかで，信頼関係を築けた国の労組をC労組が招待する形で，本会合の参加国は増えてきた。つまり，2国間交流のなかで，運動方針や考え方が大きく異なると感じた国の労組は呼ばれておらず，会合に参加する前の段階で，各労組の性格を見極めているともいえる。

　会議の内容は，主に本社労組が本国の活動を紹介し，各国労組が抱える問題を討議するものである。本会合には，原則として，会社側はメンバーとして参加していない。ただし，労組から経営の考え方を海外事業所労組に紹介するい

資料5-4　C労組幹部による国際活動についての発言

> 　組織拡大という面でいくと，我々の考え方を共有してくれる人たちが増えることが，望ましいと思いますが，ただそこだけを目的にするのであれば，たとえばグローバルな連帯組織みたいな，C・グローバル・ユニオンみたいなものを立ち上げるという発想もありえます。我々がそこにいかないのは，やっぱり各国によって，現地法も違えば，労働慣行とか，雇用に対して抱く考え方とも全く異なるので，(中略) 自分たちの考え方を押し付けるようなことはしたくないと思っています。
>
> 　(欧米の組合は，) 本社の組合が，世界を担うみたいな位置づけに，自分たちを置いているかもしれないんですけれども，我々は，日本のC自動車の組合で，現地には現地の組合があるという風に考えています。
>
> 　現地の法律というか労使慣行も理解していない僕たちが，本社と交渉しますとか，そういうことはありえないと思うので，そんなことは全く考えていないです。

(注)　カッコ内は，著者による加筆。
(出所)　C労組幹部のインタビュー時の発言。

い機会になるとの勧めに経営側が応じた時に短時間，本社経営陣が話す機会を設けるようにはしている。

　C労組もまた，海外事業所の労組と交流することにより，日本的な「建設的な労使関係」を各地に根づかせたいとの想いを抱いている。だがA労連やB労組が，交流会開催の主目的として，「日本的労使関係の移転」を明示するのに対し，C労組はその主張を抑えているように感じられた。C労組の幹部は，組合活動は各地の労働者がそれぞれ主体的に行うべきであるといった考えをより前面に出し，他国の労組に，自らの慣行や方針を押し付けるようなことはしたくないことを強調する。それは，インタビューのなかで語られた**資料5-4**のような発言にも見られる。

　こうした立場を維持するためにも，関係をもつ労組を事前に見分け，自分たちの方針や理念と大きく乖離した労組とは，複数の国の組合が集まる場への招待という点では，距離を置くようにしているとの印象を受ける。

　そして，本社労組のこの考えの背景には，C社の経営陣が，本社のある日本

以外でも，本国でやらないような「組合や労働者に対してひどいことをやるような会社ではない」ことを前提としているためでもある。労組が何か特別な取り組みをしなくても，経営陣自身が各国各地で安定した労使関係を築こうと努力していると組合は考えている。

③職場活動の紹介と普及

そもそもＣ労組は，長い歴史のなかで充実した職場活動が構築されており，各国労組にこうした活動の助言をしてきた。簡単にＣ労組の職場活動の内容を紹介すると，今日，Ｃ社の各職場には，約300〜600人に１人の単位で職場委員長（総勢約160名），100人に１人単位で評議員（約470名），15人に１人の単位で職場委員（約4500名）が配置されている。職場委員は，組合員に最も身近な組合役員として，現場の意見要望の吸い上げ，苦情処理，世話役活動，ルールの監視といった役割を担う。評議員は，組合の取り組みについて議決権をもつ。職場委員長は，毎月，職場委員会，職場懇談会を開催し，使用者側と各職場の身近な問題について意見を交わす。さらに工場単位では支部懇談会を年３回ほど開催するとともに，工場単位で解決しない問題は，全社の課題として，労使懇談会を年３回ほど開催している。加えて春闘の時期の１ヵ月間に集中して４回の労使協議会がある。労組が経営側と話し合った主な内容は，職場ニュース等で組合員に随時伝えられる。こうした密な労使コミュニケーションが，Ｃ労組の活動の中心である。

アジア各国のほとんどの事業所には，同様の全社的な労使懇談会や労使協議制度が，既に導入済みである。これは本社労組や，各国の労組が要望した結果ではなく，経営側による労務管理上の施策として進められてきた側面が強い。Ｃ社は，海外の多くの拠点で，労務担当者（人事コーディネーター）として日本からの出向者を配置しており，労務担当者がアジアに限らず，多くの国で，労使協議制度と労使懇談会制度を導入させてきた。

労組が，アジア地域の労組と交流するなかで取り組んでいることは，こうし

---

(32) インタビュー調査におけるＣ労組幹部の発言。
(33) 自社の拠点だけにとどまらず，Ｃグループに属するサプライヤーについても，親会社として現地の労務マネジメントに力を入れるように助言，情報交換を行っている。

た制度を実質的に機能させるための活動である。たとえば，一部の海外労組は，経営側との交渉のみに関心を抱き，その前段階で行うべき，組合員の意見を聞き，組合員の苦情を集約したうえで職場レベルの労使懇談会を行うといったことができていないケースがある。職場の声をきちんと吸い上げたうえで，交渉テーマを設定しているのかどうか，組合員の声を聞く仕組み（たとえば，定期的に職場集会を開催する等）や組合活動を組合員に伝える仕組み（たとえば，掲示板の設置や組合ニュースの発行等）はあるのかなどを，日本の例を出しながら具体的に話し合い，職場環境を改善するための方策を伝授してきた。

　こうした本社労組と現地労組との交流は，着実に成果をあげている。たとえば，2012年の世界会議の場で，ある国の労組が，組合員向けに情報発信を十分にしていないことが分かった。つまり，組合員に知らせないままに，組合執行部と経営側で協議し，両者で物事を決定していることが判明したため，本社労組は，それを問題視した。C労組はその場で，経営側との懇談後に組合員にどう伝達したらいいのかについて，様々な具体的助言を与え，話し合った。世界会議終了後も，2国間で連絡を取り合い，どのような取り組みが行われたのかをフォローした。当該労組には，同時に，全社レベルの協議会や懇談会にとどまらず，より現場に近い単位（工場単位，職場単位）での懇談会の開催がいかに重要であるのかについて説明を重ねた。その結果，当該労組が，工場内に掲示板を設置し，ニューズレターの発行を始めるなど，変化が生じたという。

　このようにいくつかの国の労組とは，アジア全体会合と並行して，2国間交流も行っている。具体例をあげれば，タイのC労組の幹部は，年一度の頻度で日本の労組を訪問しており，日本労組の職場討議を見学し，賃金要求の資料などをタイ語に訳されたものを受け取っている。こうした交流の成果は，目に見えて分かるものではないが，労使関係の安定に寄与しているとC労組は考えている。

5　海外事業所で発生した労働問題への対応

　次に，日系企業の海外事業所で生じた労働問題に対して，本社労組がどのような対応をとってきたのかを紹介する。これまで日系企業の海外事業所で発生

した労使紛争には，ナショナルセンター，産別労組，そして国際産別組織の日本支部が，情報を収集し，現地に調査に行き，支援要請があれば，それに応えてきた。他方，本社経営陣と最も近い距離におり，経営側に影響力をもちうる企業別組合は，海外事業所の労組にとって，最も遠い存在だった。

しかし，今，国際労働運動は，各企業に最も近い位置にいる企業別労組，企業内支部を国際舞台の場に引っ張り出そうとしており，単組や支部同士が直接対話し，協議することを求めるようになった。こうした動きを受けて，日本の企業別組合の行動に，変化が起きているのかいないのか，起きているのであれば，それはいかなる変化であるのかについて見ていく。A・B・C社がそれぞれ抱える近年の海外事業所の労働問題・労使紛争の事例をもとに検討する。

（1） 海外工場の組織化支援：A社アメリカ工場のケース

①UAWによる組織化キャンペーン

UAWは，1983年の夏，操業を開始したばかりのA社スマーナ工場（テネシー州）の組織化キャンペーンを開始すると発表した。そして同年5月，UAW大会にて，当時の日本自動車総連の会長は，UAWの組織化に協力することを宣言した。けれども1989年，スマーナ工場で認証選挙が実施されたが，1622対711の大差で，UAWが敗北している。1990年代後半にも，A社のスマーナ工場に対して，組合結成を呼び掛ける集会が開かれ，署名運動が展開された。しかしこの時は，十分に署名を集めることができず，一旦は断念したとの報道がなされた。だが2001年10月，UAWは再び認証選挙にまでこぎつけたものの，3103対1486で否決された。

A社の工場ばかりが，組織化キャンペーンの対象となってきたのは，単なる偶然ではない。1983年にUAWの組織化に協力すると宣言した自動車総連会

---

(34) 『毎日新聞』1983年4月16日。
(35) 『毎日新聞』1983年5月18日。
(36) 『日本経済新聞』1997年9月8日。
(37) 『日本経済産業新聞』2001年10月5日。
(38) C社やB社の工場に対しても，組織化に向けた集会が開かれたり，ウェブサイトを開設したりといった動きもあったが，いずれも認証選挙にはいたっていない。

長はA労組の出身であったし，その後も，A労組とUAWとの関係が，比較的良好であったことが影響していると推測される。

　A労組の上部団体である自動車総連は，UAWと「トップ・ミーティング，相互の大会への出席，調査団の派遣等」などを通じて，定期的に交流をもってきた。組織化に関連して，「UAWパンフレットの日本語版作成」や「日本側経営者との懇談の場の設定」等の支援も行ってきた。2001年の認証選挙前には，UAW副会長と会長補佐らが訪日し，A労連会長とA労組副委員長とも会談している。その時，UAW側からは，①組織化への協力要請，②現地組合員が自由意思に基づいて投票できるように，本社の経営陣にA労組より伝えること，③本社労組に現地訪問や連帯メッセージの発信の3点が要請された。A労連は，自動車総連が海外工場の組織化について掲げる三つの運動方針（**資料5-5**）に則り，自動車総連とともにUAWの協力・支援を行うと約束した。その後，A労連と自動車総連は，本社経営陣に働きかけ，組織化支援レターを発信した。

　②近年の組織化攻勢

　2009年夏にUAWの新たな会長となったボブ・キング（Bob King）は，長年日系企業の組織化を担当してきた人物である。彼は，就任時の演説で，外資系企業の組織化が最優先課題であることを強調した。翌年6月には，A社のカントン工場（ミシシッピー州）を対象とした組織化キャンペーンを開始すると発表し，その後「ミシシッピ州A工場における公正を求める連合（MAFFA：Mississippi Alliance for Fairness at A-Company）」が結成された。同年夏，UAWは，主要な外資系自動車メーカー幹部に手紙を出し，組織化活動への干渉を行わないように求めている。

　さらに2013年10月には，米国の大学に勤める国際労働法の研究者と全米黒人

---

(39)　『海外労働時報』2001年12月号，No. 318，62頁。
(40)　『海外労働時報』2001年12月号，No. 318，62頁。
(41)　『海外労働時報』2001年12月号，No. 318。
(42)　同組織は，UAWの組織化担当者，労働組合役員の他，聖職者，公民権活動家などで構成される。米国では，労働組合ではない組織との連携が強化されており，本ケースもその一例である（詳しくは，山崎憲「AFL-CIO定期大会の『第16決議』」『RENGO』2013年12月号）。
(43)　*The Wall Street Journal*，2010年12月23日。

資料5-5　自動車総連が掲げる海外事業所の組織化方針

①未組織労働者は組織化されるべきである。
②海外事業体の組織化は現地従業員の自由意思に基づき，第三者の影響を受けることなく，民主的な方法で決定がなされるべきである。
③海外事業体の組織化が実現される時には，当該国のインダストリオール加盟組織による組織化が望ましい。

（出所）　インタビュー調査時に提示された資料。

地位向上協会（NAA-CP）が，A社のカントン工場の従業員を対象に行った聞き取り調査を報告書にまとめ，公表した。その内容は，いかにA社アメリカ工場の経営陣らが，組合結成に対する妨害行為を行っているのか，ということを多くの従業員のインタビューに基づいて告発するものであった。[44]

一方，会社側はこれを全面的に否定し，「すべての従業員が自らの選択でいかなる労組にも加わる権利を明確に尊重している。告発は誤りだ」と述べている。[45] 本報告書の発表前後に，UAWは，各地のモーターショーでの宣伝活動を強化し，たとえば2013年3月のジュネーブ自動車ショーや，2014年1月のデトロイト自動車ショーで，[46] A社が結社の自由を弾圧していることを国際的にアピールした。

そして2014年4月28日，UAWは，上部団体であるインダストリオール（国際産別組織）とともに，A社カントン工場における団結権侵害行為を米国NCP（ナショナル・コンタクト・ポイント）に通告した。[47] NCPとは，OECDの「多国籍企業行動指針」をめぐる違反や紛争に対して，仲裁，調停を行うための窓口

---

[44]　UAW作成文書。"Choosing Rights; A in Canton, Mississippi, and Workers' Freedom of Association under International Human Rights Standards." (http://dobetternissan. org/wp-content/uploads/2013/10/Compa-SUMMARY_ENGLISH.pdf　2015年8月18日閲覧）．

[45]　『日本経済新聞』2013年10月23日，*Automotive News*, 2013年2月18日．

[46]　インダストリオール・ウェブサイト・ニュース，2013年3月7日，日経産業新聞2014年2月28日．

[47]　以下，米国NCPの最終声明に基づいて記述する（http://www.state.gov/e/eb/oecd/usncp/links/rls/236972.htm　2015年8月19日閲覧）．

である。UAWとインダストリオールは，A社による組合結成に対する妨害行為が，アメリカ国内法（NLRA）に違反していないとしても，結社の自由という国際的な人権基準を侵害していると主張した。

　だが，2015年1月，米国NCPは，本件の調停を不成立のまま終了するとの声明を発表した。そもそもOECDの「多国籍企業行動指針」は，法的拘束力のない勧告である。OECD加盟国およびそこに籍を置く多国籍企業に対して，本指針の採用を奨励しているが，それを採用するかどうかは任意に委ねられる。そして指針に関する紛争が発生した場合，当事者が相互に納得のいく解決ができるよう，NCPにはそれを支援する役割が与えられているが——それは調停を促したり，和解を支援したり，時に必要に応じて勧告したりすることもありうるが——，しかしNCPが紛争を裁く法的な権限を有しているわけではない。調停に参加するかどうかも，当事者の任意となっているし，参加しないことが，同指針を遵守しないことを意味するわけでもない，と同声明では述べられた。

　本ケースにおいて，米国NCPは，UAWとA社アメリカ工場の経営陣のみならず，労組の要請に応じて，日本のNCPのほか，（A社が提携しているX社本社がある）フランス，（X社・A社アライアンスの所在地である）オランダのNCPとも電話や電子メールを介した協議を行い，日本NCPは，A社本社と面会している。米国NCPは，幅広く関係者から情報を収集し，当事者間の討議を促し，調整を図ったが，A社の経営側は，調停への参加を拒否したため，それは実施されなかった。

　A社の経営側は，米国NCPに対し，少なくとも情報の提供と書面での回答を行った。それによれば，同社の方針および慣行は，米国法に準拠しており，今回の問題は，米国NCPが関与するに値するものではないと主張し，そのうえで米国NCPが本件に関与することは不当であり，A社を世論の批判に晒しかねないと批判している。さらに本件は，UAWやインダストリオールが実施している大規模な国際的キャンペーンの一環として行われたに過ぎず，A社の信頼を落とすための行為であるとの認識を示した。

　さらに2016年に入ると，同年夏に開催されたオリンピック／パラリンピックのスポンサーにA社がなっていることから，UAWとインダストリオールは，IOC（国際オリンピック委員会）に，A社をスポンサーから外すよう要求し，

IOC前でピケを張った。⁽⁴⁸⁾また開催地であるブラジルの自動車産業の労働組合と連携をとり，A社北米工場における組織化妨害行動を非難するキャンペーンを展開した。

③A労連の対応

こうしたUAWの組織化活動に対して，A労連は，既に述べた自動車総連の三原則（資料5-5）に基づき，上部団体であるJCMや自動車総連と連携を図りながら，トップ会談，連帯メッセージの送付（**資料5-6**）等を行ってきた。つまり過去も現在も，A労連は，国際産別組織インダストリオールに加盟する現地労組が，在外工場の組織化に取り組んだ場合には，均しく連帯の意思を示してきた。米国工場の組織化についても，A労連は，上部団体の方針に従い，「未組織労働者は組織化されるべきである」，「労働者が組織化されるにあたっては，現地従業員の自由意思に基づき，第三者の影響を受けることなく決定されるべき」と考えており，経営側に対して，あくまでも中立の立場を貫くよう要請を行ってきた。⁽⁴⁹⁾

UAWとJCM・自動車総連との関係は，2000年以降徐々に変化し，より深まってきているとの声が聞かれる。そもそも自動車総連とUAWは，トップ・ミーティングと実務者会議を隔年ごとに開催しているが，近年では，これに加えて頻繁に電話会議を行っている。日本側は，主に本社経営陣の認識や考え方を伝え，組織化をどう進めることが効果的であるのかについて繰り返し助言してきた。つまりアメリカの労使関係の特徴ゆえに，UAWは企業姿勢を強く批判するキャンペーンを展開しようとするのに対し，日本の労組は労使が話し合いのなかで妥協点を探るよう勧めてきた。同時に，日本側もアメリカの労使関係や経営側のスタンスを学ぼうと，勉強会を開催し，UAWから話を聞いてきた。互いの工場を見学し合い，日本側の経営陣とUAWが直接対話する機会をもつなど，双方がともに相手の状況を学ぼうと交流を深めている。相互理解が進んだ結果，「ようやく本音で話し合える仲になった」という。UAWも日本の労使関係に理解を示し，日系労組がもつ「経営側と話ができる」チャネル

---

(48) インダストリオール・ウェブサイト・ニュース，2016年2月22日。
(49) A労連のインタビュー調査による。

資料5-6　自動車総連とA労連が，UAWに宛てた連帯メッセージ

親愛なるボブ・キング（UAW会長）殿

　初めに，日本の自動車総連とA労連は，米国における労働者の権利を守ることに関してUAWが取り組んでいる活動に敬意を表します。

　UAWによるA社カントン工場の組織化に関して，金属労協（JCM），自動車総連，そしてA労連は，2011年12月からボブ・キング会長およびUAWのメンバーとともに，様々な活動に取り組んできました。

　外国における日系企業の組織化に対する私たちのスタンスは，どの国にも共通して，次の通りです。

　①労働者は組織化されるべきである。労働者の権利を守るために，労働者の団結は不可欠である。建設的な労使関係を通じて，私たちは，企業の，産業の，そして公平な社会の健全なる発展を達成できるのである。

　②労働者が組織化されるにあたっては，現地従業員の自由意思に基づき，第三者の影響を受けることなく，民主的な方法で決定がなされるべきである。

　③海外事業体の組織化が実現される時には，当該国のインダストリオール加盟組織による組織化が望ましい。

　上記のスタンスに立ち，私たちは，インダストリオールの加盟組織であるUAWにより，A社カントン工場が組織化されるべきだと考えます。私たちは，上記の内容の完全なる実現と，現地の経営陣が，カントン工場に対し，中立で公平な立場を保持するために，A社本社経営陣と継続的に協議を重ねていく所存です。私たちは，上記の通りUAWと我々との連帯を誓い，互いに緻密に協力し合い，公正な組織化の達成を引き続き支援することを表します。

　団結のために。

2013年7月19日

自動車総連会長　氏名（署名）

A労連会長　氏名（署名）

（出所）　UAWがHPで公表しているものを筆者が翻訳した（http://www.dobetternissan.org/，2016年8月18日閲覧）。

を閉ざさないためにも，日本労組からの助言に耳を傾けているという。複数の労組幹部が，「かつてないほど，（日本の労組は）組織化に協力しており，UAWとの距離は確実に近くなっている」と話す。

日本の労組がこのように変化してきた一つの理由は，国際労働運動における組織化への取り組み強化が影響していると推測される。今日，インダストリオールは，未組織職場における組合結成を最重要課題に据え，その実現に，これまで以上にこだわっている。インダストリオールは，各国の労組に海外事業所の組織化を呼びかけており，様々な国の労組が，組織化されていない海外事業所の組合設立のために，活動を活発化させている。そしてIT化も，こうした運動を加速させてきた。たとえばA社のカントン工場の組織化には，専用のウェブサイトが立ち上げられ，組織化活動の詳細が瞬時に他国労組に伝えられてきた。連帯メッセージは，世界中の労組，他業種の労組からも寄せられており，それらすべてがネット上に掲載されている。こうした流れのなかで，本社労組が，海外事業所の組織化に，積極的な働きかけをするよう直接的，間接的な外圧が強まっている。

なお，A労連が主催する世界労組会議には，組合のない事業所からの参加は認められていないため，アメリカ工場からは誰も参加していない。けれども，同様に，アメリカ工場を，米国法上，組織できていないVWのケースでは，世界従業員代表委員会にUAWのメンバーをオブザーバーとして参加させてきた。さらにダイムラーの世界従業員委員会は，UAWを正式なメンバーとして承認し，それにとどまらず，2014年5月の大会では，UAW出身者を世界従業員委員会の副委員長に選出した。海外事業所の組織化に対して，欧州系労組は，日経労組と比べて，より踏み込んだ取り組みをしていることは明らかだろう。

（2） **組合認証をめぐる労使紛争：B社メキシコ工場のケース**

B社のメキシコ工場は，1985年に設立され，1988年から稼働してきた。2014

---

(50) JCM，自動車総連およびA労連のインタビュー調査による。
(51) VWもダイムラーも，選挙により認証された労組は存在していないものの，アメリカ工場に支部は結成されている。

年現在,四輪車と二輪車,汎用製品を生産し,6162人の従業員を抱える[52]。

　同工場には,会社設立時から労働組合が存在してきた。だがそもそも,メキシコの労働組合事情は特殊であり,労働者が民主的に組合を結成することが極めて難しいという特徴をもつ。戦後長きにわたってメキシコ政権を握ってきた制度的革命党（PRI）は,労働組合を政党組織に組み込み,「官製」労働運動を進めてきた。使用者側は,行政当局の仲介業者と「保護協約（protection contract）」と呼ばれる労働協約を締結し,労働者に通知することなくいわゆる「御用組合」を設置することが認められている。ゆえにメキシコの労使関係は,同国が批准するILO第87号条約（結社の自由）を侵害しているとして,ILO勧告でも改善が求められてきた[53]。

　こうした政治的背景から,B社メキシコ工場にも,他社同様にいわゆる「官製組合」が存在する。だがその組合の活動に不満を募らせた従業員の一部が,2009年に第二組合としてメキシコB合同労組を発足させた。彼らは,2010年5月より組織化活動を本格的に始めた。第二組合は,結成の承認申請を出し,団体交渉権を要求してきたが,2015年7月現在まで,職場選挙は実施されていない[54]。会社側は,第二組合との交渉を拒否し続け,第一組合との交渉を続けていると報道されている[55]。

　さらに2010年4月,第二組合の幹部らが解雇された。彼らは,労働裁判所に訴え,同年11月末には一旦は復職するものの,12月1日に再び「就業規則違反」を理由に解雇されている[56]。組合幹部は,解雇理由は「第二組合を立ち上げたこと」にあり,「不当解雇である」と主張しているのに対し,会社側は,「労組設立とは無関係」であり,「就業規則違反を理由とした解雇」と主張し,両者の見解には大きな隔たりがある。解雇された幹部らは,団結権の侵害を主張し[57],復職を求めている[58]。

---

[52]　同社『有価証券報告書』2014年度による。
[53]　国際産別組織IMF（現在のインダストリオール）は,2009年2月に,ILOに苦情を申し立て,メキシコ政府に保護協約の慣行を廃止するように要求を出した（IMFニュース・ブリーフス,2011年4月6日）。
[54]　インダストリオール・ウェブサイト・ニュース,2015年7月29日。
[55]　インダストリオール・ウェブサイト・ニュース,2013年4月17日。
[56]　インダストリオール・ウェブサイト・ニュース,2014年12月5日。

その後，解雇された組合リーダーたちは，同国内の民間団体を通じて，UAWと国際産別組織（当時，IMF）本部に支援を要請した。IMFは，支援要請に応え，2011年5月にはメキシコシティにおいて，IMF主催のワークショップを開催し，現地の（未承認）労組，NGO団体，欧米の複数の労組が参加し，国際労働運動の強化に向けた実施計画が話し合われた[59]。同時期に，UAWも，第二組合の組織化活動を支援するとの声明を出している[60]。

　日本側は，自動車総連が中心となって，情報収集と状況確認を進めていた。国際産別組織は，自動車総連と本社労組（B労組）に，現地労組（第一組合，第二組合ともに）と対話するように呼びかけ，2012年1月，自動車総連の代表団は，呼びかけに応じて現地に赴き，現地労組に話を聞き，実態調査を行った。そして本社労組であるB労組を通じて，本社経営陣に現地経営陣の主張の聞き取りを依頼し，そこで得た情報を現地労組に伝えてきた。つまり現地労使間で対話が成立していない状況にあるため，日本の産別労組が窓口となり，メキシコ工場の労使双方の主張を伝え合い，妥協点を探る役割を果たしてきた。

　だが，事態は好転を見せないまま，時間が過ぎていった。2013年10月には，国際産別組織（インダストリオール）が，再度自動車総連に働きかけ，それを受けて自動車総連，B労連，B労組の役員が，現地を訪ね，労使双方にヒアリング調査を実施した。B労連とB労組にとっては，これが初めての現地労組との交流だった。このように企業別組合が，直接現地労組と対話をすることは，本ケース以外に，過去にあまり例がない[61]。B労連は「自分たちが加盟する国際産別組織が，本労使紛争に関与を深めており，正式に対話を依頼してきたため，労連と単組も，それに対応することが必要だと判断した」という[62]。国際連帯の強化が進むなかで，企業別労組の関わりを求める声が強まっており，本社の労

---

(57) JCM『第51回定期大会一般経過報告　2011年9月6日-2012年9月13日』2012年，112-113頁。
(58) IMFニュース・ブリーフス，2012年2月9日。なお，第二組合は，労働者利益分配金の支給に関してストライキも起こした。
(59) IMFニュース・ブリーフス，2011年5月14日。
(60) UAWニュース，2011年5月5日。
(61) インダストリオール・ウェブサイト・ニュース，2013年10月16日。
(62) B労連のインタビュー調査による。

組（労連や単組）が直接関与せざるをえない状況が生まれつつある。

　ただし，こうした調査や状況確認を行った後も，日本の労組（自動車総連やB労連）は，本労使紛争に関して，基本的に中立の立場を維持しており，第二組合への直接的な支援は行っていない。自動車総連もB労連も「海外日系事業体の組織化は，現地従業員の自由意志に基づき，第三者の影響を受けることなく，民主的な方法で決定がなされるべきである」との立場をとり，他国の労組が直接的な介入を行うべきではないと考えている。労使紛争についても，原則として，その当事者間で解決に向けて努力すべきだとの認識をもっており，それは海外事業所についても同じである。ただし，もし在外工場で労働組合権の侵害等が確認されれば，それについては本社経営側に是正を求めていくつもりである。自動車総連およびB労連ともに，メキシコ工場の経営側は「メキシコ国内の法律は遵守している」と見ているが，「国際的な労働基準に則った対応が必要である」との考えから，これまでも働きかけをしてきたし，今後も行っていくつもりだと述べる。

　なお，インダストリオールも，第一組合はもちろんのこと，第二組合もまた，組合員による正式な選挙によって結成された組織とはいい難いと認識している。そこでインダストリオールは，現地労組に，民主的な手続きに沿った組合結成の重要性を伝え，選挙の実施を促している[63]。

　このように極めて複雑な状況のなかで生じた労使紛争であっても，一旦それが発生してしまうと，国際的に批判の対象に晒される可能性が確実に高まる。たとえば，2012年12月に開催されたインダストリオールの執行委員会では，GFAの内容や締結に関する議論が展開されるなかで，「『バッド・ビヘイビアー・カンパニー（悪い行いをしている企業）』も取り上げる必要がある」，「本社所在地では良好な労使関係があっても他国ではそうでない企業がある」との意見が海外労組から出され，その一つの例として，B社の社名があがっている[64]。つまり，B社が本件をもとに，国際的なグローバル・ネガティブ・キャンペーンの標的になる可能性も否定できない。

---

[63]　インダストリオールのインタビュー調査による。
[64]　JCM『第52回定期大会一般経過報告　2012年9月4日-2013年9月2日』2013年。

（3） 組合認証をめぐる労使紛争：フィリピンC社のケース

　フィリピンC社は，1988年8月に設立されたC社の子会社である。2012年現在，同社のバリューチェーン全体で4万2000名の従業員を雇用し，1989年から2012年までに52万4419台の自動車を生産してきた。[65]

　同社で労使紛争が発生したのは，2000年3月に遡る。[66]この労使紛争は，2016年7月現在もまだ完全に解決にいたっておらず，当該組合幹部およびその支援団体は活動を続けている。本紛争は，国際労働運動において大きく取り上げられ，2000年代半ばにはC社へのネガティブ・キャンペーンも展開された。日本国内においても，現地の労組幹部へのインタビューに基づく著書が刊行され，新聞や週刊誌でも，係争の一部が報道されてきた。それぞれの立場によって，本労使紛争の見方は様々であるが，ここでは基本的に国際産別組織（IMFとインダストリオール）および国内の産別組織（JCM）が発表した事実関係に沿って内容を整理し，この労使紛争の概要を紹介するとともに，本社労組がどう関わったのかを見る。

　1998年，同社の従業員は，労働組合を結成した。フィリピンでは，「従業員の20％以上の労働組合員名簿を政府に提出し，まず登録労働組合となる。その後，組合認証選挙を行い，投票者の50％プラス1票以上を獲得すれば団体交渉権が認められる」仕組みとなっている。[67]同労組は，2000年3月に，団体交渉権を得るための組合承認選挙を実施し，1,063人が投票した結果，503票が承認，440票が非承認，15票が無効という結果を得た。[68]現地の労働雇用省は，同労組の団体交渉権を認めたものの，経営側は，承認票が，投票数の過半数に達していないことや，選挙の正当性に異議を申し立て，法的な訴えを起こした。

　同年（2000年）秋，当局は，経営側の意義申し立てを却下したが，経営側は，再度，審理申し立てを行い，公聴会が開催されることとなった。組合は，公聴

---

[65] 同社のHP上の発表に基づく。

[66] ただし，組合側は，それ以前から組合結成を妨害されてきたと主張している。たとえばアジア通貨危機の影響で早期退職が募集された際も，組合員を中心に退職が要請されたという（遠藤・金子，2008）。

[67] IMF-JC（2010）『海外労使紛争および紛争解決に関する事例集：アジアを中心に』3頁。

[68] 遠野・金子（2008，93-94頁）。

会当日（2001年2月22〜23日）に抗議行動を実施することを決定し、組合員に休暇を取り、参加するよう呼びかけた。経営側は、提出された休暇申請が大量であることを理由に、「公聴会出席者以外の休暇申請を却下」したが、組合は予定通りに抗議行動を実施し、その結果、工場は2日間の操業停止に追い込まれた。経営側は、「無断欠勤」した従業員に反省文の提出を求め、それに応じなかった者を「就業規則違反として」解雇した。その結果、227名が解雇され、64名が停職となった。これにより、団体交渉権の承認選挙の問題に加えて、解雇問題の係争へと発展していった。2001年3月には、組合が2週間のストライキに入り、生産が再び停止する。さらに同年4月には、同労組の委員長が来日し、日本の支援団体とともに、本社前で抗議行動を行っている。

　2001年8月、フィリピン労働雇用省は、同社の解雇の正当性を認める判断を下すが、組合はそれを不服とし、高裁に上告する。そして2003年2月、組合は、ILO結社の自由委員会へ提訴した。その後ILOの同委員会は、フィリピン政府に次のような勧告を出している。団体交渉権の承認およびストライキ権の行使に関する労働法を速やかに改正すること、当該労組が労働協約の締結にいたるように政府が努力することを要請した。加えて2001年2月に行われた抗議行動は、「違法ストライキ」と見なせるが、それに関わった労働者に対して、解雇という処分は深刻であり、解雇者の復職に向けた議論を開始するべきである。もし復職が不可能な場合には相当の補償金が当該労働者に支払われるべき、といったものであった。組合は、その後さらにOECDの多国籍企業行動指針に違反した行為があったとして、日本のNCPに提訴もしている。

　なお、同労使紛争をさらにこじらせたのが、2003年5月に、同社内に新たな労働組合が設立され、そこが選挙により団体交渉権の承認を得たことであった（ここでは、この新労組を第二組合と呼び、もう一方を第一組合とする）。同年11月には、第二組合と経営側とが労働協約を締結している。その結果、二つの労働

---

(69) IMF-JC（2010）『海外労使紛争および紛争解決に関する事例集：アジアを中心に』2頁。

(70) IMF [2006] *Metal World*, No. 2/2006.

(71) ILO [2003] *Report of the Committee on Freedom of Association: 332nd Report*, pp. 241-251.

組合同士の対立が生じ，労働者の分断が深まった。

　第一組合のリーダーらは，2005年8月に国際産別組織（当時 IMF）を訪問し，支援協力を求めた[72]。IMF 本部からの協力要請を受けた IMF-JC（現在の JCM）は，解決に向けて現地調査を実施し，親会社を通じて現地経営陣との交渉に乗り出すが，解決にはいたらなかった。

　IMF は，2006年から本格的に本件に関する国際的キャンペーン「フィリピン・C：今すぐ復職を！」を展開していった。当時の IMF 書記長は，まず2005年10月に刊行された同組織の機関誌の巻頭言で，日本の多国籍企業が，国内で良好な労使関係を築いていながらも，国外で反組合的な行動をとり，労働組合権を侵害していると，と訴えた。そこでは，C社フィリピン工場の問題だけでなく，B社インド工場での組合認証をめぐる争議も紹介された[73]。2006年3月，IMF は本争議に関する緊急会議を開催し，日本，タイ，オーストラリア，イギリス，南アフリカ共和国から，C社の事業所の労組代表者が参加した。会合では，フィリピンC社の第一組合から説明を受け，共闘していくことを合意し，共同行動について議論が交わされた[74]。日本の労組には，IMF 代表およびフィリピンC社の第一組合が，本社経営側と直に会談する機会を設けるよう要請された。

　その後同年6月には，南アフリカ共和国の組合代表団が，フィリピンの現地経営陣と会見し，労働者の復職を要求する抗議文を手渡した。オーストラリアでも，復職を要求する請願書に，何千もの現地のC社労働者が署名し，タイとイギリスの労組からは，フィリピンの経営陣に抗議の書簡が送られた。ブラジルでは，C社工場で，本紛争に抗議するため1時間にわたる生産中断が計画された[75]。加えて，オーストラリア，イギリス，カナダなどの国々からは，連帯行動の一環として，同組合への資金提供がなされた。多くの国のC社の労組が，C社に対する不信感を高めた[76]。

---

(72)　当時，同労組は，IMF に加盟していなかった。
(73)　IMF [2005] *Metal World*, No. 1/2005, p. 2.
(74)　IMF ニュース・ブリーフス，2006年2月24日，2006年3月21日。
(75)　IMF ニュース・ブリーフス，2006年6月29日。
(76)　IMF ニュース・ブリーフス，2006年7月26日。

第5章　日系労組の国際活動の実態

　さらにIMFは，同年9月12日に，本件の解決を求めた大規模な抗議デモを企画し，各地の労組に，各国の日本大使館・領事館前で，それぞれ抗議の声をあげるよう呼びかけた。フランス，バングラデシュ，ベルギー，ケニア，インド，インドネシア，ウクライナなど，連帯行動をとる国はさらに増え，それぞれの地でデモが実施され，フィリピンC社経営陣へ抗議書簡が発送され，抗議文への署名活動が行われた。このように，C社はグローバル・キャンペーンの標的となり，各国の労組から激しい抗議を受けることとなった。

　そしてこの紛争は，本社がある日本にももち込まれた。フィリピンC社の第一組合は，日本国内に存在する，ある組合に加盟する形をとり，その組合が本社に団体交渉を申し入れた。だが，それが拒否されたため，県労働委員会および中央労働委員会に申し立てが行われた。

　本紛争については，主にIMF-JCが日本側の窓口となり，対応してきた。[77] IMF-JCは，現地調査に入り，現地労組と何度も話をしている。2000年代後半には，本社労組も，上部団体からの要請を受けて，本社経営陣にかけ合い，解決に向けた一定の条件を引き出したこともあった。だが既に事態が複雑にこじれた状況で，そうした条件が受け入れられることはなかった。[78] 2007年に開催されたIMF・C世界協議会では，参加した労組（とくにオーストラリアの労組）からこの件について，連帯の意思表示と支援を表明するコメントが出されたが，それ以上の議論にはならなかった。また本件とは直接関係するわけではないが，IMF-JCは，2000年末には，フィリピンの金属産業労組の強化の観点から同国内に複数あった金属系労組の統一を促し，協議会が結成されると，その組織をIMFに加盟させるサポートをしている。[79] そこには第一組合が加盟する上部団体も含まれる。

　この労使紛争のように，多くの紛争は，一旦発生すると解決までに長期の時間を要する。紛争発生時に早く手を打たなければ，労使間の関係はますますこ

---

[77]　JCMのインタビュー調査より。
[78]　現地労組が，これらの条件を拒んだことを知ったIMF本部は，本紛争から手を引くことを決めたとされる。現在では，インダストリオールはとくに支援していない。
[79]　JCMのインタビュー調査より。

195

じれ，事態がさらに深刻になっていくケースがほとんどである。その解決のために労使双方が多大な労力をはらい，経済的にも時間的にも大きな損害を受け，企業の社会的イメージは大きく傷つけられる。

（4）海外工場の閉鎖について：Ｃ労組オーストラリア工場のケース

①工場閉鎖までの経緯

自動車産業は，これまで右肩上がりの成長を続けてきたが，それでも各メーカーは，工場閉鎖を複数経験している。たとえばＣ社は，1998年にニュージーランド工場の生産を中止し，2010年にはGMとの合併会社であるアメリカ工場を閉鎖している。加えて2014年2月には，オーストラリア工場での車両・エンジンの生産を2017年末で停止することを発表した[80]。ここでは，最も最近に閉鎖が決定されたＣ社オーストラリア工場の閉鎖をめぐる労組の対応を紹介する。

Ｃ社は，1959年3月にオーストラリア工場を設立し，1963年から生産を開始した。同工場は，Ｃ社にとって，2番目に古い海外拠点であり，ここで蓄積されたノウハウが，その後アメリカやヨーロッパでの現地生産に貢献してきた[81]。そして2003年には，オーストラリアに開発拠点も稼働させた。なお同事業も，工場での生産中止に伴い，規模を縮小することとなった。

2014年1月時点で，工場には約3900名，開発拠点には約150名の従業員が在籍しており，生産中止により，工場の労働者2600名が解雇される予定である[82]。オーストラリア政府は同工場の閉鎖により，下請け企業で働く労働者を含め，約3万人の雇用が失われると試算している[83]。同工場は，2007年のピーク時には約15万台の車両を生産してきたが，2013年には10万6000台まで減少していた。製造車両の7割は中東向けに輸出されていた。

オーストラリアは，かつてはＡ社，三菱，GM，フォードと多くの完成車メ

---

[80] Ｃ自動車HP「グローバルニュースルーム」2014年2月10日。

[81] Ｃオーストラリア社長のインタビュー記事より（http://www.gogomelbourne.com.au/interview/society/65.html　2015年8月28日閲覧）。

[82] Ｃ自動車HP「グローバルニュースルーム」2014年2月10日。

[83] *Just-Auto*, 2014年21月4日, *The Canberra Times*, 2014年1月24日。なお，Ｃの撤退に伴い，大手部品メーカーであるデンソーも撤退を発表している（『朝日新聞』2014年9月11日）。

ーカーの製造拠点となってきた。しかし1992年にA社が，2008年に三菱自動車が工場を閉鎖した。そして2013年5月にフォードが，2016年10月をめどに工場閉鎖することを発表し，同年12月には，GM系のホールデンが2017年夏までに撤退することを公表した。C社は，完成車メーカーとして唯一工場を残していた。

オーストラリア生産から，大手企業が立て続けに撤退していった理由には，複数の要因が重なっている。オーストラリア市場の規模縮小や豪ドル高，人件費の高さ，そして周辺国のタイやフィリピンなどで，より安く量産できる体制が整ってきたことなどが指摘される。完成車メーカーが減少していくなかで，産業集積効果が低減し，部品調達コストがさらに上がるという悪循環が生まれ，国内でサプライヤーを維持していくことが難しくなったという要素も関係している。

そしてオーストラリア政府の自動車政策の転換も強く影響した。1980年代まで，オーストラリア政府は，自動車産業に対して，保護主義政策をとってきたが，80年代半ばに自由貿易主義的政策へと転換を見せる。80年代後半から，輸入車の関税を段階的に引き下げ，そして2000年代には生産拠点から研究開発拠点の強化を打ち出し，奨励策をとってきた。C社は，こうしたオーストラリア政府の政策に沿って，2003年に開発拠点を設けたと見られる。けれども近年では，同政府は，こうした自動車産業への補助金の撤廃を示唆していたことが報道されていた。

GMとフォードが立て続けに生産撤退を発表した前後にも，C社が，同国での生産を継続しようと模索してきた様子は随所でうかがわれた。まずC社は生産を継続するためには，2012年から2018年までの間に，生産コストを1台あた

---

(84) 『日本経済産業新聞』2013年5月24日。
(85) 『日本経済新聞』2013年12月12日。
(86) 鳥居・高松・神田・清水（2003）。
(87) 『日本経済新聞』2014年3月14日，『朝日新聞』2014年2月11日など。
(88) 『日本経済新聞』2014年2月10日。だが，GM，フォードが撤退を発表した後には，同国のアボット首相（当時）は，C豪州法人の社長に直に電話をかけ，生産継続を訴えたと報道されており，政府と同社との間で，何らかの協議があったといわれる（*The Wall Street Journal*, 2013年12月13日）。

り3800豪ドル（約35万円）減らす必要があるとの事業計画を立てていた[89]。そして2013年10月に同工場では，100人規模の希望退職が募集された[90]。さらに「競争力を高める」ために，労使協定の改定を労働組合に提示し，その是非をめぐり従業員投票の実施も予定されていた[91]。けれども，4名の従業員が新しい労使協定の無効を訴え提訴し，2013年12月に連邦裁判所により労働協約変更の投票を禁じる判決が下り，投票は延期となった[92]。同工場で働くC社の従業員の約9割を組織しているとされる同国の製造業労組（Australian Manufacturing Workers' Union 以下，AMWUと略す）は，当時，C社の撤退可能性がそれほど高いとは見込んでおらず，協約改定に協力しなかった[93]。こうした労組の敵対的な姿勢が，C社の撤退の引き金を引いたとの指摘もある[94]。他方，AMWUは，C社を撤退させたのは（GM系のホールデンの撤退についても），オーストラリア政府の自動車産業の失策にあると主張しており，雇用を無視した産業政策を行ったと政府批判を強めている。そしてC社に対しては，労働者の生活，地域の産業，部品メーカーを壊滅させるほどの衝撃だと述べているものの，特段の批判は見られず，現状では撤退もやむなしと，労組も判断しているようである[95]。その後，C社のオーストラリア生産撤退は，労使紛争に発展することなく移行している。

②閉鎖にあたっての対応

C社は，生産撤退の記者会見の場で，その後の具体的な対応としては，「従業員，仕入先，政府，地域社会などと対話し，検討していく」とし，「今回の決定により影響を受ける見込みである従業員については，今後，再就職支援な

---

[89] *Australian Associated Press Financial News Wire*，2013年12月12日。
[90] 『朝日新聞』2013年10月16日。
[91] *The Sydney Morning Herald*，2013年12月11日，*Reuters*，2013年12月12日，『朝日新聞』2014年2月11日。
[92] *Reuters*，2013年12月12日，*Just-Auto*，2013年12月12日。
[93] *Mondaq Business Briefing*，2014年4月2日。
[94] *Canberra Times*，2014年2月13日，*The Australian Financial Review*，2014年2月13日など。
[95] *Australian Broadcasting Corporation Transcripts*，2014年2月10日，*AAP Bulletins*，2014年1月24日。

ど，最大限のサポートを検討，実施していく」と発表した。[96]

そして実際に，工場や本社の敷地内に「DRIVEセンター」（献身[Dedicated]と準備[Ready]の頭文字を取ったもの）と呼ばれる再就職支援拠点を設け，相談員を常駐させ，再就職支援に取り組み，職業訓練のための講座も提供していると報道される。また技術者については，東南アジアなどの地域で再雇用することも検討しており，従業員の雇用確保とC生産方式の定着を図る狙いも示されている。[97]

同工場は，生産終了後も，「50年間に渡るモノづくりで得た改善などのノウハウを今後の人材育成や商品・サービス向上に活かすべく，教育機能や商品開発機能を有する施設として活用していく」ことが発表された。[98]そして生産終了後も，メルボルン本社に集約させる形で販売会社は存続させていく。

では，本社労組は，今回の閉鎖に対して，どのような行動をとったのだろうか。海外拠点の一工場を閉鎖するかどうか，といった判断は，本社で最終判断を下したことは想像に難くない。だが，本社労組は，オーストラリア工場の閉鎖について，会社に事実関係を確認することはあっても，要請や協議をする必要はなかったと話す。再就職支援や職業訓練といった閉鎖に伴う対応についても，本社労組から提案するわけでもなく，会社が独自に考え進めているものだと，説明する。また，AMWUは，本社労組に対して，支援要請等の接触をしてきた事実はなく，そもそも本社労組とは特に深い交流はなかった。[99]

③海外工場の閉鎖に関する他ケース

本ケースは，政府の産業政策の転換，他社も既に撤退していたといった事情もあり，C社の決断に理解が得られやすく，大きな労使紛争にはいたらなかった。しかし，国内でも海外でも，生産や事業の縮小，移転，工場や事業所の閉鎖などは，激しい労使紛争に発展する場合がある。代表的な事例としては，ルノーのベルギー工場閉鎖がある。1997年2月27日，ルノーの経営陣が，ベルギーのブリュッセル近郊にあるヴィルヴォルド工場を7月末に閉鎖することを突

---

(96) C自動車HP「グローバルニュースルーム」2014年2月10日。
(97) 『日本経済新聞』2014年5月15日，8月26日。
(98) C自動車HP「グローバルニュースルーム」2014年12月3日。
(99) C労組のインタビュー調査より。

然に発表した。わずか5ヵ月のリードタイムでの閉鎖には，労働者は強く反発し，EU全土を巻き込んでデモ，ストライキが展開された。

こうした事態にならないために，本社労組が立ちまわったケースもある。同じくオーストラリアで，A社の工場が閉鎖されたケースである。A社は，1992年にオーストラリアにあった工場を閉鎖し，1800名の従業員を解雇している。

A社は，1960年からオーストラリアでの輸入販売を始め，1966年からシドニーにて工場を稼働させ，1968年にシドニーからメルボルンへ生産拠点を移し，撤退時には，メルボルン工場で1日200台を製造していた。A社オーストラリアは，閉鎖にいたるまでの10年間，赤字が続いており，1991年の会計年度末の累積赤字は500億円を超えていたという。こうした状況から，A社の撤退は，以前から予想されていた事態だった。

しかし，工場閉鎖が決定された当初，現地労組は「会社側が組合とまったく話し合いをせず突然記者会見で撤退を発表したことから態度を硬化させ，ストライキも辞さないとしていた」。だが，この時，現地労組とA労連は，速やかに連携をとり，A労連が退職一時金の額を本社に掛け合った。結果的に，退職一時金は「相場の二倍」の水準で妥結され，さらに退職後もA社の車を割引で購入できる権利も獲得した。当時，会社側は，政府と共同で70万ドルを拠出し（A社が45万ドル，政府が25万ドル），離職者の再訓練と再就職支援，そして転居費用を支援する計画を発表した。現地の労組は，こうした条件と引き換えに，

---

(100) 最近では，2015年5月，ダイムラーのブラジル工場で，500人の解雇が通告され，労働者らはストライキに突入した（インダストリオール・ウェブサイト・ニュース，2015年6月4日）。ブラジルは，景気低迷により，自動車の販売台数が落ち込んでおり，同時期にボルボ・ブラジルにおいても，賃金の減額か，希望退職の実施をめぐって交渉が難航し，ストライキが発生した（インダストリオール・ウェブサイト・ニュース，2015年6月30日）。ブラジルに工場をもつ日系メーカーは，販売実績が相対的に良く，景気低迷の影響を受けていないという（『日本経済産業新聞』2015年8月27日）。

(101) 『海外労働時報』16(6)，188，1992年，27-28頁。
(102) 『海外労働時報』16(6)，188，1992年，27-28頁。
(103) A労連およびJCMのインタビュー調査より。
(104) 『日本経済新聞』1992年2月5日，2月15日，4月15日。
(105) 『海外労働時報』16(6)，188，1992年，27-28頁。

工場閉鎖に合意し，労使紛争に発展することなく撤退が完了した。A労連と全豪自動車労組の連携行動は，それまで定期的に情報交換を重ね，交流をもってきた労組同士ゆえにできたと労組幹部は振り返る。[106]

6　日系労組のグローバル・ネットワークの事例

　本章の最後に，もう一つ紹介しておきたい事例がある。IMF世界協議会の設立とは別に，企業単位のグローバル・ネットワークが結成されたD労組のケースである。D労組は，現在，日系労組のなかで，最も先進的な取り組みをしている労組として，国際的に注目をあびている。

（1）　会社・労組の概要

　D社は，1931年に設立された自動車部品を主な事業とするメーカーである。2013年の連結売上高は約3兆5700億円であり[107]，主要な製品において世界トップ・シェアを誇る。売上高の46％はアメリカであり，次いで日本19％，欧州12％となる[108]。180を超える生産・開発拠点を有し，その立地は日本国内のほか，アメリカ，欧州，アジア諸国，ロシア，中近東と世界25ヵ国に及ぶ。海外生産比率は71％，従業員数は連結で約14万5000人，単体で約1万5000人にのぼる[109]。

　D労組は，D社の国内の各事業所で働く従業員を組織した労働組合であり，その上部団体は，インダストリオールに加盟する。本社労組の活動範囲は，基本的には国内職場を対象としており，海外事業所の労組から何らかの要請を受けて対応した経験はあっても，先方からの依頼がないのに海外労組や在外事業所の従業員に働きかけをしたことはない。そして，これからもそうした行動をとるつもりはないと話す。現在，D社の海外事業所で働く労働者が，労働組合にどれほど組織されているのは把握しておらず，各地の事業所がいかなる労使

---

(106)　JCMのインタビュー調査より。
(107)　同社『有価証券報告書』2013年3月より。
(108)　同社HP「Dデータ2014」より。なお売上高のデータは，2012年実績に基づく。
(109)　同社HP「Dデータ2014」より。
(110)　同社『有価証券報告書』2013年3月より。

関係を築いているのかは分かっていない。現地の労働問題は，原則として，現地の労使で解決することが望ましいと考えており，そこに本社労組が介入することには否定的である。ただし経営側が，在外事業所の従業員を対象に，不定期に労使間の対話を重視した労使関係の意義や日本的労使関係を説明する機会を設けており，そうした勉強会に組合役員が呼ばれて話をすることはある。

（2） D・グローバル・ネットワーク運営委員会の発足

　一方で，本社労組と上部団体の産別組合は，2001年から毎年「D・グローバル・ネットワーク運営委員会」を開催してきた。今日，その活動は，グローバル・ネットワークを構築しようとしている欧州各国の労組のモデルとされ，評価を受けている。同社の生産拠点を北米，南米，欧州，アフリカ，アジアの5地域に分け，各地域からの労組代表者と国際産別組織の担当者，そして日本の労組を加えた総勢十数名が，運営委員会のメンバーとなっている。各地域の代表者は，北米は産別労組の役員，欧州は欧州従業員代表の委員，他は各地域の組合役員が担っており，北米と南米以外はD社の従業員でもある。アジアは地域代表を担いうる組織がないことを理由に，参加者不在の状態が続いている。議長は，D労組の上部団体である産別組合が一貫して務めてきた。会合は，毎回2日間にわたって開催され，議題は国際産別組織の報告，本社労組の報告，各国労組の報告の後，主要議題である安全衛生に関する報告と意見交換で構成される。「安全衛生」が主要議題となった理由について，本会合が結成された経緯まで遡り説明する。

①北米子会社における労使紛争

　そもそもこのネットワーク会合は，本社労組が主導して結成したものではなかった。本社労組は，必要に迫られて，グローバル・ネットワーク運営委員会を実施せざるをえない状況に陥った。そのきっかけは，同社北米事業所で生じた労使紛争にあった。

---

(111) IMFの2009年アクション・プログラムによれば，多国籍企業労組間のネットワーク構築を掲げ，2010年にそれに向けた作業部会会合を開催している。当時の議事録メモを見ると，この時点で既に10回以上の本社労組と海外事業所の労組が交流するための会合を開いている，としてD労組の取り組みが紹介されている。

1994年から1996年にかけて，D社の北米子会社で大規模な労使紛争が発生したことは，日本でも大きく報道された。簡単にその流れを整理すると，1994年3月，D北米子会社と全米ゴム労組（以下，URWと略す）は，3年ごとの労働協約の改定時期を迎え，協約締結交渉を進めていた。しかし賃金，年金，健康保険の水準をめぐって，交渉は決裂し，URWは同年7月から，5工場でストライキに突入した。会社側は，協約が失効した1年目から本協約改定時に労使関係を見直す決意を固めていたとされる。組合は従来の既得権益を断固として防衛したため，衝突は不可避だった。

当初，スト実施に協力した労働者は4200人に上った。スト中，同社は労組不在の工場をフル稼働させ，ストを実施した工場でも非組合員による操業を続けるとともに，世界中の工場で生産した製品を輸入することで，北米の需要に対応した。

さらに同社は，スト開始の翌月の1994年8月に，スト中の従業員に代わる代替要員110名を採用し，95年1月には恒久的代替要員（permanent replacement worker）として2300名を新たに雇用した。つまり，ストライキ参加者を解雇し，恒久的に人員を入れ替えると発表したのである。この行為に対し，当該労組だけでなく，当時の労働長官や大統領からも批判の声明が出て，この問題は日米首脳会談の昼食会でも話題になるなど，政治問題に発展していった。

アメリカのナショナルセンターであるAFL-CIOは，同年2月に執行評議会を開催し，D北米子会社を厳しく批判したうえで，組織をあげて闘う声明を発表した。その後，同労組の国際産別組織であったICEMとIMFは，それぞれ5月と7月に，争議支援に全力をあげて取り組むよう，傘下労組に通達を発送

---

(112) 労使紛争の記述は，ヒアリング調査に加え，厚生労働省『海外労働情勢』1995年・1996年・1997年，『海外労働情報月報』1996年1月号，『日本経済新聞』1996年11月6日，11月25日，『日本経済産業新聞』1996年12月23日，渡辺・山崎（1998）に基づく。

(113) URWとは，United Rubber Workersの略。

(114) 渡辺・山崎（1998）。

(115) ICEMとは，International Chemical, Energy and Mineworkers Federation（国際化学エネルギー一般労連）の略である。1907年に結成された国際工場労働組合が前身であり，2012年にIMF，ITGLWFと合併し，インダストリオールとなった。

した。95年3月には，恒久的スト代替要員を雇用する事業所を連邦契約から排除する大統領令が発布され，その合法性を争う訴訟が起きた。[116]

最終的に95年5月に，労組は，組合員の就労方針を掲げ，局面打開を図るため，無条件でのスト中止を申し入れた。これにより10ヵ月にわたるストライキが終了した。最終的にストを継続していた労働者は2300名おり，スト終了後には，これらスト労働者らが，先任権リストに載るにとどまり，ただちに職場復帰ができないことが問題となった。また，URWは，長期にわたるストライキの結果，財政状況が悪化し，95年6月末に，全米鉄鋼労組（以下，USWAと略[117]す）と合併した。USWAは，スト労働者の職場復帰を進めようと，95年11月に，同社との間で，新しい労働協約の締結交渉を開始したが，交渉は再び決裂し，緊張が高まっていった。USWAは，全組合員の職場復帰を求めて抗議行動を繰り返し，それは不買運動にまで発展した。

だが，95年11月に，NLRB（全国労働関係局）が，恒久的代替要員の採用は，不当労働行為にあたるとした判決を下した。それにより，95年1月以降のストライキ中の労働者の賃金，ストライキ中止後も復職させていない労働者への支払いが，会社側に命じられた。その後，スト労働者の職場復帰が進み，96年12月に新労働協約が批准され，争議発生から2年半を経て，同社の労使紛争は，ようやく収束した。

②日本の労組の対応

この労使紛争の解決に向けて，URWおよびUSWA, AFL-CIOは，1995年から96年にかけて，数度にわたり来日し，親会社である日本のD本社との公式・非公式の折衝，関係省庁への要請行動を行った。日本の労組は，米労組と連帯行動をとったとされるが，ただしその内実は，かなり複雑だった。[118]

1994年9月頃，日米のナショナルセンターである連合とAFL-CIOとの定期会議の場で，本争議の背景と経過が説明されている。翌年の1月以降，URWと日本の産別組合が頻繁に連絡をとりあうようになり，連合も情報収集を本格

---

[116] 1996年2月，連邦高裁で同大統領令は違法との判決が出され，政府が最高裁への控訴を断念したことから，同判決が確定した。

[117] USWAとは，United Steelworkers of Americaの略。現在はUSW。

[118] 日本の労組の行動については，詳細は渡辺・山崎（1998）を参照されたい。

化させ,ともに対応を協議するようになった。そして95年7月に,USWAの意向を受けて,AFL-CIO・IUD(産業別労働組合部門)職員が初めて来日している。通常,対外的な対応はAFL-CIOの国際局を通して行うが,USWAは,AFL-CIOの独立部局であるIUDを通じて,日本の非連合系の労組に接触を図った。来日の目的は,全労協をはじめとする諸グループ・団体に本社への抗議行動を依頼するためであり,連合は,その事実を新聞報道により知ることになる。全労協と連合は対立関係にあるため,当然,連合は苛立ち,AFL-CIOに抗議を申し入れ,釈明を求める書簡を送っている。だが,その後もUSWAは,連合と非連合系の労働組合とコンタクトをとり続け,来日を重ね,反D社キャンペーンを展開した。

渡辺・山崎によれば,USWAが連合のみならず全労協との行動にこだわった背景には,「連合を通じてコトを運んだ場合,現地行動(デモ)は潰され」,自分たちが望むような抗議行動が実現しないとの判断があった。それには,日本の本社労組が,「一貫して積極的な争議支援を行なっていなかったことなどが,連合経由で事を運ぶことへの消極的対応」につながったという。他方,連合は,不快の念を表明しつつも,徐々に争議の支援体制を構築していく。その理由は,国際産別組織を中心とした「世界的な支援ネットワークが整備され」たことを意識せざるをえなくなってきたことや,USWAの勝利が近づいていたことなどにあると見られる。最終的に,渡辺・山崎のインタビューに対し,USWAは,「『(D北米子会社は)本当にタフな会社で,国際連帯行動がなかったらこの勝利はなかっただろう』,『日本の労働組合から争議解決のために多大な援助をいただいた』として,連合と全労協,双方の名前をあげて謝意を表明した」。

③グローバル・ネットワークの発足と日本労組の苦悩

D北米子会社の労使紛争への対応のなかで,本社労組はほとんど登場してこない。しかし,労使紛争が一段落した後,本社労組は,否応なく海外労組と向き合うことになった。

---

(119) 渡辺・山崎(1998,No.1443,33頁)。
(120) 渡辺・山崎(1998,No.1443,34頁)。

1996年に締結された新しい労働協約は，2000年4月までを期限としていた。そして2000年の協約改定交渉の只中，D労組グローバル・ネットワークが，USWAの呼びかけにより，セントルイスで発足したのである。USWAが，協約改定交渉で経営側にプレッシャーをかけることを狙い，グローバル・ネットワークを2000年8月にスタートさせた。[121]

　日本の本社労組は，同会合の結成について，事前に何の相談も受けておらず，ネットワーク会合の開催通知書が届いたことで，その事実を知り，大変驚いたという。既に述べた通り，本社労組は「個別企業の労使交渉は当事者間での解決を基本とする」ことを方針としているため，同会合に「とても参加する気にはなれない」と考え，初回会合を欠席している。しかし本社労組として，「到底賛同できない」会合が既に組織された状態を放置するわけにもいかず，その後，本社労組とUSWA，そして国際産別組織とその日本支部を交えた話し合いが，東京やブリュッセルで繰り返し開かれた。USWAは，ネットワーク会合に本社がある日本の労組が参加することを強く望んだが，会社と信頼関係を築いてきた本社労組は，会社が信頼していない組織（USWA）と，どのような関係を築いたらいいのか，深く悩んだ。なぜならUSWAが，このネットワーク会合を通じて，自国はもちろんのこと，各国の労働条件闘争を有利に進めようとしていることは火を見るよりも明らかだったためである。そうしたネットワークに参加すること自体が，日本の労組にとっては，「長い年月をかけて成熟させてきた『我々の労使関係』を崩壊させてしまう」という危機感を抱くものであった。

　USWAを交えた会合で，本社労組は，「各国々においてそれぞれの労使関係があり，それを踏みにじってまでの活動はすべきではない」という主張を繰り返し伝え，両者間で喧々諤々の議論が交わされた。最終的に「日本が議長として参加すること」と，活動のあり方について詳細な協約を定めた「会議運営規定」を設け，日本側が望むような活動内容とすることで合意し，2001年5月，新グローバル・ネットワーク会合の開催が実現した。

　その活動内容とは，グローバル会合での議題は，「お互いが共感をもち，と

---

[121] 以下，ヒアリング調査および第2回運営委員会報告に基づく。

資料5-7　初会合前の日本側事務局の所感

> こうした「同一企業グループ労組を一括りにしたネットワーク活動」の難しさを既に痛感した。世界の極めて一般的な労働問題についての議論はできても，それが一企業の労働条件といった各論に落ちた時，それぞれの国情・政治や経済情勢，企業の生い立ちや労使関係の背景・成熟度などといった背景が一様でない中にあっては，本質的な解決策などはそうそう見いだせるものではない。先にあるべきはナショナル・レベルでの「背景のレベル合せ」であり，それなりに一企業といった小さな枠組みで本質的な解決を追求していくことは大変な難しさがあるということだ。

（出所）　第2回ICEM, D労働組合グローバル・ネットワーク運営委員会報告。

りくみを共有化できる」テーマに限定するとし，「安全衛生・環境問題への対応」に議題を絞り込み，かつこのテーマの「情報交換」を中心に取り組んでいくというものであった。同時に参加地域についても，5地域に限定することが定められた。

　初回会合を迎えるにあたり，当時の事務局による所感が，運営委員会報告に書き記されている（**資料5-7**）。日本の労組が，不安と戸惑いのなかで本会合をスタートさせた様子がうかがわれる。

（3）　ネットワーク会合の継続と発展
①安全衛生について

　日本の労組にとっては，強い警戒心と不安を抱く，厳しい船出であったことは想像に難くない。だがその後，グローバル・ネットワーク会合は，毎年，地道に実績を重ねていくなかで，労組間の信頼関係が徐々に構築され，次第に安全衛生に対する前向きな議論が行われるようになっていく。結果的に，今日においては，本会合が，「安全衛生」面の就労条件の向上に一定の効果をあげて

---

(122)　なお，活動内容の詳細は「会議運営規定」に定められたものの，当初，海外の労組がそれを納得していないことは明白である。初回の会合では，一部の参加者から，グローバル・ネットワークの団結を強め，「労使紛争時にはストライキ情報を共有化し支援行動をするべきだ」といった発言がなされ，日本側が再度，協約事項と運営原則を説明し理解を求める一幕もあった。

いる。

　たとえば，会合のなかで日本の労組や欧州の従業員代表委員は，「安全衛生に関して労使で意見交換する場をもち，定期的に会議が開催されている」ことや，「災害が発生すると，臨時の安全衛生に関する労使の会議が開催され，対応について議論している」といった報告をしてきた。それを受けて，従来，労使協議を行う制度や慣行をもってこなかった国々の労組が，労使間で話し合うことの重要性を認識し，そうした職場慣行を築こうとする動きが見られる。

　こうした展開は，D労組は当初，全く意図していなかったと予想されるが，結果的に，グローバル・ネットワーク会合が，本社の労使関係のあり方を伝える機会を増やし，日本的労使関係を伝授する機能を果たしていることを示唆する。各国の労使関係のあり方は，そう容易に変化するものではないが，会合を重ねるうちに，「以前と違って労使で話し合うことで改善が進んだ」，「労使での話し合いを重ね信頼関係を作り上げることが重要である」，「そのことが安全確保に向けた成果につながっている」といった意見が，他国の労組から多く出されるようになっており，労使間のコミュニケーションの密度が上がっていることが，報告書からうかがわれる。今日では，本会合が各地の組合活動の「レベル上昇をもたらしている」と考えられている。

　②情報交換を越えた先

　前述の通り，運営規定上，本会合は「情報交換」を中心とする場とされているが，次第に，その枠を越えた動きも出てくる。たとえば，ネットワーク全体で共通して取り組む課題の設定である。第4回大会（2004年）では，「労使の安全対策会議を活用して不安全作業・不安全箇所を徹底して洗い出し，職場から危険作業，危険箇所を無くす活動を行う」ことが提案され，各国労組が共同で実施することが決まった。緩やかではあるものの，グローバルな目標を設定し，国を越えて労組同士が連携して活動する動きが見られる。

　さらに国際的な安全協約締結に向けた動きもある。第6回大会（2006年），第7回大会（2007年）では，一部の参加国労組から，本社で展開している「安

---

(123)　各回の運営委員会報告より。
(124)　第4回運営委員会報告より。

第5章 日系労組の国際活動の実態

全」基準を国際的に拡大させるために、グローバル・ネットワークによるグローバル協約の作成に取り組むことが提起された。それに対し本社労組は、本社が各地の事業所をコントロールしているわけではないため、まずは各国労使で安全基準のコンセンサスを作り上げていくように促した。そのうえで「各国の取り組みの歴史や文化が違う中でグローバル協約の位置づけや取り扱いに差が出てくることが容易に推測される」とし、「グローバル協約がある国には効果的であっても、ある国では効果的でなく『労使で従業員の幸せ・安全を目指す』ことを難しくしてしまう可能性もあることをわかってほしい」と述べている。[125]こうしたやり取りを見ると、本社労組が方針として掲げる「現地の問題は現地労使で解決すべき」という原則に、大きな揺るぎは見られない。けれどもその一方で、大会の最後に、日本人である議長が「将来的には安全に関するグローバルな労使コンセンサスを作っていくことも目指していきたい」と言及しており、本会合が情報交換の場としてのみ存在し続けるわけではない可能性も見せている。こうした動向は、毎年顔を合わせる労組同士に、一定の信頼関係が築かれてきたことの証左でもあり、他国労組からの提案に本社労組が抗しきれない側面もあると思われる。[126]

③安全衛生を越えるテーマ

そして会合のテーマについても、メインの議題は一貫して「安全衛生」であることに変わりはないものの、他方で、それ以外の問題についても情報交換する機会が増えていった。会合ではフリーディスカッションの時間が設けられており、そこで安全衛生以外の話題がのぼることは度々ある。たとえば、第8回大会（2008年）では「労働安全以外の各国の一般情勢について一定の範囲で共有することも大切なこと」、第11回大会（2011年）では「安全衛生に関するテーマについては勿論だが、是非それぞれが直面している課題などについても、

---

[125] 第7回運営委員会報告より。
[126] その他、2012年大会の時には、海外労組から、日本でグローバル・ネットワーク会合が開催される場合、本社への挨拶の機会を設けてほしいとの要請が出された。本社労組は、そうした場を設ければ、海外労組が本社に就労環境の改善等を要求する場となる可能性が高く、そうなると現地の問題を現地労使で解決する方針と合わないと考えている。2014年現在、そうした機会は設けられていない。

有意義な意見交換を行い相談しあうことで，解決に向け前進が図れることを期待する」との議長発言が残されている。そして実際に，各国報告のなかでは，生産量の減少に対し，賃金カットで雇用を維持している状況が説明されたり，女性の「活用推進」状況に触れられたり，不安定雇用について意見交換がなされたりしてきた。近年では，生産設備の集約が進んでいることから雇用保障に対する不安を訴えたある国の労組に対し，本社労組が，会社は基本的に雇用を守る方針であるため，生産設備の集約の理由を経営側にたずね，労使間でよく話し合うことをすすめている。第13回大会（2014年）では，欧州代表より「2013年にイタリアの○○工場でリストラが始まっている。○○工場ではこれまで高性能製品を生産していたが，これからは一般製品を製造する」といった雇用調整と生産再編成の進展が報告された。また南米代表からは「労働協約の更新交渉を行なっている最中である。（中略）現在，十数％の賃金 UP と，○万レアルのボーナスについて交渉している」と具体的な数値に基づく交渉過程が紹介された。

　このように安全衛生以外のテーマについても，話し合う素地はあり，今日では，他国の参加者から，本会合が安全衛生を主要テーマとしていることへの不満は出ていない。ただしこうした意見交換が，各地の雇用と労働条件に影響するような本質的な議論となっているかどうかは疑問が残る。各国の労組が抱える不満を吐き出させ，一種の「ガス抜き」機能を果たしている可能性も否定できない。

　④労使紛争を未然に防ぐ役割

　D社は，25ヵ国に生産・開発拠点を有するのに対し，本会合の参加対象は5地域に限定されている。参加している労組からは，メンバー増員を求める意見が複数回にわたって出されている。その背景には，途上国での安定した労使関係の構築が求められていることがある。途上国において，これまで小規模な労使間のトラブルは，幾度か発生しているが，その多くは，些細なボタンの掛け違いにあるようである。従業員の不満を聞く仕組みさえあれば，大した手間なく解決する問題であっても，現地労使間のコミュニケーションがうまくいっておらず，行き違いが発生し，企業外部の「過激な」団体が介入することで，紛争が引き起こされるパターンが多い。そうした事態への対応は，ケースバイケ

ースだが，国際産別組織から，産別労組を通じて，連絡がきた場合には，本社労組が現地の事情を確認したり，対応を依頼されたりすることもある。本社労組より先に本社の経営陣が現地の状況を察知し，手を打つ場合もある。

　こうした事態を未然に防ぐためにも，本社労組は，グローバル・ネットワーク会合で，各地域の労組から不満の声が出てくれば，それを聞きとり，会社につないでいる。だが，こうした問題を抱えがちな途上国労組に対して，グローバル・ネットワーク会合が開かれておらず，新興国での労使関係の安定性を図るのであれば，本会合を拡大させることが，一つの手がかりとなりうると考えられる。

（4）　D・グローバル・ネットワークのまとめ

　本社労組にとって，そもそもグローバル・ネットワーク会合の設立は強いられたものであり，主体的な取り組みではなかった。議題を安全衛生に絞り，労組間の連携は最小限にとどめようとしていたとさえいえよう。だが着実に開催を重ね，労組間相互に信頼関係が生まれ，会合の内容が変化してきたことがうかがえる。それは，北米労組が当初求めたような各国のストライキや個別の労働条件闘争に，海外労組が共闘するような動きではないものの，最初に日本側が主張し，定められた規定は，徐々に柔軟化していき，安全衛生というテーマを越えた話し合いや情報交換が行われている。

　こうした変容には，国際労働運動をめぐる変化も影響している。欧州で国際枠組み協定（GFA）の締結が増え，国際産別組織がグローバル・ネットワークの構築に乗り出したことは，本社労組にとってみれば，予想していなかった展開だった。本社労組は，2012年に開かれた国際産別組織の大会（4年に一度開催）で，本会合の内容や歴史についてスピーチを行った。これは，悩みながらも続けてきた本会合が，国際的に高く評価されていることを再認識する場となった。同時に，国際産別組織からは，同会合の継続と強化，拡大が要請されてきた。途上国を中心に，労使紛争が増大していることから，同会合の意義を再確認する機会も増えており，今後，参加国が拡大していく可能性もある。

　だが一方で，本社労組は，海外事業所での労使紛争への対応を拒み続けている。たとえば，2009年から2010年にかけて，同社はニュージーランドとオース

トラリアの2工場を閉鎖した。現地の報道によれば、両工場の閉鎖で800人を超える従業員が職を失い、現地法人は退職金の満額支払いに応じたとともに再就職支援に努めた。けれども本社労組は、こうした案件に関与しなかっただけでなく、現地事業所の労使間でいかなる話し合いがなされたのかも把握していない。グローバル・ネットワークは進展しても、同労組が掲げる「現地の労働問題は、現地労使で解決」という姿勢には、大きな変化は見られない。

7 おわりに

　前章で紹介したドイツ系労組と比べた時、日系労組のネットワークの特徴をいくつか指摘できる。それは、現地労組の組合活動への関わり方、アジア地域に限定したネットワークを築いていること、国際活動の担い手、そしてネットワークの財源を企業に求めず、労組が負担していることなどである。

(1) 「建設的な労使関係」と組合運動
①「建設的な労使関係」の構築
　日系労組が、海外の労組と交流する目的は、労使協議を基調とした「建設的な労使関係」の構築にある。これは単組の方針というよりは、上部団体であるJCMや自動車総連、そして連合の方針でもある。たとえば、JCMは、海外事業所において「話し合いで諸問題を解決できる建設的な労使関係づくり」を推進している。自動車総連も、運動方針の柱の一つに「海外事業体における建設的な労使関係の構築」を掲げている。そしてここでいわれる「建設的な労使関係」を、自動車総連は**資料5-8**のように定義している。

---

(127)　なおオーストラリアでは、この事態に州政府は570万ドルの包括的再就職支援計画を発表した（*The New Zealand Herald*, 2009年10月24日, *Australian Associated Press*, 2009年10月27日および *The Australian*, 2009年10月28日）。
(128)　JCM「第1号議案　2015-16年度運動方針の件：2015-16年度運動方針――確かな雇用、確かな未来、連帯の力を世界に」12頁。
(129)　自動車総連の運動方針パンフレットより。
(130)　現在、連合、JCM、自動車総連ともに、「健全な」労使関係から「建設的な」労使関係への用語統一化が進んでいる。

第5章　日系労組の国際活動の実態

資料5-8　自動車総連がグローバルで目指す「建設的な労使関係」

・労働者の基本的権利（ILO87号・98号条約／団結権・結社の自由・団体交渉権）が尊重されている。※スト権は ILO87号条約に含まれ（2015年 ILO 労使代表合意），労組はスト権を保持し，最終手段として活用できる。
・労使が相互に独立・自立・対等な関係を維持しつつ，互いの立場を尊重し，緊張感ある関係。
・労使は「労働者の雇用・生活の向上・安定」と「企業の健全で永続的な発展」の両立を目指す。
・労使関係に関する重要事項は，労使対話により決定する。また，労使課題は徹底的に話し合いを尽くすことにより解決をはかる。そのために必要な情報は，誠意を持って共有し，透明性を確保する。
・労使で結んだ約束は双方が必ず遵守する。
・労使は常に職場の実態を把握し率直な意見を尊重する。

（出所）　自動車総連の内部資料。

　要するに「建設的な労使関係」とは，日本の労使関係の特徴とされてきた，労使が相互信頼のうえで密な「事前協議」(36頁)を行い，労使一緒に職場の問題解決にあたる労使関係のことを指す。海外事業所にそれを移転させようとする動きは，見方を変えれば，日本の「協調的な労使関係」を海外に移転させようとしていると映るかもしれない。
　けれども，各単組が，ネットワークを通じて，海外労組に伝えてきたことは，労使協議のテーマや頻度，構造，組合員とのコミュニケーションのとり方などであり，その姿は従業員代表制度の導入に熱心だった VW の従業員代表の姿と見事に重なる。つまり，団体交渉やストライキを打つ前に，労使でよく話し合うことで，解決できる問題を紛争に発展する前に解決していく，という姿勢は，少なくともドイツの労組とは共通している。
　だが，両者は全く一致しているわけではない。IG メタルや VW・ダイムラーの従業員代表が，組合の組織化や団体交渉のやり方，労働協約のモデルまでを海外労組に伝授しようとしているのに対し，日系労組は，企業内の「建設的な労使関係」の構築には積極的であっても，組合運動については，現地の労使

に委ねるという立場を示し，そうした活動の支援からは手を引いてきた。つまり，組織化は，現地従業員が主体的に取り組むべきことだと表明し，それに関わることはせず，たとえ職場で労使紛争が起きても（近年では，国際産別組織からの要請を受け，単組や労連も関わらざるをえなくなっているものの），これまでは基本的に距離を置いてきた。

　自動車総連が国際活動の目指すべき方向を記した「JAW 国際活動の『20・30ビジョン』」にもそうした姿勢が垣間見える[131]。それによれば，自動車総連は，2020年までに「ASEAN 地域の日系自動車企業労使が，現地における建設的な労使関係の理解促進を図った上で，労使対話を実践」させ，ASEAN 以外の地域でも同様の理解促進を進め，さらに労連もしくは単組が「海外労組にコンタクトし相互コミュニケーションを開始」することを掲げている。さらに2030年までに，「全ての国の日系自動車企業労使が，現地における建設的な労使関係を理解・共有した上で，労使対話の仕組みがあり実践している」，「全ての労連において，労連もしくは（海外拠点のある企業の）単組が海外労組との相互コミュニケーションの確立により，現地の課題解決に向けた相談体制を整備し，国際活動を行っている」状態にあることを目指している。このビジョンは，総連傘下の労連の役員とともに作成された。

　このビジョンで強調されていることは，各職場に労使対話の仕組みを作り，実践させることである。しかし，ここでいう「労」が，果たして労働組合を指しているのか，各職場の従業員を指しているのかは定かでない。仮に労働組合であるならば，対話を実現させるために，まず取りかかるべきことは，現地での労組結成となるはずだが，このビジョンのなかには「組織化」という用語は，一切登場しない。自動車総連の説明によれば，各職場は組織化されるべきであるが，そのために日本の労組が関与して組織化させようとは思っていないと明言したうえで，労使対話の当事者は，組合であるべきだが，仮に組合が存在しない職場であっても労使対話は達成させるべきだと話す。

---

[131] 「20・30ビジョン」は，2016年9月現在，まだ最終確定されておらず，議論の途中であった。

②現地の組合運動に対して

　他方，VWやダイムラーの従業員代表委員会やIGメタル，そして国際産別組織であるインダストリオールは，先進国である自らの労使関係のあり方や労働基準を，途上国の職場にまで広げる必要があると考えていた。各地で労働法の内容や雇用慣行が異なることは，むろん理解しているが，それでも「先進的」である自国の労使関係の仕組みを在外事業所にも適用するために，組合結成を促し，労働教育を推し進め，労働基準やルールを形成しようと活動を進めていた。とくに本社の従業員代表委員会や労働組合は，その中心的な役割を担うべきだとの認識をもっていることが強く感じられた。本社の従業員代表であることや，本社の労組であることが，そうした強力なリーダーシップを発揮することに正当性を与えていた。

　他方，日系企業の本社労組は，日本的労使関係の移転を目指す一方で，「現地の労働問題は，現地の労使で解決すべき」というスタンスを表明し，各職場の雇用・労働条件については「相互不可侵」，「相互不介入」という原則に立ってきた。ゆえに各国の労組が連携する世界会合を開催するにあたって，「建設的な労使関係」の推進には努めるものの，組織化や労使紛争の解決，各職場の運動は，各国・各地の産別労組や企業別労組が主体的に行うべきだとの認識を抱いていた。

　インタビュー調査のなかで，ある労組の幹部らは，次のように話した。

　「各国の労使関係は，各国の状況に合せて，主体的に築くべきものだと思います。現地の法律や労使慣行も理解していない本国労組が，本社と交渉するとか，先進国の労働基準やルールを，あたかもグローバル・スタンダードのようにして，途上国に押し付けることは望ましくないのではないか，と思います」。

　「各地で雇用を守り，労働条件を維持・向上させるときに，その会社名という軸でまとまることが，強い力を発揮するのでしょうか？　各国の産別なり，国内の労組ごとにまとまることが強い力を発揮するのではないかと考えています。労働運動は，その国のなかの労働条件の決定である限り，その国

における組織力を強化するほうが、よほど重要だと思います」。

確かに、労働組合とは、本来、労働者が主体的に結束して作り上げる組織であり、第三者から促されて結成するものではない。労働運動において、各地域の産別労組や企業別労組の力を強めていくことが、極めて重要であることは疑いない。こうした視点から述べれば、本社労組が、本社に位置する労働組合であることを理由に、海外の職場に組織化を促し、紛争に介入することは、「独裁的」な行動のようにも思える。だが同時に、主体的に組合を結成する権利さえ知らず、企業の枠を越えた労働運動の重要性に気づいていない労働者を、自社が海外で雇用していることも事実である。そうした労働者の存在を把握していながらも、それに関わろうとしないことは、自社の海外事業所の労働者に対する「責任の欠如」とも映る。

こうした両者の認識の相違は、海外に新工場が設立された時に、誰がどのようにその工場を組織化するか、という点において、本社労組の行動に、明白な違いをもたらしてきた。すなわち、日系労組は、労働組合とは、各国の労働者が主体的に結成するものと考え、基本的に関与してこなかった。VWやダイムラーの従業員代表や労働組合は、現地の組織化を支援することが、自らの責務と考え、現地労組や職場の従業員と会い、権利や知識を伝授し、組織化を呼びかけ、組合運動のワークショップを開催してきた。国際産別組織やIGメタルが強調したことは、各地に支援に行き、途上国の労組および労働者から、煙たがれたり、嫌がられたりしたことは一度もなく、みな支援を求めているという点だった。

なお、両者の認識の違いは、経営上「本社の役割」に関する見解の相違にもつながる。日系労組はいずれも、「経営の現地化」が進行していることを強調していた。すなわち、現地経営陣に十分な裁量が与えられており、本社で判断し決定する範囲は、極めて限られているという認識である。この認識が、「現地の労使で解決するべき」という考えを後押ししてきた。そしてこうした見解は、国際的に共通して、経営側が主張していることでもある。

他方、インダストリオールをはじめとし、国際的に労組側の主張は、本社での決定や規制力をより重視し、少なくとも、本社がどう考え、どう行動するの

かは，現地のあり様を左右する力をもつといった考えである。現実に，海外事業所に対する本社の影響力が，どれほど強いのか，また企業によって，いかほどの相違があるのかは分からないが，労使間でそうした認識の違いがあることを前提にすれば，日系労組の「現地の労使で解決するべき」という見解は，より労使協調的であることの反映とも考えられる。

ただし日系労組は，「現地の労使での解決」を強調する一方で，付き合いのある労働組合から相談をもちかけられたら，本社経営陣を通じて，現地経営陣に働きかけ，現地労組の組合活動に助言もしてきた。世界会議を重ね続けてきたA労連では，海外工場の閉鎖にあたって，現地労組と連携し，退職金交渉に協力もしている。つまり，日系労組のこうした考え方も，他国労組と交流していくなかで，今後変容していく可能性はある。

また歴史的に見れば，かつては日系労組も，各事業所の組織化を支援し，労使紛争解決の援助を行い，労働組合教育に取り組むことを掲げていた。そうした活動が，実際にどれほど行われていたのかは定かでないが，少なくとも，当時の組合リーダーたちが，海外事業所の問題に対して，「現地の労働問題は，現地の労使で解決すべき」と考えていたわけでなかったことは，文書によれば，確かである。ただしそうした認識は，1980〜90年代にかけて組合運動の方針から消えていったように見える。この点について，1980年代〜90年代前半に国際活動に携わった組合リーダーたちの認識はどうかというと，「そもそも当時も現在も国際連帯活動についての基本理念は変わっておらず，ただ時代背景やそれに伴う諸条件の大きな変化のなかで，取り組むべき課題が複雑になり，それに対応して活動のやり方を変えてきたに過ぎない」と話す。「確かに当初，組織化支援などを明確に掲げて活動を進めていたが，そのなかで強調されていなかったとしても，現地労組の主体性を尊重して組織化支援を進めることは，当然のこと」だった。加えて，「当初の活発な国際活動が，海外事業所の組織化や海外工場の労使関係のレベルアップなどの面で実質的な成果を上げるまでに至っていたのかというと，それはそう簡単なものではなかった」と振り返る。そして逆に，「現地の労使で解決すべき」という方針を掲げる今日においても，必要に応じて支援は行っており，そうした意味では，日本の国際労働運動のスタンスは，基本的に変化していないと強調する。

（2） アジア地域に限定すること

　VWやダイムラーと比較した時の日系労組ネットワークのもう一つの特徴は，参加国をアジアに限定させていることにある。A労連とD労組は，世界規模の会合を開催しているが，C労組は世界協議会を開始する一方で，1980年代からアジアに限定したネットワーク作りを模索しており，B労連もアジアでの労使紛争リスクの高まり等を理由にアジアで会合を開催してきた。そして，B労連とC労組は，現在のアジアに限定したネットワークをグローバルに拡大させていく具体的計画は（自動車総連がビジョンを示したため，今後変わっていく可能性はあるが），今のところは立っていない。それぞれ，アジア・ネットワークが始まったばかりであるため，まずはアジア地域で定着させたうえで，世界的に展開するかどうかを検討すると話している。だがこれまでの動きを見れば，今後ともアジアに限定しておきたいという想いがあるようにも感じられる。

　実は，これらのケースに限らず，上部団体である自動車総連もまた，アジアに限定した「アジア自動車労組会議」を開催してきた。2013年8月，自動車総連は，アジア自動車労組会議を立ち上げ，その後2年に一度のペースで会合を開いている。初回会合には，日本，台湾，フィリピン，マレーシア，インドネシア，タイ，インド，そしてインダストリオール本部の13組織，93名が出席した。そして同じ会合の第2回を2015年に実施した。日本側からは，自動車総連の他に，2013年会合にはメーカー単組の委員長が出席し，2015年会合には総連傘下にあるすべての労連会長が参加した。

　そもそも自動車総連は，参加国の一部とは，以前から交流を深めていた。たとえば，台湾とは，1970年代前半からだいたい2年に一度のペースで会合をもち，タイとマレーシアとは2004年から2国間会議を開催し，フィリピンとインドネシアとは2000年代後半から，2年に一度のペースで交流してきた。自動車総連にとって，2013年のアジア自動車労組会議は，それまで2国間もしくは3国間で交流をしてきた労組と，初めて複数で同時に集まる会合だった。本会合では，「建設的な労使関係の構築に向けて」をテーマに，「各国報告」と討議が

　⑿　1980年代後半から1990年代前半の組合リーダー3名に対するインタビューより。
　⒀　これらの国に加えて，韓国にも声をかけたが，韓国労組は，2013年，2015年会合ともに欠席している。これに加わっていない最大の国が，中国である。

第5章　日系労組の国際活動の実態

行われた。

　ただし初回会合では，この会合をアジア地域に限定したことに対して，参加労組からは不満の声が出た。同会議に参加したインダストリオールの担当者によれば，インドネシアやタイ，マレーシアの労組から，「なぜ，我々はヨーロッパの国の企業労組のように，グローバルなネットワーク会議が開かれないのか」といった意見が次々に出され，この議論に多くの時間が割かれたという。つまり海外の労組は，グローバルなネットワーク構築を望み，日系労組にそうした要請を出している。それに対し自動車総連は，本会議の終わりに，このネットワークが，各社のグローバル・ネットワークの最初の一歩になるという考えを示した。

　そもそも日系労組は，アジア諸国の労組との交流や連帯に，とくに力を注いできた歴史をもち，こうしたアジア志向は，決して新しい動きではない。自動車総連や JCM は，長年にわたって，「アジアを中心とした労働組織との連携強化」を活動方針に掲げている。JCM の前身の IMF-JC が，1964年の結成後，初めて開催した国際会議は，IMF アジア地域会議（1969年開催）だった。IMF-JC は，それ以来，韓国，台湾，香港などで組織化や，労組幹部の養成講座の開催や講師派遣，日本での研修を実施し，アジア諸国の組合組織の強化に力を注いできた。さらに東アジアに事務所を設置し，フィリピンやマレーシアなどでも，金属産業労組の結束を促し，IMF 加盟に向けた協議会の設置を支援し，IMF 加盟の仲介役を担ってきた。

　また，国際労働運動自体が，地域ブロックに分かれた活動を展開してきた面もある。たとえば，インダストリオールでは，世界を欧州，北米，アジア太平

---

(134)　インダストリオールのインタビュー調査より。

(135)　それには，韓国，フィリピン，インド，インドネシア，オーストラリアなど11ヵ国の金属労組代表者24名が参加し，IMF 本部からは書記長と書記次長が出席，日本側代表とオブザーバーを含め110名が集った（JCM, 2015）。また，IMF・JC が結成される前年には，当時の IMF 書記長と IMF 日本事務所長が，IMF・JC の結成を提唱する声明を連名で出し，そのなかには「日本の金属労働者がアジアにおける国際金属労連の中核的存在として，平和と自由，働くすべての労働者の生活水準向上のために闘われることを期待する」とある（JCM, 2015, 21頁）。

(136)　IMF・JC（1984）。

洋地域，中南米，中東・北アフリカ，サハラ以南のアフリカの六つのブロックに分け，各地域に執行委員を選出する枠を設けている。アジア太平洋地域の地域議長は，一貫して日本が務めてきており[137]，日本がこの地域のリーダー的な存在であることをうかがわせる。

　日系労組がアジアの労組ととくに連携を強化しようとしてきた背景には，アジア諸国への戦争責任意識，日系自動車関連企業の多くがアジアに拠点をもっていること，アジア諸国のなかには日本に強い憧れを抱いている国も多く，共感を得やすいといった要因がある。加えて，アジアの途上国では，自立的に組合運動を進めることが難しい国が多いため，独立して活動を展開しうる先進国労組よりも，支援や協力をより必要としているところをサポートしたいといった想いがある。

　だが同時に，各単組のインタビューからは，日本国内で築いてきた労使の良好な関係を維持するためには，理解し合える海外労組とだけ付き合っていきたいという意図も見え隠れする。世界で特異だとされてきた日本の企業別労使関係のあり方を理解してもらいたい，という考えとともに，経営側が警戒しているような組織と関係をもつことにより，国内での安定的な労使関係に与える影響を考慮したためでもあろう。D労組を除いて，日本のみがグローバル・ネットワークに，インダストリオール本部を参加させず，独自開催にこだわり続けるのも，今日では，そうしたことに起因していると予想される。

　けれども，こうした単組の目算は，果たして当たっているのだろうか。アジア地域は，確かに企業別組合を主流とする国が多いが，しかし労働組合の歴史がまだ短く，労働運動は未成熟である。企業別組合という一点においては，確かに日本と似ているものの，急速に進む民主化のなかで，過激なイデオロギーをもつ組合も少なくない。インダストリオールの担当者は，タイ，マレーシア，インドネシアなどでは，労組は経営に対抗する力をもちたいとの気持ちが強すぎて，ダイムラーやBMWのネットワーク会合でもこれらの国々に手を焼くことが多いと話す。そうした組合との相互理解は，日系労組にとっても容易でないはずである。

---

[137] JCM (2015)。

他方で，産別労組が主流であるヨーロッパでは，産業別労働協約を締結しているという点においては，確かに産別労組の力が強大であるが，同時にVWやダイムラーの事例で見た通り，既に分権化が進行した今では，各社の従業員代表もまた巨大な力をもち，従業員代表員会は，産別労組の決定にさえ影響力を発揮している。IGメタルという強力な産別労組を抱えるドイツであっても，とくに企業内部の個別問題（たとえば勤務シフトや，昇給制度といった労働条件）は，従業員代表と経営側で話し合って決定されている。こうした組織構造は，実質的に，日本の労使関係の構造と大きな隔たりがあるとは思えない。とくに労使協議を重視し，雇用を守るという運動方針が，日本のそれとよく似ていることは，繰り返し述べてきた。つまり産業別組織が主流であるということが，必ずしも労働運動の理念やイデオロギーに大きな乖離を生み出すわけでもない。にもかかわらず，インダストリオールから，何度もアジア・ネットワーク会議に，欧州従業員代表委員会から一人でも参加者を迎えたらどうかと促されても，日系労組は，一向に欧州従業員代表とコンタクトを取ろうとしない。すなわち，日系労組は，分かり合える労組を選別しているつもりであっても，結果的に相互理解のハードルが高い労組と付き合っている可能性も否めない。

いかなる理由があるにせよ，日系労組がアジアに限定したネットワークを形成する戦略は，やはり持続可能性があるとは思えない。企業は，世界に工場を展開させ，北米，欧州，南米，アフリカへと活動範囲を広げている。世界中に多数の従業員を抱え，各地で組織化を目指す動きがあり，小さな労使間のトラブルは尽きない。それなのに，本社労組が，アジアに限定して交流を深め，アジア各国を対象に活動していくことには，限界を感じざるをえない。

（3）　組合組織のねじれ

国際的に見ると，GFAの締結を契機に，以前よりも企業単位の労組や支部の重要性が増すという変化が起きている。国際産別組織は，企業単位の労組リーダーと直接つながり，連携を強化していこうと動き始めている。たとえば，

---

(138) インダストリオール，IGメタル，VWの従業員代表委員会のインタビュー調査より。

(139) インダストリオールのインタビュー調査より。

インダストリオールは，2010年に自動車分野のワーキンググループを立ち上げ，年一回のペースで，会合を開くことを決めた。この会合には，各企業の労組，すなわち産別労組ではなく，各企業単位で活動している労組支部や企業別労働組合のメンバーに参加が呼びかけられ，実際にダイムラー，GM，フォード，ルノーなど世界各国の完成車メーカーの労組および労組支部が参加している。国際産別組織と企業単位の労組が直接つながり合い，企業ごとの労組同士が直に対話する機会が設けられている。

　だがインダストリオールが述べるには，2015年3月現在まで，日系企業からは，産別労組（自動車総連やJCM）が参加しており，A・B・C社などの企業別労組のリーダーは来ていない。ただし会議資料を見ると，自動車総連のメンバーとして，A・B・C社をはじめとする傘下のすべての労連の幹部も出席していることが確認できる。要するに，日本側の参加者の説明によれば，日本の産別労組のスタッフは，ほとんどが企業別労組の出身者であるため，自動車総連として参加していても，参加者の多くはいずれかの労連や単組を代表している場合が多い。そのため，日本においては，各社および各単組の状況を説明したり，企業単位で国際的な連携を強化したりするうえで，産別労組がそれらを代行することに何ら問題ないと認識している。ゆえに企業別労組の参加を強く拒んでいるわけではなく，産別労組のなかに，各労連の代表者を参加させることで対応してきたとの考えだった。

　だがインダストリオールは，あくまでも完成車メーカーの本社労組を代表する者が毎年参加することを求めており，こうした日本の体制を必ずしも十分だとは捉えていない。その証左は，同会合の立地選択に表れている。同会合は，毎年，異なる国で開催されており，開催地の設定にはそれぞれ意図が込められてきた。たとえば2011年は，ダイムラーがインドに新工場を建設することに備えて，インドでの組織化を本格化させる目的で，プネ（Pune，インド中西部の都市）で開催された。2012年にはロシア，2014年にはインドネシアで開催され，それぞれの現地労組との接触を図ることが目的だった。インダストリオールに

---

(140)　インダストリオールのインタビュー調査より。
(141)　JCMのインタビュー調査より。

よれば，本社の組合リーダーは，通常，インド，ロシア，インドネシアの労働者・労働組合と連絡をとったこともなければ，現地がどのような国であり，どういった労働組合があるのかも知らない。そのため現地に赴き，現地の労組や労働者と会い，直接話をすることで，初めて組織化等の活動に着手できるのだという。

　そして2013年，同会合は，東京で開催された。その目的は，日系各社の企業別組合と直接接触を図ることにあった。実際，各社の組合リーダーたちがその会合に出席したことで，国を越えて日系企業で働く労組同士の交流が実現できたとインダストリオールは考えている。たとえば，C社はカナダに工場をもっているが，カナダの労組はC社工場を組織化できていない。C労連は，世界各国の工場をまわり，当該事業所を組織している労組とは，現地で会っているものの，組織化できていないカナダ労組は，C労連と話す機会をもてずにいたという[142]。カナダ労組は，この会合で，初めて本社労組と話すことができ，一緒に写真を撮った。その後，C労連は，求めに応じてカナダ工場の経営陣に，カナダ労組が信頼に足る労組である旨の手紙を送り，カナダ労組も，現地経営陣にその写真を見せることで，両者が良好な関係にあることをアピールできたと話している。このように近年，国際産別組織は，加盟する産別労組を越えて，企業別組合に直に接触し，同時に企業単位の労組同士が直接つながりあい，国境を越えた連携をとるよう促している。

　第1章で述べた通り，日本の労働組合は，組織ごとに機能分化してきた。すなわち企業別組合は，各職場の組合員のために活動し，上部団体が非組合員のために活動してきた。ゆえに国際的な活動は，主に産別労組が担っており，今でもそれに大きな変化はない。近年，単組も独自に，海外事業所の労組とやりとりし始めたが，未だに国際会議に出席するのは産別労組であり，その場で海外労組と激しく議論し，国際労働運動のうねりを肌で感じるのは，企業別組合ではなく，産別労組である。国際的には，海外労組との連携や，国際会議への参加が，企業単位化していくなかで，企業別組合を特徴とする日本が，国際的な舞台では産別労組によって担われる，というねじれがある。

---

[142] C労組のインタビュー調査より。

これまで紹介してきたGFAやグローバル・ネットワークは，いずれも企業を単位とした活動であり，この事実だけを見ると，企業別労働組合を特徴とする日本にとっては，相対的に取りかかりやすいように，一見思われる。けれども，日系自動車メーカーではまだ1社もGFAは結ばれていないし，グローバル・ネットワークに関わる国際会議での日系労組の主張からは，企業別組合という特性を生かして，国際労働運動を先導しようとする勢いは，あまり感じられない。それには，こうした日系労組のねじれが関係していると考えられる。

(4) 　財源上の制約について
　日本のグローバル・ネットワークが，他国と異なるもう一つの点は，その財源負担についてである。今，国際産別組織は，グローバル・ネットワークにかかる費用を，企業との交渉により経営側に負担させ，会社を巻き込んだネットワーク作りを進めている。日系労組は，一部には，世界会議に経営側がオブザーバーや講和者として参加しているケースがあるものの，どの会合もその費用は，組合が支出している。組合は，労働組合法第7条3号のいわゆる「経営援助禁止規定」(資料5-9)に基づき，経営側にそれを求めてはならないと考えている。
　ただし，この条項に関する労働法の解釈を見ると，実質的に労働組合の自主性を阻害しないものは，これに該当しないとする学説が多い。たとえば菅野は，[143]「経費援助は使用者や労働組合の意図いかんにかかわらず，交渉当事者としての労働組合の自主性と独立性を侵害するというのがそれを禁止した立法趣旨である」と述べ，同時に，経費援助に該当するたとえとして，「在籍専従者の給与，組合要務の出張費用，通信費などの会社負担」があるが，しかし，「この不当労働行為については，形式的にはそれに該当するようにみえても実質的に労働組合の自主性を阻害しないものはそれに該当しない」と明記する。同様に，西谷は，明文上，例外とされている組合事務所の貸与や勤務時間中の交渉以外[144]にも，日本では「経費の援助と便宜供与が慣行化しているのが実情であり，そ

---

[143] 　菅野（2008，644頁）。
[144] 　西谷（2008，498頁）。

資料5-9 労働組合法第7条3号

> 第七条　使用者は，次の各号に掲げる行為をしてはならない。（中略）
> 三　労働者が労働組合を結成し，若しくは運営することを支配し，若しくはこれに介入すること，又は労働組合の運営のための経費の支払につき経理上の援助を与えること。ただし，労働者が労働時間中に時間又は賃金を失うことなく使用者と協議し，又は交渉することを使用者が許すことを妨げるものではなく，かつ，厚生資金又は経済上の不幸若しくは災厄を防止し，若しくは救済するための支出に実際に用いられる福利その他の基金に対する使用者の寄附及び最小限の広さの事務所の供与を除くものとする。

れが労働組合運動の獲得した成果である場合も多い。したがって，労組法があげるのは単なる例示とみるべきであり，これを超える経費の援助等が不当労働行為に該当するかどうかは，それが導入された経緯，使用者の意図，労働組合の自主性を喪失される危険性などを具体的に考慮して，実質的に判断されるべきである」との見解を示す。

　また経営側が労組活動を財政的に援助することを禁止する規定は，他国にも存在する。たとえばアメリカでは，合衆国法典第29編において，経費援助が不当労働行為の一環として禁じられている[145]。しかし既に見た通り，フォードやGMは，労組によるグローバル・ネットワーク会合を公認し，費用を拠出している。日本の労働組合法の解釈においても，労働組合の自立性や独立性は，総合的な判断となるため，同会合の経費を援助したことにより，即座に組合の独立性が否定されるわけではないだろう。日本の労組が，この法規を拡大解釈している可能性が指摘できる。

---

[145] Deakin and Morris（2012, p. 805）を参考にした。なお同著によれば，イギリスでも，労働組合の独立性（Independence）を図る一要素として，経費等の援助が考慮されるとあるが，ただし「独立性」は総合的に判断されるものであり，経費援助の有無はその一要素を構成するにすぎないと述べられている。

第6章
国際的労使関係の状況

1　はじめに

　これまでの章では，企業が海外に事業を拡大させることに対応して，労働組合がいかなる行動を起こしてきたのかについて，自動車完成車メーカーの労組の実態を中心に描いてきた。ここまでに紹介したケーススタディをもとに，本章では，現時点で，国際的な労使関係の構造や機能がどうなっており，国際産別組織や産別労組，企業別組合などが，それぞれ国際労働運動上，いかなる役割を担っているのかを整理する。

2　労働組合の国際活動

（1）　国境を越えた労使関係とは

　経営のグローバル化に対応して，労働組合は，労使関係の枠組みを，国を越えて拡大させようとしてきた。その形は，個別企業を単位とし，本社の労働組合およびその従業員代表委員会が，海外事業所の労組や従業員代表とネットワークを形成し，そのグローバル・ネットワークが，国際産別組織と連携しながら，多国籍企業本社の経営陣と話し合い，働くうえでのルールを作っていくものである。先進事例では，世界に広がる事業所に一律に適用されるワーク・ルールが締結されている。

　まず，これは労使関係の「グローバル化」と呼ぶべきなのか，それとも「国際化」と呼ぶべきなのだろうか。第1章で論じた通り，グローバル化は国境を越えた統合を意味し，国際化は各国の違いを認めたうえでの関係性の深化を指すのであり，両者は異なる意味をもつ。たとえば団体交渉や労働協約締結のグ

ローバル化と国際化は、次のように整理できる。すなわち、各国の労組同士が協議したうえで、要求をそろえ、それぞれの職場ごとに交渉し、労働協約を結ぶことは国際化であり、本社労使が交渉・締結した内容が、各地の事業所に一律に適用されるものが、グローバル化である。このように定義すると、多くのGFAが、本社労使の協議により締結され、各地の事業所に適用されており、その動きは、労使関係のグローバル化の進行と捉えることができる。GFAは、国を越えて統一のルールを適用するものであり、それは企業内のグローバル・ルールといえる。さらにVWの二つの憲章や、ダイムラーの健康と安全原則もまた、本社労使が交渉し、締結した内容が、各国の事業所に等しく当てはめられるため、これも社内のグローバル憲章およびグローバル原則である。これらの憲章や原則への署名者は、グローバル・ネットワークの代表者であるが、大概は本社の労使であり、本社労使が各国の事業所労使を代表している。

　このことは、企業単位の労使関係が進む現象は、一国内では、とくに欧州においては、分権化の進行を表わすが、国際的には本社労使での協議・決定の度合いが増すという意味で、中央集権的な要素が強まっている。本社への集権化が強まることは、経営のグローバル化の進行上、避けがたい。なぜなら、それは、世界中に子会社や関連会社が広がり、各事業所で「(経営の)現地化」が進展した環境下でも、やはり本社の意思決定は、海外事業所に強く影響するためである。それゆえに、本社と協議交渉する労組の取り組みが肝要と考えられ、またVWのケースで見たように、海外事業所の労組が本社の経営陣と直に対話しうる機会が貴重となるのである。

　他方、労働組合のあり方は、各国の事業所の労働者たちがそれぞれの国で組合を結成しており、企業の冠がついたグローバル・ユニオンが立ち上がったわけではない。その点からすると、各国労組は、統合されているというよりは、結びつきを強めていると見る方が正しい。加えて、前述のVWの憲章やダイムラーの原則は、確かに企業内のグローバル・ルールであるものの、それらの実行は、各地の労組が、それを理解し、それを利用しながら活動することで、職場ごとに達成されていくものである。だからこそ、本社の労組や従業員代表委員会は、その遂行のために各地に出向き、ワークショップを繰り返すなどして支援をしている。このように考えると、運動の理念はグローバル化したとし

ても、現実の組合運動は、相互の自主性を尊重し、連携や支援をし合う状態にあり、国境を越えて融合しているとはいい難い。そしてグローバル・ネットワークは、各地の労組が本社の経営陣から直接話を聞く機会を設けているが、その狙いは、各地の労組の交渉力を高めることにある。つまり、各職場の交渉は、依然として各地の労組に委ねられている。さらに、本社労使が締結したGFAや憲章は、いずれも原理・原則の範疇にとどまっており、各地の労組は、各地の現状とグローバル・ルールとを照らし合わせながら、各職場で取り組みを進めている。こうした状況からは、労使関係の国際化が進行しているといえる。

そして日系労組が、国際活動においてグローバル化よりも国際化を志向していることは、明白だろう。日系労組のインタビューからは、「現地企業は現地人に委ねられており、本社が関与できることは少ない」、「国ごとに労働法や雇用慣行などが異なるため、現地の問題は現地労使間で解決する方が適している」といった発言が繰り返し聞かれた。加えて、労働組合の結成や労働条件の決定は、現地の労働者や組合員の意向に沿って、自主的に取り組まれるべきものであり、先進国労組が自国の労使関係のあり方や労働基準を現地に押し付けるのは、パターナリスティックだといった見解も示された。こうした考え方のもと、日系労組の「グローバル・ネットワーク」は、歴史は長いものの、現在でも情報交換と経験交流を主とし、踏み込んだ支援や連帯行動は避ける傾向が強い。この活動スタイルは、労使関係のグローバル化というよりは国際化と呼ぶべきだろう。

以上のことから、本書で取り扱ったケースに基づくと、現状の組合の国際活動は、労使関係の国際化と捉える方が適当だと考える。いい換えると、現在、自動車産業の労働組合は、国際的労使関係の形成途上にある。

(2) 国際的労使関係の三つの特徴

この国際的労使関係には、従来の一国内の労使関係と比べて、三つの特徴がある。

①企業単位

第一には、それが企業単位で結成されるという点である。企業単位でルール作りをしていくことは、より職場に近い労組の方が、企業に対して、直接物を

表6-1　一国内の労使関係と国際的な労使関係の相違

一国内の労使関係	国際的な労使関係
（欧州では）産業別労働協約により，企業横断的な最低労働基準の適用	巨大な多国籍企業労使が締結する国際的ルールが，下請けまで適用されるという意味で，「トリクルダウン」的なルール適用

言いやすく，効果的に規制をかけられるという利点がある一方で，労組が企業経営の枠内で物事を考えがちになり，経営側との協調と協力が優先されやすいという欠点がある。国内でも，国際的にも，その弱点を補うには，企業の枠を超えた組合組織の関与が鍵となる。国際的な労使関係では，従来，国内で産別労組やナショナルセンターが行ってきた役割を，国際産別組織が担おうとしている。

こうした労使関係の形は，欧州の労使関係を基準に考えると，全国もしくは産業別・職業別労使関係が中心となってきた形態から，企業単位で労使が協議・交渉し，ルールを決定する要素がより強まったという意味で，分権化が進行していると捉えることができる。ゆえに，国際会議の場では，それに対する懸念が繰り返し言及され，企業別主義に陥る危険性が共有されてきた。だが同時に，グローバル・レベルで見ると，協議やルール適用が国を越えて広がり，海外工場までを網羅するようになったという意味では，包括性が従前よりも高まっているといえる。すなわち「分権化の進行」と「包括性の向上」という，一見矛盾した現象が確認できる（図6-1）。

さらに欧州をベースに考えると，一国内の労使関係では，産業別労働協約が，企業横断的に最低限の労働基準を形作ってきた。国際的な労使関係では，そうした同一産業内において複数の企業に共通した最低基準は存在しない。けれども，巨大な多国籍企業の労使が締結する国際的なルールは，自社の在外工場はもちろんのこと，GFAについていえば，子会社や下請企業，委託先業者にまで，その適用が及ぶ。それが十分に機能しているかどうかは別途議論が必要だが，構造としては，国を越えて，親会社から子会社へ，さらに周辺の関連企業へと，ルールの適用範囲が広がっていく。いわばルールがしたたり落ちる「トリクルダウン」的なルール適用の可能性を有している（表6-1）。

ITUCの調査によれば，主要な多国籍企業50社の製品は，わずか6％の直接

図6-1 グローバル化に対応した労使関係，変化のプロセス・概念図

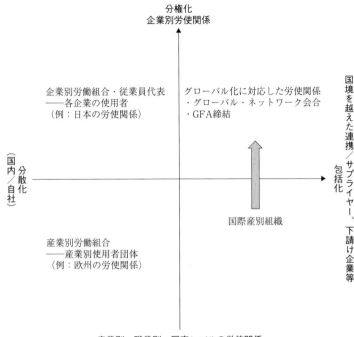

(注) 従来は，日本は企業別組合，欧州は産別組合が特徴とされ，それぞれのワーク・ルールは，一国内，一産業内，一企業内のみに適用されてきた。各国，各産業，各企業が，別々のワーク・ルールをもつ，という意味において，それは「分散」していたと見ることができる。だが，グローバル化に対応するために，国際産別組織を要に，企業単位で，国境を越えた協約を結び，それを自社のみならずサプライヤーや請負企業にまで適用させようとしている。国や企業を越えたワーク・ルールという意味において，それを「包括化」と表した。

雇用の労働者と，94％のサプライヤーと下請けの労働者によって生産されている。今はまだGFAは，100社ほどの多国籍企業としか締結できていないが，けれどもGFAを「トリクルダウン」的にグローバル・サプライ・チェーンに波及させることができれば，100のGFAのもつ効果は，決して小さくないは

---

(1) ITUC [2016] *Scandal: Inside the Global Supply Chains of 50top Companies*, ITUC Frontlines Report.

ずである。

　では，なぜ国際的労使関係は，企業単位となるのだろうか。そして，他の選択肢はありえないのだろうか。

　企業単位となる最大の理由は，使用者側の組織構造にある。欧州のように産業別や職業別に協議や交渉が可能である，産業別・職業別の国際使用者団体は，EU域内を除けば，世界的には不在であるか，該当する組織は存在していても，それは労使交渉の相手として機能していない（表1-1，42頁参照）。それゆえに，多国籍企業の労使が，国際的な話し合いや交渉をする可能性は，現在のところ，企業単位でしか道はない。つまりこれまで，各国の労使関係は，日本は企業別組合，欧州は産業別・職業別組合を特徴とし，それぞれの単位で団体交渉が行われ，協約を締結してきた。そして欧州では，EU域内で産業別・職業別労使関係も形成され，欧州域内の国際協約の締結に成功した事例もある。けれども，全世界レベルで，産業別・職業別労使関係の形成は，それに対応する使用者団体が不在であるために，不可能であり，かつ将来的にそうした使用者団体が結成される見込みも今のところはない。

　他の理由としては，企業別の労使関係の方が効率的だとも考えられる。今日，世界規模に事業を拡大させている企業は，極めて巨大化している。それらは，小国のGDPを遥かに超える売上高をあげ，多様な国際問題を内包している組織である。加えて，各企業は，事業を多角化させており，産業の枠を越えたビジネスを手掛け，異なる産業分野の企業を買収したり，提携関係を結ぶことも珍しくない。そうした巨大で，複数の産業を跨ぐ企業に対して，同一産業に軸を置いていることを理由に，産業ごとに，国際的に共通した規制をかけることは，極めて難しい。国際化した企業に，直接規制をかけようとするならば，企業ごとに協議，交渉していく方が，効果的であることも，国際的労使関係が企業単位化した理由だと思われる。

②法的拘束力の弱さ

　国際的な労使関係の第二の特徴は，法的基盤に根づいていないことである。GFA締結やグローバル・ネットワークの構築は，法的には何ら保障されていない。一国内の労使関係では，それぞれの国がもつ労働法に則り，手順を踏めば，組合を結成することができ，使用者はその存在を認めざるをえない。他方

で，GFA については，使用者はその締結を求められても拒否することはできるし，グローバル・ネットワークも，公認を迫られても拒むことも可能である。その意味において，グローバルな労使関係を築けるかどうかは，組合の力と経営側の姿勢に大きく依存している。

同様に，GFA や，VW およびダイムラーの国際憲章や原則について，その遵守が，法的にどこまで拘束力をもつのかも不透明である。一国内では，労働協約を締結すれば，それが法的根拠となり実効的な規制をかけることが可能である。だが，グローバルな労使関係で決定された内容は，国際的にいかほどの法的強制性があるのだろうか。国際化した企業が，国際的な労働組合と協約を締結し，それが文書として公表されているため，それは一定の法的な縛りを受けるとしても，それが国内の労働協約ほどの拘束性を持つとは考えにくい。

すなわち，国際的な労使関係上，締結された協定の執行は，最終的には各地の労組の取り組みに左右されざるをえない。だからこそ本社の労組は，各地の事業所に組織化を呼びかけ，各国労組の育成に力を注ぎ，労組同士でネットワークを形成し，締結したルールを周知し，その遵守と監視を強く要請してきた。グローバル・ネットワークは，国際的なルール作りのためにも，そしてそれを着実に実行していくためにも，重要な基盤となる。

③ネットワーク

第三の特徴は，「ネットワーク」にある。近年の国際労働運動では，ネットワークが，キーワードとなってきた。従来の組合運動では，労働者を同一の組合に組織し，ともに交渉して協約を締結し，共通のルールを職場に適用することが，主たる目的だった。しかしグローバル化の進行とともに生まれてきた国を越えた労使関係では，本社の労組は，海外事業所の組織化を支援し，活動に協力するものの，本社労組が，グローバル・ユニオンを結成し，海外事業所の組合を傘下に置くわけではない。つまり労働者は，国ごとに別々の組合に所属している。離れた場所に暮らす労働者同士は，それぞれが，それぞれの地で組合を作り，そのうえで相互に連携を図るのであり，そうしたつながりをネットワークと呼ぶ。

労働組合のあり方は，元来，各国の社会運動や労働運動の歴史，雇用慣行，各地の伝統などと深く結びついており，国ごとの違いが大きい。労働法上の組

合結成の条件も，組合活動の範囲も異なる。そうした異同を内包した労働者・労働組合同士にとっては，統一労組を結成するよりも，ネットワークという形で緩く連携する方が，運動にとりかかりやすいためだと思われる。

（3）　国際的な労使関係の進み方

　グローバル・ネットワークを基盤とする国際的労使関係は，複数の事例から，段階的に深まっていくことが分かる（**表 6-2**）。

　まずは「交流」である。いずれのネットワークも，最初は異なる国の労組同士が出会い，交流するところから始まる。同一企業で働く者同士とはいえ，初会合では相互に警戒心を抱いており，すぐに打ち解けあえるとも限らない。そうしたなかで互いの職場の状況を共有し，各国の組合活動の経験を紹介し合う。初期は，働くうえでの基本的権利や安全衛生など，多くの国が共通して理解し合えるテーマから議論を始めるケースが多い。そうした会合を定期的に，繰り返し重ねていくことにより，徐々に信頼関係が構築されていく。関係性ができるとともに，話し合うテーマは，段階的に深まっていく。次第に，勤務シフトの組み方，職場レベルの労使協議で話し合う内容などについても意見が交わされるようになる。

　次の段階が「支援・連帯」である。繰り返し話し合ってきた素地があれば，もし何か問題が生じた時に，一方が相談を寄せ，寄せられた方は，それに応えるという関係へと発展する。つまり，交流段階を過ぎると，活動を支援し，連携をとりあう「支援・連帯」の段階へと進んでいく。もし事業所内労使で揉め事を抱えていたり，現地の組合がなかなか打開できない課題があったりした場合には，本社労組に相談が寄せられ，現地労組と二国間で対応を協議するようになる。本社労組は，海外事業所の職場で起きていることを本社経営陣に伝え，必要に応じて，現地経営陣に是正を要請するといった体制を築いていく。こうした対応は，労使紛争の芽を摘み，激しい労使対立を未然に防ぐことに貢献する。同時に，ネットワーク会合では，まだ組織化されていない他の海外工場の組織化をどう進めるかが話し合われ，共同で組織化に向けた取り組みが図られることもある。

　そして次が「協議・ルール形成」の段階である。組合間の関係性がさらに深

表6-2 グローバル・ネットワークの三段階

	段　階	内　容	備　考
1	交　流	情報共有や経験交流	テーマ：安全衛生等→労使関係のあり方→雇用・労働条件
2	支援・連帯	本社労組と現地労組の連携および支援	例：労働紛争の解決，組織化，労働条件の是正
3	労使協議，ルール形成	国境を越えた労使協議，ルール形成	ルール：GFA→安全衛生→労使関係→雇用・労働条件

まっていくと，国境を越えたルール形成へと話が進んでいく。本社労組もしくは従業員代表組織が，イニシアティブをとれば，GFA はもちろんのこと，GFA の内容を越えたルール形成も可能であることが，本研究のケースからは示された（なお GFA は，欧州ではグローバル・ネットワークの形成とは別の枠組みで進んできたため，第1・第2の段階を経ずに締結されているケースも多い）。仮に本社労組がルール形成に消極的であっても，海外事業所の労組から，そうした要請を受けるようになり，本社労組は何らかの対応が迫られることもある。

　なお，ルール形成とはいえども，その内容は，いずれも「原則」や「憲章」といったものであり，それを前提に具体的な労働条件が各国労使間で話し合われる。つまりグローバル・レベルでは，共通した枠組みの構築や原理・原則の提示，もしくは最低基準の設定にとどまる。

　そして繰り返しになるが，ルールを締結しても，それを実行し，執行を確認する仕組みとして，その後もグローバル・ネットワークの役割が肝要であり続ける。VW のグローバル・ネットワーク会合では，繰り返し二つの憲章の説明がなされ，各現場への周知徹底に努めていた。グローバル・ネットワークのようなルールの執行状況を確認する仕組みが存在しなければ，いくらルールを締結しても，それは十分に機能しないまま放置されることになりかねない。現に，国際産別組織では，「機能していない既存の古い GFA をどうするか」について話し合われており，役割を果たしていない GFA を抱え続けている実態が問題視されている[2]。

　なお，グローバル・ネットワークの進展を，このように「交流段階」，「支援・連帯段階」，「協議，ルール形成段階」の三段階に整理した場合，日系労組

表6-3 企業本社との協議,交渉,協定締結内容の進行

レベル	テーマ	内容
1	ILO中核的労働基準	GFAの締結
2	労使関係のあり方	労使協議の事項や頻度等のルール化
3	職場の安全衛生	安全衛生基準,監視等のルール化
4	雇用保障	事務所閉鎖や生産移転の事前協議,配転のルール化
	非正規雇用の保護	均等待遇などの権利保障,比率制限等
	労働時間	残業規制,勤務シフトの組み方等
	賃金	賃金制度や割増比率等

の活動状況は,まだ第一段階から第二段階にあると考えられる。日系労組は,アジア地域でネットワーク作りを進めており,そこでは日本的労使関係の特徴とされる密な労使協議制の移転を図ってきた。各地の事業所で労使間のコミュニケーションが高まりつつあり,それは一定の成功を収めている。組合運動における支援や連帯の活動も一部で確認できる。労組の二国間協議が頻繁に行われ,近年では,一部の組合は,海外事業所の組織化支援にも協力するように変わってきた。VWやダイムラーの労組・従業員代表委員会の活動に比べれば,その支援活動は十分とはいい難いとの評価もあるが,日系労組による国際連携は,近年,強化されている。だが,共通したルールの締結については,日系労組はGFAでさえ達成できていない。

第三段階のルール締結について,その内容に注目すれば,そこには,比較的容易なテーマと,達成が困難なテーマとが存在していることが分かる(**表6-3**)。最も基本的なルールは,やはりILO中核的労働基準であり,GFA締結が,ルール形成の最初の一歩となることには違いない。次いで,重要性が高く,合意に達しやすいのが,労使関係のあり方だろう。労使関係の態様は,国家間の相違が大きいが,それでも企業がいかなる国際戦略を立てているのか,事業所の閉鎖や生産移転の有無等,雇用と労働条件に深く関わる事項については,事前の情報提供と協議を求めるべきだと考えるのは,どの国の労組にも共通する。

---

(2) 2014年12月3日に開催された「インダストリオールGFA作業部会」報告に基づく(JCM『第54回定期大会一般経過報告2014年9月1日-2015年8月31日』2015年)。

これは，EU域内ではすでに欧州従業員代表委員会制度で認められており，VWでは労使関係憲章で定められている。

次いで各国の経済水準や社会状況の相違にかかわらず，各国労組が互いに歩み寄れる課題は，職場の安全衛生問題だろう。安全衛生を保障するルールには，それを抽象的に宣言するレベルから，より具体的な基準にまで踏み込むレベルまで，様々にありえる。たとえば，先進国のなかでも，労働安全の規制の程度は国による違いが大きい（例示すると，組立作業での腰をかがめる作業の割合や，重量物の取り扱いの頻度など）ため，よりエルゴノミクスに配慮したライン設計を，全世界の事業所に要請することは大きな意味をもつ。さらに，安全基準が遵守されているか，定期的に点検や監視するシステムを作り上げることや，そのメンバーに組合員が加わるかどうかなども論点となる。そして，日独のグローバル・ネットワーク内で交わされてきた議論で，最も重要な課題となってきたのは，雇用保障である。雇用慣行や解雇規制などは，国によって大きく異なるため，雇用をどう守るのかに関わる国を越えたルールを設定するのは，一見難しいように思えるが，既にいくつかのGFAでは，雇用保障に関する規定も盛り込まれている。たとえばルノーのGFAでは，組織再編の際にはグループ内で配置転換を行い，雇用を保護することが定められている。

ただし安全衛生の問題も，雇用保障の問題も，労使関係の問題に集約されるともいえる。安全衛生は，各職場の労使双方が関わり，安全教育や職場パトロールの実施，定期的な会合の開催などを労使で決定しうるかどうかが重要となる。雇用保障に関わる手続きも，労使がルールを形成できる関係を構築しておくことが肝要である。つまり，労使協議で取り扱う最低限の事項を世界的に取り決め，労使協議が開催される頻度をルール化することが，多くの労働問題の解決の基礎となる。

労使協議制度の導入や中核的労働基準，安全衛生，雇用保障のルール化は，先進的な事例に基づけば，比較的実現可能性のある内容だと考えられる。

その他，VWが憲章として定めた非正規雇用者の待遇向上に関わるルール，さらには，一国内の労使関係では重要なテーマとなってきた労働時間（例：標準労働時間，残業規制，勤務シフトの組み方等）や賃金（例：割増賃金の比率等），福利厚生といった問題のルール化はどうだろうか。これらは，経済社会状況に

よって，各国の法規制の内容，労働者の意識，現在の水準においてギャップが大きく，共通ルールの形成は，容易でないと予想される。

たとえば労働時間については，ILOが示す標準労働時間は1日8時間，週40時間であるが[3]，それよりも短い時間の就労を求めている国の労組もあれば，残業手当を期待して，より長い時間の就労を望む国の労組もある。賃金については，経済の発展段階でその水準が大きく異なり，最も難しいテーマの一つといえる。ゆえにそもそもグローバル・ネットワーク会合で，こうした具体的な労働条件を議題とすること自体，一部の先進国の労組は避けてきたし，意図せずしてそれがテーマとなり，ネットワーク会合自体を中断せざるをえなくなったケースもある。

しかし他方で，経営側は，近年，管理職を対象とした人事制度のグローバル化に着手している。グローバル本社の人事部門が，各国の事業所の人事情報を一括して管理し，世界共通の制度を世界中の社員に適用しようとする動きが見られる。つまり，社内の職位や階層を世界共通化し，昇進体系や昇進のスピードをそろえ，報酬管理，研修や教育体制，さらには採用のあり方までを統一化しようとしている。国を越えて有能な人材を育て，本社の業務に携わらせるためには，各地の職位ランクをそろえ，本社トップにまで伸びる昇進体系を示すようなグローバル人事戦略が不可欠だと考えられている[4]。すなわち，企業活動のグローバル化は，国内で企業規模が拡大していくこととは質的に異なり，企業内部にこうした調整や改変を引き起こすものである。

その先進事例として，広く知られるのは，日立製作所だろう。同社は，2011年に「グローバル人事」の導入方針を発表し，その翌年には世界のグループ会社の人事情報をデータベース化し，さらに2013年に課長級以上のポストについて，職務や職責の格付けの共通化（グローバル・グレード制度）を導入した[5]。さらに，2014年には評価制度の統一化を進め，同年秋には「国内管理職の1万1000人を対象に，世界共通の基準に沿った賃金制度」を導入することを発表している[6]。その他にも，富士通[7]，富士フイルム[8]，ファーストリテイリング[9]などに

---

(3) ILO条約1号および47号。
(4) 山西（2012）。
(5) 『日本経済産業新聞』2014年9月29日。

おいても，同様の動きが報じられている。

すなわち，労働組合が，主に生産現場の労働者間で連携を深め，人権や安全といったテーマについて，最低限のルールを定めようとし，それさえも多くの職場で難航している時に，使用者側は，報酬や昇進といった人事制度の細かい中身にまで踏み込み，世界規模で統一化を推進している。多国籍企業の幹部社員は，国を越えて異動することが前提であり，国内に限定して雇用される技能労働者とは，明らかに異なる。けれども，使用者側は，一部の社員のみを対象としたものとはいえ，国による雇用慣行や労働法，働き方などの相違を乗り越えようとしている。こうした動きを参考に，労組も世界共通ルールについて，もう一歩踏み込んだ議論を始める必要がある。

（4） 労働組合の機能変化

国際的な労使関係の構築は，従来の労働組合の組織構造に，いくつかの変化をもたらした。

一つは，国際産別組織の役割強化である。国際産別組織は，以前は各国の産別労組の上部団体として，国際的な情報の提供や運動方針を提示する組織であったが，GFAの締結により，多国籍企業との協議や協約締結の主体となり，企業の交渉相手となり得た。加えて，近年では各国の企業レベルの労組と直接つながりをもち，国際会合を主催し，企業単位労組間の調整を行っている。たとえば，インダストリオールの自動車部門が，VWやダイムラー，フォード，GMといった各社の企業単位労組と直接連携をとる構図は，これまで国ごとにグローバル企業の本社労組と連携してきた国内産別組織の役割を国際産別組織が一部担いつつあるといえよう。

もう一つの変化は，企業別労組や従業員代表委員会の役割強化である。本研究の事例からは，実質的に，本社の労使が，在外事業所であることを根拠に，他国の労働条件や労使関係について議論し，それに関わりをもつようになりつ

---

(6) 『日本経済新聞』2014年9月26日．
(7) 『日本経済新聞』2013年2月14日．
(8) 『日本経済新聞』2012年12月5日．
(9) 『日本経済新聞』2015年11月2日．

つある。かつ VW やダイムラーの事例では，そうした役割の多くを，労働組合ではなく，従業員代表委員会が行っている。これは両社特有の状況であるともいえ，どこまで一般化できるかははっきりとしないが，こうした従業員代表委員会の強化は，交渉力の低下という問題を孕む。なぜなら従業員代表委員会は，両社の事例に基づけば，情報の享受だけでなく，実質的に協議や協約締結までしているが，それでも，争議権を伴う交渉はできないためである。

そして国際的労使関係が，途上国の組合構造に与える影響についても触れておきたい。途上国においては，国内で社会運動や労働運動が成熟する前に，先進国の労組や企業から，直接的・間接的な介入や関与を受けて，先進国の制度やルールが一部導入されている。後発国が，先進国の制度や技術を，それらを生み出すコストや時間をかけずに輸入するという優位性をもつことは，後発効果（late development effect）[10]として知られる。

たとえば VW の海外工場では，本社の従業員代表委員会や労組から，従業員代表制度の導入や，組合結成の支援を受け，さらに組合活動の進め方について助言を得ながら，活動を進めている。そうした在外子会社の労組は，現地の上部団体よりも，本社労組とのつながりの方が強い。また国によっては，上部団体が政治組織に牛耳られていることを理由に，単組は上部団体に加盟していない。そうした状況を危惧した本社労組は，企業の枠を越えた労組連携の重要性を現地で繰り返し説き，地域や産別での労組のつながりを作るために，複数の労組が参加するワークショップを開催してきた。今後，現地で産別労組やナショナルセンターが成長していくことも予想されるが，少なくとも当面は，国際的労使関係が企業単位化していることの影響を受けて，これらの国では企業別組合運動が主流となる，つまり分権化した労使関係が移転される可能性も否めない。

---

[10] Dore（1997, 2011）。

3　使用者にとっての国際的労使関係

(1) 労使関係の安定

　国際的労使関係の構築は，多くの経営者が，警戒すると予想される。その最大の理由は，労使のパワーバランスにおいて，企業の有利性を損なうことにある。多国籍企業論のなかでは，企業が多国籍化する一つの理由に，労働者の分断や組合機能の低下があると考えられてきた。グローバル・ネットワークを形成し，在外事業所の労組が交渉力を高めることは，そうした経営側の見込みを読み違えるものとなる。同じく，国によって異なる条件を利用して，生産移転を行い，利潤をあげようとするならば，国を越えた共通ルールの適用は，そうした思惑に逆行する動きだといえる。

　だが，本書で強調したいことは，市場原理に基づけば，存在しない方が有利だと考えられる国際的労使関係に，経営側も，意義を見出していると思われる点である。VWやダイムラーのケースでは，経営側もまた，グローバル・ネットワークで議論される内容に高い関心を寄せてきた。VWの経営側は，200名にのぼる各国の労使代表者を一堂に集める費用を毎年負担し続け，従業員代表委員会のなかに国際問題を対応することに専念する人員を配置し，その給与と活動費を支払い続けている。こうした負担を厭わないのは，これが経営側にとってもメリットがあると判断しているためだと考えられる。

　その最大のメリットは，労使関係の安定だろう。そもそも海外工場に従業員代表制度の導入を進めるという本社従業員代表の活動は，経営側の意向とも合致している。新工場ができると，労組や従業員代表だけでなく，経営側も従業員代表制度の設置を提案してきた。世界従業員代表委員会の設置は，従業員代表制度が，法制度上および雇用慣行として存在しない国にも，労使が事業所ごとに協議する仕組みを根づかせ，その機能を高める効果がある。同様の動きは，日系企業（C社）でも確認されており，経営側が率先して，海外工場に労使協議制を導入しているケースもある。

　経営側が，従業員代表制度や労使協議制度といった，一企業（および事業所）内で労使が対話する仕組みを導入したいと考える理由の一つには，勿論それに

より労組の結成を阻止したいという思惑もあるかもしれないが，それだけではない。労使が密に協議を繰り返すことが，従業員の不満を解消し，労使紛争を未然に防ぐ機能をもち，安定的な生産活動につながるためである。そのうえ従業員の職場への定着率が高まり，さらには生産品質の保証や収益性の上昇につながるという利点が生まれる可能性もある。

　また，VWのケースでは，グローバル・ネットワークを通じて，他国労組と交流を深めていくことは，組合活動に一定の規律が生み出されることが分かった。つまり国際会合に参加する労組は，他国（とくに本社）の労組活動と比較して極端な要求を減らして，他の国々の労組から，合理的だと思われる行動をとろうと自制する。むろんこうした規律化機能は，各事業所の人事担当者にも同様に働く。要するに，組合の国際連帯は，それにより労働側の力を強めはするものの，そのことがただちに，過剰な要求を生み出し，飲めなければ国際的なストを打つといった行動につながるわけでもない。むろんこれは，グローバル・ネットワークを主導する本社の労使が，敵対的な労使関係にないことも影響しているため，必ずしもすべてのネットワークが，そうなるとは限らない。だが現在のグローバル・ネットワークは，国際産別組織が関わり，各社の違いを認めながらも，統一化を図ろうとしていることを考慮すると，こうしたネットワークの構築が，各事業所の労使行動を国際的に均す可能性も指摘できる。

（2）　企業のブランド戦略

　各社の労使関係は，企業のブランド・イメージを構成する一要素である。たとえば，VWもダイムラーも，世界従業員代表委員会を実施していることや，国際的な協定や憲章を締結したことを，CSRレポートで報告し，ホームページ上にも掲載している。つまり本社の経営側は，ドイツ国内の労使関係のみならず，グローバルな労務問題にも積極的に取り組み，国際的に良好な労使関係を築こうとしていることを盛んにアピールしている。経営側は，生産や販売の海外戦略の一環として，国際的な労使関係戦略を立て，グローバル・ネットワークを支援し，関与しているように思われる。すなわち，これらの企業では，従業員代表や労働組合の国際連帯活動をグローバル労務の一環として，そしてグローバル・コーポレート・ガバナンスの範疇として捉え，その成功を企業ブ

ランドの一つに据えている。

　そして両社に限らず，欧州を母国とする企業のなかには，人事・労務の取り組みを企業の魅力として強くアピールする企業が数多く存在する。たとえば，スウェーデンを母国とするアパレル業界世界トップ企業であるH&M（Hennes & Mauritz AB）は，そうした活動で高い評価を受けてきた。同社は，820社のサプライヤーと1900工場（その多くが途上国）に生産を委託しているが，これらの請負工場における労働安全基準，労働条件，労使関係に深く関わっていることを公表している。(11) たとえば，同社は，生産を委託する途上国向けに，火災や安全意識を高めるための各地の言語によるビデオを制作し，自社ブランドの洋服を製造する労働者のみならず，衣料品産業で働くすべての労働者に安全衛生に関する教育活動を展開してきた。同時に，請負工場で働く労働者に，労働者の権利を自覚させるために，結社の自由や団結権といった基本的な権利，社会的対話や従業員代表制度の重要性を訴えるビデオも同じように制作し，その教育を受けることが生産契約を締結するうえでの一つのルールとしてきた。今日，同社は生産の委託決定において，各工場の組織率を評価基準の一つに加えており，請負工場の組織化をより直接的に促している。同様に，公正な賃金（生活が保障される賃金，民主的に選ばれた労働組合との交渉による合意に基づく賃金）をすべての職場に取り入れるための行動計画を有する。H&Mの人事担当者らは，精力的に海外の生産現場に足を運び，現地の安全基準や労働条件をモニタリングし，従業員に面接調査をし，必要があれば是正勧告してきた。(12) これらのビデオや報告書，行動規範，その成果などはすべてホームページ上に公表され，同社の「サスティナブル」なブランド・イメージを築き上げてきた。同社は，人事・労務への取り組みが，企業ブランドの重要な一要素となる典型的なケースである。

---

(11) H&Mの活動については，同社HPより（http://about.hm.com/ja/About/sustainability/commitments/responsible-partners/working-conditions.html　2016年4月18日閲覧）。

(12) たとえば，毎年数千人の工場従業員に「賃金計算の方法を知っているか」などを確認する面接調査を行っている。

（3） 国際基準の形成におけるイニシアティブ

　このように自社工場やサプライヤー工場で働く労働者に対して，労使協議や社会対話の実現など，労働に関わる基本的な権利を保障することが，安定的な経営の礎となり，持続可能性を高め，長期的にはビジネスの成功にもつながる，とした考えは，従業員代表制度が法制度として普及し，労使が社会パートナーとして共同決定する仕組みを築いてきた欧州の慣行を強く反映している。各業界で世界トップを競うVWやH&Mが，こうした自らの国や地域に存在してきた雇用慣行や働く上でのルールを，世界各地に存在する直営工場や事業所，サプライヤーとなる工場や子会社にまで広げていくことは，単に，自社グループ内で良好な労使関係を築き，安定的な生産をすることや，ブランド力を高めるというだけでなく，次第にそうしたルールや慣行をグローバル・スタンダードに押し上げていき，世界市場で闘ううえで，一つの武器とする戦略とも考えられる。自国のやり方が，世界的な標準となれば，市場競争において有利となることは確かである。

　たとえば，H&Mが請負工場で行う安全衛生管理は，今では，同業他社にも広がりつつある。今日，アパレルメーカー各社は，サプライヤー工場の就業環境にも目を光らせていなければ，社会的批判の的になりかねない。日系企業のファーストリテイリングが，2015年に国際NGO団体から中国の請負工場での劣悪な労働環境を告発されたことは記憶に新しい。同社が，すぐさま声明を発表し，対応をとったことは，請負工場の安全衛生に，委託元の企業も責任をもつことが，すでに国際標準となっていることをうかがわせる。むろんこの国際標準は，H&Mが独自に築いてきたわけではなく，本書でも紹介したILOの中核的労働基準の確立や，国際NGOの活発な活動，ナイキのスウェット・レーバー問題等，いくつもの要素が重なり合って築かれてきた。だが，そうした

---

⑬　ただし，欧州のなかでも国による違いは大きい。たとえば，従業員代表制度は，ドイツ，フランス，オーストリア，スペイン，オランダの他に，ギリシャ（1988〜），スイス（1994〜）では導入されているが，他方，スウェーデンとフィンランドでは従業員代表制度を設定していない（ILO，1997）。スウェーデンでは，労働者は労働組合によってのみ代表され，これは「シングル・チェンネル」モデルと呼ばれる（『ビジネス・レーバー・トレンド』2012年12月号，2-13頁）。そして従業員代表制度が有する権限や機能も，導入されている国のなかでも相互に異なる。

流れに乗りながらも，H&Mがそれを国際標準化することに強いイニシアティブを発揮してきたことも事実である。

　グローバル市場が拡大していくなかで，産業や技術，科学の分野においては，製品規格や性能，品質評価，技術基準等を世界で統一させ，国際標準化する動きが加速している。国際規格や基準は，安全衛生や環境保護などの分野にも及び，それは労働分野にも広がりつつある。その代表的な例は，第2章で紹介したISO26000に見ることができる。そしてこうした国際基準や規格が構築される過程において，そのイニシアティブをいかに握るかは，世界各国の政府や多国籍企業が熾烈に争ってきたことでもある。

　多国籍企業が国を跨いで労働者を雇用し，または海外工場に生産を委託するにあたって，いかなる雇用慣行や労使関係が標準化するのだろうか。むろんいうまでもなく，雇用慣行は，産業技術規格のように一律の基準が適用されるようなものではなく，各国の文化や伝統，歴史に根差した，それぞれに異なるあり方が保持される部分が相当残ると考えられる。とはいえ，ほぼ世界共通に標準労働時間（1日8時間，週40時間）の確立，団結権や団体交渉権の保障，安全衛生に配慮した就労環境の整備など，国境を越えた共通の価値観が存在していることもまた，事実である。

　すなわち，雇用慣行や労使関係においても，ある程度までは「グローバル・スタンダード」が進むことが予想される。これまで見てきたように，欧州系の多国籍企業の労使は，サプライヤーへの責任，労使対話の重視，従業員代表制度の導入などを途上国にも推し進め，それを欧州外の多国籍企業にも広げようとしている。(14) 現行では労働分野の「グローバル・スタンダード」作りにおいて，欧州のルールが，優位な位置を占めているように見える。こうしたルールや基準は，いったん出来上がってしまうと，それを全面的に改変することは容易でなく，当然のこととして，日系企業の労使もそのルールに従って行動することが求められる。

　このことは，次に述べる政府の役割とも重なる。今日では，労働に限らず，

---

(14) 経営側だけでなく，アメリカのソリダリティ・センターやドイツのフリードリヒ・エーベルト財団などの組織が，世界各地に拠点を置き，活発な活動を展開している。それらの組織は，各国政府から資金援助を受けている。

環境問題，食糧問題，エネルギー問題など，地球規模で深刻化している課題の解決策が，国家間で議論されている。それらの解決を図るため，国際的なルールが論じられ，新たな社会システムが構築される時に，自国のやり方や慣行をそこに組み入れた方が，自国企業の国際市場上の競争条件は有利となる。各国政府は，そうした競争優位を得るために，戦略的に国際規格作りに関わっている。国際標準や国際規制は，所与のものではなく，作り上げていくものである。その内容について，どれほど関われるかは，国の経済成長と密接に関わり合う問題でもある。

4　国際的労使関係における政府の役割

（1）　グローバル化と国内規制の関係

　労使関係は，政・労・使の三者で構成されると考えられてきたが，国際的労使関係における一国政府の役割は，一国内の労使関係ほどにその立場が明確ではない。まず，国際市場に対して，法や制度を強制する権力をもつ組織としてのグローバル政府は，存在しない。ILOなどの国際機関は，国内政府の役割を国際的に一部代替し，中核的労働基準や多国籍企業規範などを築き上げてきた。しかしながら，これらは国内法規ほどの強制力をもちえてはいない。唯一の国際労働基準とされる中核的労働基準でさえ，国内法との間に齟齬が生じた場合，国際社会は国際基準の遵守を求めるものの，それが厳格に適用されているとはいい難い状況にある。グローバル化した現代，各国政府の役割は，ダンロップが労使関係論で想定したようには，説明できない。

　けれども，国際的労使関係において，各国政府の役割はなくなったわけではなく，依然として大きい。たとえばVWは，臨時労働者憲章を労使で締結し，派遣労働者の上限比率を各事業所5％とすることを規定した。この憲章の実効性を高めるために，世界各地のVWの事業所の従業員代表委員会や労働組合がつながり合い，各職場内の実態を把握し，経営側と協議している。それでも，派遣労働に関する法規制は，国によって大きく異なるため，各事業所の従業員に占める派遣労働者比率は，国ごとに格段の差が生じていると予想される。つまり企業レベルのグローバル・ルールは，各国の法規制や慣行によっては，形

骸化しかねない。

　そして同一の国に，同業他社が多数事業所を構えているケースも多く見られる。具体的にいえば，インドには，VWも，ダイムラーも，そして日系メーカーA・B・C社も，その他の自動車メーカーも工場を保有する。VWの憲章は，VWの工場内では機能したとしても，ダイムラーや日系メーカーの工場には，当然，適用されない。その状況下では，VWは，他社よりも高い労働条件を設定することになり，人材獲得上，それが有利に働いたり，労使関係が安定したりするなどの利点がある一方で，相対的に高コストとなることや，柔軟な雇用調整が難しいなどの不利益も引き受けざるをえない。VWからすれば，同一市場で競争している同業他社にも，同一のルールが適用されることを望むであろう。

　それを実現させるためには，インド国内に共通した規制を作るしか方法はない。それはドイツの産業別労使協定のように，インド国内の自動車産業内で共通したルールを適用させるか，一国内の法規制とするか，様々な手法がありうるが，いずれにせよ企業の枠を越えたルールの形成が求められる。すなわち，各企業内のグローバル・ルールに実効性をもたせるには，企業内にとどまらないルールの整備が必須である。

　労働規制とは，本来，企業レベル，産業レベル，国レベル，地域レベルそして世界レベルと多段階で編成されるものである。企業単位化した国際的労使関係のなかで，グローバル・ルールを作り，多国籍企業を規制する力をもとうとしても，それだけでは達成は困難だろう。一国レベルで，同様のルールを作り企業内規制を下支えしていかなければ，企業内グローバル・ルールは，継続的かつ安定的に機能していくものにはならない。そうした意味において，国際的な労使関係における各国政府の役割は，依然として大きい。

（2）　**国家間の相違と共通性**

　ところで，本書では，労働基準や労働規制は，国によって大きく異なることを前提としてきた。すなわち，国境という線を越えた先には，生産性や技術水準が違うように，労働基準や労働規制の強さが違う土地が広がっている。そうした違いは，比較優位と捉えられ，多国籍企業の投資先や生産立地の決定に影

響を与え，貿易上の利益を生み出す源泉となってきた。これはグローバリゼーションの便益の一つであるが，他方では，その違いを競い合うことが，「底辺への競争」を招く。それゆえに，労働組合による国境を超えたグローバル規制が重要であるということが，本書のそもそもの問題意識だった。

けれども，本書が前提とし，いわば一般常識としてもそう理解されている「労働基準や労働規制は，国によって大きく異なる」という想定は，果たしてどれほど妥当しているのだろうか。

確かに，労働基準や雇用慣行，規制の強弱，制度のありようなど，国家間の相違は，枚挙に暇がない。これらの相違が生まれる原因も多様である。たとえば，現在は違うルールであっても，経済の発展や民主化の進展等により，中長期的には世界共通のルールへと向かっている過程上での違いや，各国の伝統や文化に根づいているため今後も長期にわたって続くと予想される違いがある。また，中核的労働基準に見られるような世界に共通した労働規範から乖離した違いなど，国家間の相違といっても，それがもつ意味はそれぞれに異なる。

このように各国の法規制や慣行は，確かに互いに様々に異なるが，しかしながら，一国内の法規制や慣行は，グローバル性を帯びてもいる。換言すれば，国内ルールは，他国の，そして国際的なルールと切り離されて存在しているわけではない。たとえば，国際的な圧力を受けて，国内ルールが国際標準に近づこうと改変されることがある。日本においても，1986年に施行された男女雇用機会均等法は，それが成立した背景には，国内要因の他に，外圧という要素があったことがよく知られている。つまり国連は，1975年から1985年までを「国際女性年」とし，女性の地位向上策を各国政府に求めていた。雇用分野の男女格差の大きさを批判されていた日本は，政・労・使ともに先進国標準に追いつこうと均等法制定に動いたのだった。このように国内の法規制は，一国単位で作られ，国内のみに適用されるとはいえ，国際社会と無縁な存在ではない。そうだとするならば，各国の法規制は，一方で収斂していき，同時に，他方でさらに異なる法規制が生み出されるという意味では，拡散が進む。

その結果，国と国との間には様々な違いもあるが，同時に，国を越えて共通

---

(15) 堀江（2005，294-296頁）。

している部分も相当に多いことも確かである。たとえば，雇う者と雇われる者とが存在し，両者が雇用関係を締結することは，今やほぼすべての国に当てはまる。中核的労働基準に定められているように，労働者に団結権を与え，労組を結成する自由を保障し，労組を通じて労働者に，賃金や労働条件の決定に参画する権利をもたせようとする点もまた，多くの国で等しい。標準労働時間は，欧州には週40時間より短い労働時間制度を定める国もあるが，その他の国では，ほとんどがILO規定に倣っている。そして標準労働時間を越える場合には，割増賃金を適用することや一定の就労時間を越えたら休憩を取ることも，同様である。賃金水準は，国によって大きく異なり，途上国と先進国との間には，その格差が10倍以上に開くこともあるが，各国の生活水準に基づいて最低賃金制度が導入されていることや，賃金の決定の際に差別的な取り扱いを禁じることなどは，多くの国で共通している。

　法規制は，一国単位で決定され，一国内でしか適用されない。しかし，国民国家を通じて作られる規制が，グローバル性をもつこと，いい換えると国民国家がグローバル性を帯びることも，国際市場における企業の活動を規制するためには肝要である。現在では，ルールを緩和させる方向でグローバル性が強まっているが，国際的に共通したルールを作っていくことは，社会的公正の実現という意味においても，多国籍企業がサスティナブルに事業を営む意味においても，極めて大切なことである。

5　おわりに

　本章では，労働組合，使用者，政府の三者それぞれの立場から，国際的な労使関係の形成に向けた役割や特徴，それに取り組む動機，そしてそれが一国内の労使関係といかなる相違をもつのかなどを論じてきた。

　国際労働運動のありようは未だ流動的であり，国際的労使関係のあり方も，発展途上であることから，今後，その姿は変わっていく可能性も否めない。だが，現時点の状況として，次のことが確認できた。すなわちそれは，企業レベルで国境を越えた労組連携の強化が進んでおり，そこで生まれてきた労組ネットワークは，本社経営陣との間で情報の共有，世界の職場に関わる問題の協議，

グローバルなルールの締結を行う土台に育ちつつあるということだ。これは本書がテーマとしてきた多国籍企業に対する国際的な労働規制の一つの形だといえる。本書では，このことから労使関係の国際化（それは労使関係のグローバル化ではない）が，進展していると考える。

ただ今後の課題も多い。中長期的にこうした国際的な労使関係が，安定的に存続していくかどうかは，それに向き合う経営者側の姿勢に大きく左右される。欧米のグローバル・ネットワーク会合は，経営側の資金によって運営されており，そうした資金を経営側が拠出し続けるかどうか，それに加えて，法的拘束力を課されないにもかかわらず，こうした国際的な労使協議に経営側が応じ続けるかどうかも分からない。ただし，今日的状況を見ると，国際的労使関係は，経営側にとっても一定の意義があると考えられる。本章ではその点を強調した。

そして，グローバル・ネットワークと企業本社との間で決定されたルールが，各地の職場に対して，規制力を発揮していくためには，各国政府の役割が重要となる。一企業内だけに施行されるルールには自ずと限界があり，それが企業外にも波及していかなければ，企業内ルールは形骸化せざるをえない。そう考えると，企業単位化する国際労働運動においても，一国単位の規制をグローバル標準へと引き上げていくために，産別労組やナショナルセンターの役割も，変わらず大きいことが分かる。このように国際的労使関係は，その第一の特徴に企業単位化があるとしても，今後それが定着していくためには，産業レベル，国家レベル，地域レベル，世界レベルでの政・労・使それぞれの取り組みが不可欠である。

終　章
グローバル労使関係への道筋

1　本書の要約

　本書は，労働組合が，多国籍企業に対していかにグローバルな規制力を築こうとしているのか，その取り組みを明らかにし，それによりグローバル化に対応した労使関係のあり方を検討しようと試みたものである。まず序章で，本書の問題意識と分析対象である自動車産業の特徴を述べた。続く第1章では，関連する先行研究を整理した。

　そして第2章で多国籍企業に対する国際的なルールの存在について確認した。歴史的に見ると，ILOや国連，WTOなどの国際機関のなかで，国際労働基準の設定がたびたび議論されてきたが，それらはことごとく失敗に終わってきた。その理由は，主に途上国と先進国との間の対立にあった。ただ，繰り返された議論のなかで，一つの方向性が見え，ある基準へと落ち着いていった。それが中核的労働基準である。ILO条約のなかで最も基本的な条約とされる8条約についてのみ，すべての国が遵守すべき事項とされ，それが，今日，唯一存在する国際労働基準だといえよう。

　けれどもこの中核的労働基準でさえ，果たしてどれほど各職場の労使に周知され，どこまで遵守されているのか，心許ない状況にある。そうした現状を生み出す背景には，国を越えて労働実態を監視したり，中核的労働基準に反した行為を是正したりする仕組みが，十分に整備されていないことがある。

　そこで労働組合は，自らこそが，そうした機能の一部を担うべきだと考え，その仕組み作りに乗り出した。第3章では，その基盤となるGFA（国際枠組み協定）について検討した。GFAとは，国際産別組織と多国籍企業とが締結する国際協定であり，労使が世界中の事業所とサプライヤーを対象に，中核的労

働基準の遵守を宣言するものである。GFAの締結は，労使双方が，国境を越えた労働実態に責任をもち，中核的労働基準に反する行為があればともに解決にあたることを示すものである。この結果，現にGFAに基づいて労使紛争が解決されたケースも生まれている。

　国際産別組織は，1990年代から急速にGFA締結に向けた取り組みを活発化させ，欧州を母国とする多国籍企業を皮切りに，多くの巨大企業とのGFA締結を成功させてきた。GFA締結により，形式上，国際産別組織は，多国籍企業と直接対話する地位を獲得した。中核的労働基準という基礎的な権利に限定されるとはいえ，労働組合と多国籍企業が，国境を越えてワーク・ルールを締結するという意味では，GFAは，国際的な労使関係構築の一歩となった。

　しかし，次に問題として浮上してきたのは，締結されたGFAが，果たしてどれほど機能しているのかという点だった。GFAは，労使で実行していくものであるため，本社経営陣が，在外事業所やサプライヤーの使用者に，それを伝え，遵守を求めることはもちろんのこと，労働組合もまた，各国の事業所と世界に広がるサプライヤーで働く労働者や労働組合に，内容の周知を図っていくことが求められる。そのためには各職場に労働組合が結成され，それらの組合がGFAの内容を理解し，それを達成するだけの力を有していなければならない。その実現には，相当なコスト（労力的・時間的・金銭的コスト）を要することはいうまでもない。

　第4章では，そうした地道な取り組みを先駆けて行ってきた事例として，VWとダイムラーの従業員代表委員会，IGメタルそして国際産別組織の活動を叙述した。両社の従業員代表委員会は，2000年前後から，各地の労働組合および従業員代表委員会と定期的に会合を開き，未組織職場の組織化に取り組み，海外事業所の労組育成に励み，各地の労働問題の解決に力を注いできた。本社と海外事業所の労働組合および従業員代表の会合は，グローバル・ネットワークと呼ばれる。国際産別組織は，グローバル・ネットワークを他労組にも広げるべく，その開催を呼びかけてきた。2000年代後半になると，次々とネットワーク会合が立ち上がった。一足早く始まったVWとダイムラーのケースでは，グローバル・ネットワークと多国籍企業との間で，中核的労働基準を越えた内容の協定締結も達成した。つまり，グローバル・ネットワークは，労使が国際

終　章　グローバル労使関係への道筋

的に協議し，一企業内部においてグローバルに適用されるルール形成の土台へと発展しつつある。

　第5章では，こうした国際連帯強化の動きに対して，日系労組が，どう向き合っているのかを考察した。日系労組として，自動車完成車メーカー3社（A・B・C労組）と部品メーカー1社（D労組）を取り上げた。近年の動向を示すと，A労連は1990年代前半以降，各国の事業所の労組と定期的に会合を開催しており，D労組も2000年代初頭から同様の会合を開催してきた。B・C労組も，国際産別組織の呼びかけを受けて，2000年代後半から本格的に国際会合の実施に着手している。ただし，日系労組のネットワーク会合には，いくつかの特徴があった。それは，国際産別組織が参加していないこと，世界全体ではなくアジアに限定した会合であること，日本的な労使関係の特徴である密な労使協議の導入とその運用には熱心に取り組む一方で，組合活動（組織化や労働協約の締結等）には「相互不可侵」の原則を貫いていることなどである。そしていずれの企業別組合も，少なくともこれまでは，GFA締結に消極的であったことも共通している。

　そして第6章では，これらの事例に基づく分析を行った。国際的な労使関係構築に向けた組合運動として，現時点で確認できたことは，以下の通りである。

　まず，国際産別組織といくつかの労働組合および従業員代表委員会は，国際的な労使関係の形成に真剣に取り組んでおり，それは確かな進展を見せてきた。これまでに，GFA締結，グローバル・ネットワークの定期開催，中核的労働基準の内容を越えた国際協定（憲章や原則といったレベルであるが）の結実といった具体的な成果が生まれている。

　こうした国際的な労使関係の姿は，従来の一国内の労使関係と比べて，いくつかの特徴がある。第一に，その労使関係は，企業単位化する傾向にある。多国籍企業と直接協議し，協定を締結するという行動をとるために，労働組合は，企業本社の労組および従業員代表委員会が中心となり，企業単位で世界各国の組合を集め，ネットワークを築いてきた。そのネットワーク会合に参加するのは，各国の産別労組の場合もあるが，事業所単位の組合支部や従業員代表委員会のメンバーであることも少なくない。これは，それ以前に欧州で進んできたいわゆる分権化の流れとも重なっており，こうした企業単位化を懸念する声も

出ている。ゆえに国際産別組織は，企業ごとのグローバル・ネットワークをつなぐ役割を果たし，企業別組合主義に陥らないように歯止めをかけようとしてきた。現状としては，多国籍企業に対して規制力をもとうとするならば，企業単位化した組合および従業員代表委員会のネットワーク以外には方法が見つかっていない。

　他方，企業単位で結ばれた労組連携は，企業を軸に海外にまで活動範囲を広げ，加えて関係する職場（子会社や請負会社など）にも最低限のワーク・ルールの遵守を呼びかけるなど，従来よりも包括性を高めている側面がある。また産業別から企業別へという分権化が進む一方で，本社労組が中心となって全世界の事業所に適用されるワーク・ルールを取り決めようとするなど，本社労組の機能の高まりも進んでいる。このように整理すると，労使関係の企業単位化の傾向を，単なる分権化の進展と捉えることもできない。

　第二に，国際的な労使関係は，法的基盤をもたない。国内で締結される労働協約のように，国際的な労使協定が法的拘束力をもちうるのかは，まだ不透明であり，それゆえ，締結された協定の執行は，各地の労組の取り組みに左右される状況にある。

　第三に，こうした労使関係の進展は，組合機能の変容を生み出してきた。それは，国際労働運動において，本社の労組および従業員代表委員会と，国際産別組織の重要性が著しく増したという点にある。本社労組や従業員代表委員会には，従来の国内の組合員向けの活動に加えて，国際活動の責務も課されるようになった。国際産別組織は，各社のグローバル・ネットワーク会合に出席し，企業本社の労組および従業員代表委員会と直接つながり，相互の調整を図る役割を担い始めている。同組織は，GFAやグローバル・ネットワークについて企業横断的な目標を定め，ガイドラインを作成し，労組間の情報共有を進めながら，企業ごとに生じるばらつきを均そうと努めている。こうした国際産別組織の役割は，ちょうど日本国内の産別組合のそれと似てきた。

　第四には，労組間の連携はネットワークと表現され，それは一国内の一労組内構造と比べれば，つながりが緩いことを特徴とする。本社労組と海外事業所の労組は，全く別組織として存立し，両労組が統一労組結成を模索する動きは，今のところない。かつてレビンソンは，国際的労使関係の姿として，統一的な

終　章　グローバル労使関係への道筋

団体交渉を構想したが，現状では，そうしたアクションは見られず，各国労組がそれを望んでいるとの声も聞かない。レビンソンが理想としたような，企業全体で労働条件を定める単一の基本協定を締結することについても，日系労組だけでなく，IG メタルも，国際産別組織も，現時点でははっきりと求めているわけではない。むしろ賃金や労働時間などの細かな労働条件については，国際協定に馴染まないとの認識は，多くの労組が共通してもっている。VW のケースのように，本社労使が強いイニシアティブを発揮し，世界の工場で生じる問題を協議・交渉するような実態も一部で見られるが，全体としては，各国労組は相互に支援と協力を深めながらも，基本的にはそれぞれの労組が，自国の法律と慣行に則った活動を進めていこうとしている。今後も，国際的に統一した協定は，GFA などの基礎的なものにとどまる可能性が高い。

　以上の状況から，本書は様々な限界はあるものの，今日，国際的労使関係の形成が進んでいると結論づけた。

2　ルールに基づく競争

　国を越えたワーク・ルールが，最低限の基本的な内容にとどまるということは，国家間の賃金水準や労働条件の格差は，大きいまま残されることを意味する。そのため，当然のこととして，国家間の生産拠点をめぐる競争は続き，各労組は生産移転の脅威から自由になるわけではない。その意味では，こうした国際的な労使関係が，仮に確立していったとしても，「底辺への競争」が防がれるわけではなく，労働移動を促すことで「底辺への競争」を回避しようとする努力――第一のアプローチ方法（第 1 章参照）――は，むろん今後も有効であり続ける。

　しかしながら本書で紹介した事例に基づいて述べるならば，グローバル・ネットワークは，国際的に労使が対話する仕組みへと発展しつつあり，本社の経営側が，国を越えて各国労組に情報を提供し，協議に応じる制度へと整備されつつある。これが国際的な団体交渉や，原理原則の範囲を越えた労使共同決定

---

(1) Levinson (1972)。

に進展するかどうかは，まだ不透明であるが，少なくとも，欧州従業員代表委員会制度が要請しているような，従業員に関わる情報の提供と国際的な協議の場になる可能性はある。たとえば，VW のケースに基づけば，工場の閉鎖や縮小，そして新設や拡張について，全事業所の従業員代表者に，事前の情報提供がなされるだけでなく，大幅な雇用調整については世界レベルで話し合う体制が育ちつつある。そうなれば，生産移転や雇用縮小は，時にやむをえないとしても，それを経営側が一方的に決定し，従業員に通告することなく実施されることは，避けられる。こうした労使関係が広がっていくことは，ルールなき競争から，ルールに基づく競争への移行だといえる。また，GFA は人権に関わる最低限のルールに過ぎないとしても，それさえ保障されていない現状が，地球上に広がっていることを前提にすれば，その遵守徹底を図ることは，それもまたルールに基づく競争を進展させることになる。

　ルールなき競争から，ルールに基づく競争への転換が，真に進むかどうかは，こうした基盤が，一産業や，産業内のいくつかの企業で進むだけでなく，他の企業や他の産業にも広がるかどうかを見極めなければならない。

3　日本の労働組合について

　レビンソンは，国際的労使関係の構築には三つの段階があると構想した[2]。ここで改めてレビンソンの提起を，日本の労働組合の活動実態に照らし合わせながら，振り返ってみたい。

　第一段階は，ストライキや団体交渉等への国際的支援である。これについては，先行研究でも指摘したように，日本の労組も，過去から行ってきたし，現在も変わらず実施している[3]。問題となるのは，その内容が，十分に支援や協力と呼べるものであるのかどうかだろう。日本の労組は，たとえば海外事業所の組織化や労使紛争について，支援レターを送り，労組間のトップ会談で協力を約束し，本社経営側に現地労組の意向を伝えてきた。ただそれは，労組の幹部

---

(2)　Levinson（1972）。
(3)　戸塚（1995a, 1995b）。

自身もこぼすように,表面的な対応に過ぎないこともあった。ドイツ系労組の活動実態と比べると,日系労組が,海外工場の組織化や紛争解決に介入する姿勢は,明らかに弱い。日本の労組は,「現地の問題は,現地で解決すべき」を原則とし,支援可能な範囲を明確に定めてきた。海外労組からは,もう一歩踏み込んだ協力が求められることがあっても,日系労組は,少なくともこれまでは,設定した範囲を越えた活動には慎重だった。

だが近年では,国際的に在外事業所の組織化や紛争に対する支援要請はさらに強まり,また海外労組との関係もより深まっている。付き合いが長くなってきた海外労組が増えていくなかで,今後,日系労組が従来の範囲を越えた動きを起こす可能性もある。

次に,第二段階は,ストライキや団体交渉の共同行動である。これについては,1960年代にすでに,その可能性について国際的に議論されてきたが,それは概ね実現困難だとの結論に達した。たとえば同時に協約改定を行うといった行動には,協約改定の時期に国ごとのズレがあったり,そもそも労働協約を時限的に締結する国とそうでない国があったりするなど,各国の雇用慣行上の相違が甚だしく,共同行動は極めて難しかった。連帯ストライキについては,過去にそうしたケースも存在するが[4],多くは他国のストライキに合わせて残業を拒否する等,部分的な協力にとどまってきた。これには各国の労組法上,いわゆる同情ストが容認されにくいという事情が作用している。一事業所で起きた労使紛争について,各地の事業所の労組が,連帯意識を表明するレターを経営側に送ったり,大使館前でデモをしたりといった共同行動は可能であるが,団体交渉やストライキで歩調を合わせて統一行動をとることは,法制度上も雇用慣行上の壁が高く,日本のみならず他国を含めて容易でない。

そして第三段階は,国際的な団体交渉,交渉の統一化もしくは中央集権化,国際協定の締結である。GFA や VW およびダイムラーの協定を国際協定と呼ぶのであれば,第二段階の達成なくして,すでに世界の一部の労組は,第三階の域に達している。最も基本的な権利や労働条件に過ぎないが,グローバル

---

(4) たとえば,ルノーが,1997年にベルギー工場を閉鎖する決定に対して,同社の諸工場は初めてユーロ・ストライキ(EU 内に所在する工場でのストライキ)を起こしたことが知られる(ILO, 1997)。

なルールを労使で締結した事実は揺るぎない。その意味において，国際労使関係は進展してきた。そして現在の課題は，締結された国際的な協定に，いかに実効性をもたせるかという点に，シフトしつつある。ゆえに既にグローバル・ネットワークという仕組みも築かれてきた。

　そのなかで，日系労組は，GFA等の国際協定は未締結であるが，グローバル・ネットワークについては相対的に長い歴史をもっており，その取り組みは海外労組からも注目を浴びてきた。日系労組が，着実に活動を積み重ね，一定の成果を生み出してきたことは評価するべき点である。

　しかしながら，より主体的に国際活動に取り組む姿勢が求められていることも事実だろう。日系労組のグローバル・ネットワークの設立背景には，国際産別組織からの要請を受けて仕方なく，もしくは海外事業所の労組に迫られて否応なくといった，消極的なものもあった。さらに，企業が在外事業所を増やすことにより，国外で労使紛争の発生件数が増え，国内外の様々な組織や団体に突っつかれ，現場に引っ張り出され，場当たり的に対処してきた結果，国際活動が進展してきたという側面がないわけでもない。

　本書で取り上げた企業四社はいずれも，国際的に高い競争力を発揮し，グローバル市場でトップ・シェアを争っている。各社のそうした国際市場での位置づけに比べると，各社労組の国際労働運動上のプレゼンスは低いといわざるをえない。GFAもグローバル・ネットワークも，欧州の労働組合や従業員代表委員会から生まれてきたことからも分かるように，これまでの国際労働運動は，主に欧州系労組が率先して取り組んできた。日系労組は，海外労組からの呼びかけに対して，協調できる範囲で行動をとるとともに，日本の組合運動の特徴を他国に理解してもらおうと努めてきた。だが今後は，日系労組自身が，より主体的に行動を起こし，国際会議の場で新たな運動を提案し，国際運動のイニシアティブを握ろうとする姿勢も肝要だろう。

　ただ，そのうえで留意しなければならないことは，本書で紹介した事例はいずれも，国内においても，そして世界的に見ても，先進的なケースだという点である。VWやダイムラーの事例と比較すれば，日系労組の活動は，まだ不十分なように映ったかもしれない。だが，本書で紹介した日系労組の国際活動は，管見の限りでは，国内の他労組よりも相当に進んでいる。日本のみならず

海外においても，多くの労働組合は，在外事業所の労働実態に関心を寄せておらず，現地労組と連携をとるどころか，どのような組合か知ろうとせず，そもそもそこに組合が存在しているのかさえも把握していない。そのなかで日本の自動車産業労組は，いち早く海外事業所の組合組織率の調査に取りかかり，現地労組を訪ね，関係を築こうとしてきた。数ある多国籍企業労組のなかでも，グローバル・ネットワーク会合を開催しているケースは，ごく僅かである。そう考えると，本書で紹介した各事例が，国際的に極めて先進的な取り組みをしていることが分かる。

4 国境を越えた労使関係の進展

次に，本研究がこれまで明らかにしてきたことに基づいて，グローバライゼーションに対応した労使関係の進展過程を整理してみたい（**表終-1および図終-1**）。それは，第一段階に，伝統的に取り組まれてきた国際労働運動としての労使関係があり，第二段階に，本書で紹介した国際的労使関係がある。そして第三段階には，今後の進展可能性も含めていうならば，グローバル労使関係があると考える。

国際労働運動の主たる担い手は，伝統的にはグローバル・ユニオンと呼ばれるITUC（およびその前身であるICFTU［国際自由労連］やWCL［国際労連］など）と国際産別組織だった。これらの国際組織は，各国のナショナルセンターや産別労組と連携をとりながら，様々な国際運動を展開してきた。

とくにITUCは，ILOをはじめ国連やWTOなどの国際機関に働きかけ，政策形成に影響力を及ぼしてきた。なかでもILOとは連携し合い，ワーク・ルールのグローバル化を達成してきた。本書で論じてきた中核的労働基準は，もちろんその一つであるが，その他にもILOの第1号条約である労働時間ルールに代表されるように，グローバル・ユニオンは，ILOを通じて，世界に労働基準や労働規範を提示してきた。国際的に適用されるルールを作る，という意味において，これは一種のグローバルな労使関係の姿だといえる。これらのルールは，各企業を直接に規制するものではないが，各国政府がそれを批准したり，遵守を宣言したりすることで，各国内で法制化が進み，企業活動に間

表終-1　グローバル化に対応した労使関係の進展段階

	名　称	推進する主体	内　容
第一段階	伝統的な国際労働運動	グローバル・ユニオン(GU)	伝統的国際労働運動（社会的運動、ロビー活動、ILOを通じたルール形成など）。
第二段階	国際的労使関係	GU＋企業本社の労働組合	多国籍企業と国際協定を締結し、協議する仕組みの整備。
第三段階	グローバル労使関係	GU＋統合された組合？	国境を超えた企業別組合の誕生、単一労働協約の締結、統一的団体交渉等。

接的に影響を及ぼしてきた。

　そしてグローバル・ユニオンは、時に国際的なキャンペーンを組織し、世論に訴えかけてもきた。代表的には、スポーツメーカーのナイキに対するネガティブ・キャンペーンの事例があるが、これは何も特定の企業を対象としたものばかりではない。たとえばアパルトヘイトに対する抗議行動や、新国際秩序形成に向けた運動など、幅広いテーマで、国境を越えた社会運動を展開してきた。

　こうした運動は、現在も続けられ、そして今日においても、それは国際社会に影響を与え続けている。けれども、これらの運動が、グローバルな労働法の確立に結びついたわけではない。現にILO条約は、国によって批准数が大きく異なり、各国の労働法の内容はまちまちで、国家間の労働基準の相違は、依然として大きいまま残されている。その間にも、企業は、ますます国際化し、母国以外に生産や販売拠点を増やし、海外での雇用を拡大させていった。その結果、とくに途上国において、たびたび国際標準とされる労働規範を逸脱した労働実態が問題となってきた。

　そのなかで、新たに生まれてきたのが、本書で論じた国際的労使関係である。国際産別組織は、伝統的な国際労働運動を継続する一方で、中核的労働基準の徹底を目指し、多国籍企業とGFAを締結し始める。GFAは、労使が締結するグローバル・ワーク・ルールである。それは、企業を直接規制するという意味において、それまでグローバル・ユニオンが伝統的に取り組んできたロビー活動やILOを通じたルール形成とは、次元を異にするものであり、国境を越えた労使関係が、次の段階へと進んだことを意味する。ゆえに本書ではこれを第二段階と位置づける。

終　章　グローバル労使関係への道筋

図終-1　国境を越えた労使関係の進展過程

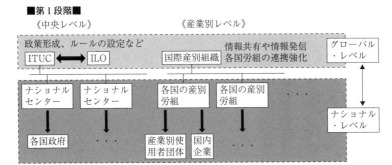

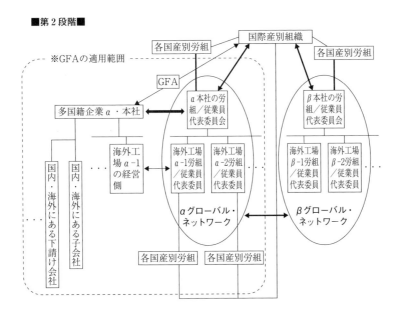

　ただし，この労使関係は，企業ごとに収斂していった。つまり企業を軸に，労組は国を越えて連携し，定期的に会合を開き，その労組ネットワークが企業本社と協議をするようになった。同時に，これは狭い意味での企業単位化ではない。GFAは，その適用範囲に，各企業の子会社や下請け業者も含めており，産業の裾野にまで，幅広く影響を与えうる構造となっている。そして国際産別組織は，そうした企業ネットワーク間をつなぐ役割を果たしている。

なお，この段階の国際的労使関係は，現在のところ，インダストリオールにおいて，なかでもIGメタルを中心としたドイツ系企業で先行しており，他の産業や他の国際産別組織で，同様の動きが均質的に見られるわけではない。だが本書では，自動車産業において着実に実績を積み重ねてきたこれらのケースを先進事例と位置づけ，新たな国際的労使関係の形成と捉えた。

　そして第三段階は，本書の定義に基づいて述べるならば，それはより国境を越えて統合されたグローバルな労働運動が進展し，グローバルな労使関係が形成されることにある。その形は，現段階では，はっきりとは見えていない。第二段階の国際的労使関係は，本社労組や従業員代表委員会が中心となり，海外労組と相互に様々な支援や協力をし支え合うものの，基本的には各国の労組が，それぞれの職場や産業において組合運動を展開している。それに対し，より国境を越えた組合運動やルールの統合が進むのであれば，それはグローバル労使関係となりうる。

　既に，一部にその萌芽はある。まずGFAは，その名の通り，グローバル協定であり，企業を単位とするものの，国を越えて均一の内容が，世界に適用されることを意味する。また，一部の産業や地域に限定すれば，第三段階に進む動きも確認できる。たとえば，第2章で紹介した通り，海運業では，海上労働条約が発効されており，実効性を担保したグローバル・ルールが成立している。加えて，特定の地域（たとえばEU域内），特定のテーマ（たとえば人権や安全衛生）に特化した形で，国を越えた均一ルールも生まれている。そうした動きを端緒に，グローバル労使関係へ向けて進む可能性がある。

　ただし，本書が対象とした自動車産業の労使関係は，現在は，第二段階にいる。これが第三段階にまで進むのかどうかは不透明であり，現在のところそうした動きが明確に確認できるわけではない。ゆえに自動車産業におけるグローバル労使関係が，国境を越えた一つの企業別組合が誕生するのか，複数国に跨った単一労働協約が締結されるのか，もしくは産業単位でグローバル・ルールが形成されるのかは，今はまだ分からない。そしてこれは，一気に進展するようなものではなく，多くの時間を要するだろう。けれども，資本がグローバライゼーションを進行させていくなかで，労使関係の社会的なバランスを保とうとするならば，労働のグローバライゼーションのさらなる進行が求められてい

終　章　グローバル労使関係への道筋

ることは確かである。

5　残された課題

　以上が，本書が明らかにしてきたグローバル化に対応した労使関係の現状とその特徴である。ただし，ここまでの研究において，いくつか重要な論点が抜け落ちている。最後に，残されている課題を提示し，本書を閉じることにしたい。
　一つには，サプライヤーを対象とした活動についてである。今日，多国籍企業に対する労働規制は，本社や本社が直轄する在外事業所よりも，サプライヤーや関連会社において機能しているかが重要視されている。国際的に見ると，深刻な労働問題の多くは，グローバル・サプライ・チェーン（世界的供給網）の末端部分で起きている。そこでは，法令を無視した不公平な競争が展開されていたり，熾烈な価格競争ゆえにディーセント・ワークが欠如していたりする。そうした競争と労働の実態は，親会社や委託元会社と無関係ではない。ゆえにILOも，国際産別組織も，国際NGO団体も，巨大な多国籍企業に，サプライチェーン全体へのガバナンス強化を求めてきた。そうしたなかで生まれたGFAやグローバル・ネットワークについて，本書では，分権化の進展とともに，包括性の高まりがあると指摘した。包括性の向上とは，ワーク・ルールが国境を越えて海外事業所や，サプライチェーンにも及ぶことを指す。
　だが，本研究では，サプライヤーにまでそうした労働規制が，実際に及んでいるのかどうかは検証できていない。GFAの適用は，条文上，サプライヤーにまでその範囲を広げているが，その実効性は不透明である。さらに企業単位に結成されたグローバル・ネットワークに参加するのは，基本的に本社が直轄する海外事業所であり，各企業のグローバル・ルールは，必ずしもサプライヤーまでを対象としていない。つまり本書では，サプライヤーへの規制の重要性を指摘しながらも，その内実には踏み込めていない。

---

　(5) ただし例外もある。たとえば，A労連の協議会は，A社のブランドに携わるサプライヤー企業の参加も一部認められている。

また，本書で考察の対象として取り上げた国や地域についても不十分な面がある。自動車完成車メーカーの海外直接投資には，三つの波があった。それは，①1950～60年代の米国系企業による欧州への直接投資，②1980年代の日系企業による欧米への直接投資，③1990年代後半以降の日・欧・米系企業による新興国への直接投資である。今日的な課題は，第三の波に乗って進む新興国への直接投資によって拡大した各職場で，いかなる労使関係が構築されているかという点にある。だが本書では，それは十分に論じられておらず，むしろ第二の波で増大したアメリカ工場での課題に紙幅を多く割いた。

　とくに本書において欠落しているのは，中国における労使関係の実情である。現在，中国は，世界の自動車生産の四分の一を占める。そこでいかなる労使関係が築かれ，労使協議がどのように行われ，どの程度の労働条件がいかにして決定されているのかという課題は，現代の国際労働運動上，極めて重要性が高い。なぜなら，巨大な生産拠点である中国において，労働ダンピングが進めば，世界の自動車産業の労働市場のバランスは容易に崩れてしまうためである。

　しかし，グローバル・ネットワークに中国からの参加者がいるのかどうか，本社労組が中国工場でどのような取り組みをしているのか，といったことには十分に触れることができなかった。いくつかの労組のインタビューによれば，中国工場で従業員の声を拾いあげるような仕組みを導入しようとする動きもあった。VWの従業員代表委員会の国際局には，スタッフの一人として中国人を採用しており，同組織は中国においても従業員代表制の機能の移転を目指していた。だが中国での取り組みは，まだ始まったばかりであり，その形ははっきりと見えてこなかった。これは今後の課題として残されている。

　同様に，EU域内の国際労働運動についても，より深い考察が必要だったと感じている。国際労働運動の取り組みの多くは，欧州から生まれている。それは単なる偶然ではない。欧州は，EU統合に見られるように，かねてより様々な分野で国境を越えた統合を推し進めてきた。政治，企業組織，労働組合など，様々な舞台において，他国との協調を模索し，国を越えた協議や行動をとろうとしてきた。ゆえに，世界のなかで，EU域内は，最も国境を越えて統合された組合運動が進んでいる地域である。欧州従業員代表委員会が世界従業員代表委員会へと発展したように，EU域内の労使関係上の取り組みが，世界レベル

終　章　グローバル労使関係への道筋

へと広がってきた現象は，いくつも確認することができる。そうであれば，今後の国際労働運動の方向性を探るには，EU レベルでの組合運動，労使関係のありようをきちんと示すことが肝要だったが，本研究では，ETUC などのヨーロッパレベルでの取り組みに，十分に触れることができなかった。

そして他にも，国際労働運動上，重要な位置にありながらも，本書に登場しなかった組織がいくつかある。本書では，国際産別組織（IMF およびインダストリオール），国内の産別組織（JCM，自動車総連，IG メタル，UAW など），各社の企業別組合と従業員代表委員会を中心に，その取り組みを叙述してきた。だが，国際労働運動の主要な担い手は，他にも存在する。代表的には，ITUC（国際労働組合総連合，International Trade Union Confederation）や，日本とより関係するのは ITUC のアジア太平洋地域組織（ITUC-Asia Pacific）である。だがこれらの組織は，本書には，ほとんど登場していない。これは，本研究が自動車産業に焦点を絞り，とくに企業別の活動に注目してきたからであるが，しかし本来ならば，ITUC の多国籍企業への対応についてもフォローし，国際産別組織と ITUC との関係についても論じるべきであったと考える。

このように，本書が様々な限界を抱えていることは否めず，本研究は，現在，進行している国際労働運動の一部を切り出したに過ぎない。

経済のグローバル化は，遥か以前に始まり，労働者が国際的に連帯することの重要性はかねてより指摘されてきた。労働組合による国際活動には，長い歴史がある。だが，国際的な労使関係の確立は，どこか理想論のように受け取られてきた。本書のささやかな事例研究が，それに少しでも現実味を与え，多少なりとも，その進展の手がかりとなれば幸いである。

参 考 文 献

日本語文献

IMF・JC（1984）『IMF・JC20年史：1964-1984』IMF・JC（全日本金属産業労働組合協議会）．

IMF-JC30年史編纂委員会（1994）『IMF-JC30年史：1964-1994』IMF-JC（全日本金属産業労働組合協議会）．

ILO（1999）『講座ILO（国際労働機関）社会正義の実現を目指して（上巻・下巻）』日本ILO協会．

ILO条約の批准を進める会（1998）『国際労働基準で日本を変える：ILO活動ガイドブック』大月書店．

吾郷眞一（2010）「わが国におけるILO条約の批准状況と雇用に関するCSRの意義」『学術の動向』2010年10月号，50-53頁．

アジアの公正労働基準研究会（2001）『アジアにおける公正労働基準』JILPT調査研究報告書，141号，日本労働研究機構．

芦田甚之助（1994）「インタビュー『社会条項』に議論集中，ICFTU-APROの執行委員会，連合：AFL・CIOの定期協議の概要」『世界の労働』44巻11号，2-7頁．

安保哲夫編著（1988）『日本企業のアメリカ現地生産：自動車・電気：日本的経営の「適用」と「適応」』東洋経済新報社．

安保哲夫（1992）「日本的政策システムの対米移転：在米日本工場にみる技術移転の諸側面」東京大学社会科学研究所編『現代日本社会 7．国際化』東京大学出版会．

天野倫文（2005）『東アジアの国際分業と日本企業：新たな企業成長への展望』有斐閣．

安室憲一（2012）『多国籍企業と地域経済：「埋め込み」の力』御茶の水書房

荒井寿夫（1998）「フランス自動車産業の行方とEU労使協議制：ルノー・ヴィルヴォルド問題の射程距離」『大原社会問題研究所雑誌』480号，1-22頁．

荒木尚志（1995）「欧州従業員代表委員会指令とEU労働法の新局面」『日本労働研究雑誌』421号，15-32頁．

荒木尚志（2015）「アメリカにおける労働権州の拡大とMembers-only Unionをめぐる議論」『Work & Life：世界の労働』2015年2号，2-8頁．

石田光男・藤村博之・久本憲夫・松村文人（1997）『日本のリーン生産方式：自動車企業の事例』中央経済社．

石田光男・富田義典・三谷直紀（2009）『日本自動車企業の仕事・管理・労使関係：競争力を維持する組織原理』中央経済社．
石田光男・樋口純平（2009）『人事制度の日米比較：成果主義とアメリカの現実』ミネルヴァ書房．
石田光男・西村純（2010）「ヨーロッパ労働調査で考えたこと」『国際産研』29号，108-130頁．
石田光男・齋藤毅（2011）「日・米・独の労使関係：トヨタ・GM・VWの調査を通じて」『国際産研』30号，22-49頁．
石田光男・寺井基博編著（2012）『労働時間の決定：時間管理の実態分析』ミネルヴァ書房．
石田光男・篠原健一編著（2014）『GMの経験：日本への教訓』中央経済社．
伊澤章（1996）『欧州労使協議会への挑戦：EU企業別労使協議制度の成立と発展』日本労働研究機構．
伊藤栄一（2012）「日本の労使が培った建設的なパートナーシップを世界へ」『連合』2012．
伊藤栄一（2014）「2013年バングラデシュ衣料工場（ラナプラザ）倒壊とその後」『JP総研 Research』27号，42-49頁．
伊藤祐禎（1997）「いま ILO で何が問題になっているか：国際貿易と社会条項問題を中心に」『労働経済旬報』1581号，4-10頁．
稲上毅（2007）「企業の社会的責任（CSR）と労使の対応」稲上毅・連合総合生活開発研究所編著『労働 CSR：労使コミュニケーションの現状と課題』NTT 出版．
乾友彦・戸堂康之・Hijzen, Alexander（2008）「グローバル化が国内企業の生産性に与える影響」深尾京司・宮川努編『生産性と日本の経済成長』東京大学出版会．
今井宏（2003）『トヨタの海外経営』同文舘出版．
岩佐卓也（2015）『現代ドイツの労働協約』法律文化社．
禹宗杬（2014）「日本企業の現場力と労使関係」，「【自動車】余裕の喪失が現場力を弱めている？」禹宗杬・連合総研『現場力の再構築へ：発言と効率の視点から』日本経済評論社，1-85頁．
牛島慶一（2014）「企業経営と人権：日本企業に焦点をあてて」『アジ研ワールド・トレンド』223号，26-29頁．
梅本修・中村善雄・吉野貴雄（2007）「産業別組合の先進的取り組み」稲上毅・連合総合生活開発研究所編著『労働 CSR：労使コミュニケーションの現状と課題』NTT 出版．
OECD 労働組合諮問委員会・TUAC（2011）『OECD 多国籍企業行動指針：世界における責任ある企業行動のための勧告，労働組合のためのユーザーズガイド』TUAC．

参 考 文 献

江里口拓（2008a）『福祉国家の効率と制御：ウェッブ夫妻の経済思想』昭和堂.
江里口拓（2008b）「ウェッブ夫妻における『国民的効率』の構想：自由貿易, ナショナル・ミニマム, LSE」『経済学史研究』50巻1号, 23-39頁.
江里口拓（2010）「ウェッブ夫妻とスウェーデン福祉国家：『国民的効率』構想からレーン・メイドナー・モデルへ」『社会福祉研究』12巻, 1-11頁.
大石芳裕・桑名義晴・田端昌平・安室憲一監修, 多国籍企業学会著（2012）『多国籍企業と新興国市場』文眞堂.
大重光太郎（2011）「1990年代以降のドイツにおける労働協約体制の変容：国家の役割に注目して」『大原社会問題研究所雑誌』631号, 47-65頁.
小笠原浩一（2005）「国際労働組合運動における日本の役割」『労働調査』2005年6月号, 4-6頁.
岡村秀昭（1988）『国際化と労使関係：日本型モデルの含意』総合労働研究所.
小川正浩（2009）「新段階へ向かう国際労働運動：社会的公正のグローバル化をめざして」新川敏光・篠田徹編著『労働と福祉国家の可能性』ミネルヴァ書房, 284-304頁.
加賀谷哲之（2014）「ビジネスと人権問題と持続的な企業価値創造」『アジ研ワールド・トレンド』223号, 9-13頁.
カクチ, スヴェンドリニ（2014）「バングラデシュ・衣料作業で働く女性たち：ラナ・プラザ崩落事故から6ヵ月」『世界』851号, 280-286頁.
上井喜彦（1994）『労働組合の職場規制：日本自動車産業の事例研究』東京大学出版会.
上山邦雄・塩地洋・産業学会自動車産業研究会編（2005）『国際再編と新たな始動：日本自動車産業の行方』日刊自動車新聞社.
願興寺尅之（2005）『トヨタ労使マネジメントの輸出：東アジアへの移転過程と課題』ミネルヴァ書房.
清田耕造（2015）『拡大する直接投資と日本企業』NTT出版.
草野忠義（2003）「グローバリゼーション, 産業空洞化問題に対する労働組合の対応」『日本労働研究雑誌』522号, 61-66頁.
熊谷謙一（2007）「CSRと国際労働運動」稲上毅・連合総研編『労働CSR：労使コミュニケーションの現状と課題』NTT出版.
熊谷謙一（2013）『ISO26000と労使の課題』日本生産性本部・生産性労働情報センター.
栗田健（1986）「現代イギリス労使関係における労働組合」『日本労働協会雑誌』325号, 3-12頁.
栗山直樹（2004）「労働分野における企業の社会的責任をめぐる動きとILO・労働組合の対応：ILO理事会文書と英国TUCの機関投資家戦略文書の概要とその意味」『創価経営論集』28巻1・2・3合併号, 89-103頁.

小池和男(2008)『海外日本企業の人材形成』東洋経済新報社。
小池和男(2013)『強い現場の誕生:トヨタ争議が生み出した共働の論理』日本経済新聞出版社。
郷野晶子(2015)「グローバル枠組み協定(GFA)の締結に向けた取り組み」『ワークアンドライフ:世界の労働』16-21頁。
国際労働機関事務局(2007)『多国籍企業および社会政策に関する原則の三者宣言(第4版)』ILO。
国際労働研究センター(1998)「ILOにおける社会条項・児童労働に関する議論をめぐって(上)・(中)・(下)」『労働法律旬報』No.1429, 49-55頁, No.1430, 66-70頁, No.1431, 59-63頁。
国土交通省海事局監修(2004)『2006年ILO海上労働条約(正訳)』成山堂書店。
小島清(1977)「国連での『多国籍企業行動規範』作り:新国際経済秩序の『宣言』にとどまるか」『世界経済評論』21巻8号, 4-17頁。
小島清(1978)「同(第二報)」『世界経済評論』22巻6号, 14-22頁。
小島清(1983)「同(第三報)」『世界経済評論』27巻3号, 17-22頁。
小島正剛(2004)「国際産別組織の歴史とその役割, 現状と課題」『先進国の労働運動と国際労働組織』日本ILO協会。
小島正剛(2013)「行き先不透明のバングラデシュ:劣悪労働環境, 労働者基本権侵害など」『JCM』秋号, 48-51頁。
小谷幸(2013)『個人加盟ユニオンの社会学:「東京管理職ユニオン」と「女性ユニオン東京」(1993年~2002年)』御茶の水書房。
小谷節男(2001)『アメリカ自動車工業の研究』関西大学出版部。
埼玉大学経済学部(1995)「『公開フォーラム』国際化と労働組合運動:日本の労働組合にとっての課題」『社会科学論集』84号, 35-64頁。
崎谷哲夫(1986)『ホンダ式:大成功への海外戦略』ジャテック出版, 34-36頁。
佐々木健(1982)『多国籍企業と労働問題』ミネルヴァ書房。
佐々木健(1986)『日本型多国籍企業:貿易摩擦から投資摩擦へ』有斐閣選書。
猿田正機(2007)『トヨタウェイと人事管理・労使関係』税務経理協会。
猿田正機編著(2009)『トヨタの労使関係』税務経理協会。
猿田正機・杉山直・浅野和也・栄艶苓・櫻井善行(2012)『日本におけるトヨタ労働研究』文眞堂。
塩路一郎(2012)『日産自動車の盛衰』緑風出版。
島田晴雄(1994)「わが国におけるILOの今日的意義」『世界の労働』44巻10号, 8-13頁。
首藤若菜(2015a)「海外政策の拡大と集団的労使関係:自動車産業を事例として」仁田

道夫・日本労働組合総連合会編著『これからの集団的労使関係を問う』エイデル研究所, 146-165頁。
首藤若菜 (2015b)「経営のグローバル化と労使関係：フォルクスワーゲン社の事例を手がかりに」『日本労働研究雑誌』655号, 102-109頁。
白井泰四郎 (1979)『企業別組合』中公新書。
白井泰四郎 (1992)『現代日本の労務管理』東洋経済新報社。
白井泰四郎 (1996)『労使関係論』日本労働研究機構。
新川敏光・篠田徹編著『労働と福祉国家の可能性：労働運動再生の国際比較』ミネルヴァ書房。
進出企業問題を考える会編 (1992)『海を越える労使紛争：問われる日本企業の海外進出』日本評論社。
JIL (2001)『アジアにおける公正労働基準』JIL調査研究報告書。
JILPT (2004)『諸外国における集団的労使紛争処理の制度と実態：ドイツ，フランス，イギリス，アメリカ』労働政策研究報告書, No. L-9。
JILPT (2005)『グローバリゼーションと企業の社会的責任：主に労働と人権の領域を中心として』労働政策研究報告書, 45号。
JILPT (2012)『アメリカの新しい労働組織とそのネットワーク』労働政策研究報告書144号。
JILPT (2015)『企業・事業所レベルにおける集団的労使関係システム（ドイツ編）：事業所協定・企業別労働協約による規範設定を中心に』労働政策研究報告書, 177号。
JCM (2015)『金属労協50年史：1964-2014』全日本金属産業労働組合協議会。
下川浩一 (1972)『フォード』東洋経済新報社。
下川浩一 (1992)『世界自動車産業の興亡』講談社。
下川浩一 (1993)『日経，新・産業シリーズ　自動車』日本経済新聞社。
下川浩一 (2004)『グローバル自動車産業経営史』有斐閣。
下川浩一 (2009)『自動車産業の危機と再生の構造』中央公論新社。
菅原絵美 (2014)「ビジネスと人権に関する国連指導原則の形成と展開」『アジ研ワールド・トレンド』223号, 5-8頁。
菅野和夫 (2008)『労働法（第八版）』弘文堂。
鈴木則之 (1996)「貿易と労働基準の関連づけについて：『社会条項』とITGLWF／TWAROの取組み」『労働法律旬報』1389号, 29-35頁。
鈴木洋太郎・桜井靖久・佐藤彰彦 (2010)『多国籍企業の立地論』原書房。
高木郁朗 (1973)『国際労働運動：ナショナリズムの克服をめざして』日本経済新聞社。
高木郁朗 (2002)『労働経済と労使関係』第一書林。

高木郁朗（2004）「国際労働運動の意義と今後の課題」『先進国の労働運動と国際労働組織』日本 ILO 協会．

高木郁朗（2016）「3 年周期春闘を提言する：密室春闘から脱却するために」『Int'le-cowk』1062号，7-10頁．

高倉明（1999）「自動車総連における組合活動の国際化」『労働調査』364号，11-15頁．

高橋泰隆（1997）『日本自動車企業のグローバル経営』日本経済評論社．

田中鮎夢（2015）『新々貿易理論とは何か：企業の異質性と21世紀の国際経済』ミネルヴァ書房．

田中洋子（2003）「労働：雇用・労働システムの構造転換」戸原四郎・加藤榮一・工藤章編『ドイツ経済：統一後の10年』有斐閣，79-115頁．

田端博邦（2007）『グローバリゼーションと労働世界の変容：労使関係の国際比較』旬報社．

タリエ，グローニング（1990）「日系企業の北米工場：マツダの事例を中心に（1）・（2）」『立命館産業社会論集』25巻 4 号，155-188頁，26巻 2 号，207-248頁．

筒井晴彦（2006）「変化のなかの国際労働運動：国際自由労連の歴史と実態からみえてくるもの」『経済』124号，90-109頁．

筒井晴彦（2007a）「グローバル化時代の ILO：人間らしい労働をすべての人々に」『経済』146号，143-153頁．

筒井晴彦（2007b）「変化のなかの国政労働運動」『経済』136号，38-41頁．

筒井晴彦（2010）『働くルールの国際比較』学習の友社．

筒井晴彦（2012）「世界の労働組合運動と国際枠組み協約」丸山恵也編著『現代日本の多国籍企業』新日本出版社．

テーラー，F. W. 著／上野陽一訳編（1969）『科学的管理法』産業能率短期大学出版部．

遠野はるひ・金子文夫（2008）『C・イン・フィリピン：グローバル時代の国際連帯』社会評論社．

戸塚秀夫・兵頭釗・菊池光造・石田光男（1987）『現代イギリスの労使関係（上・下）』東京大学出版会．

戸塚秀夫（1988）『イギリス自動車産業の労働協約』東京大学社会科学研究所資料，第13集．

戸塚秀夫（1995a）「国際労働研究センターの発足にあたって」『労働法律旬報』1373号，18-28頁．

戸塚秀夫（1995b）「序章　目的・経緯・論点」，「第 7 章　労働運動における国際連帯の構造：オーストラリアの事例に接して」『現段階における労働組合の国際政策・活動』東京大学社会科学研究所，調査報告第27集，1-6頁，107-123頁．

戸塚秀夫（1998）「経済のグローバル化に対する民衆側の運動戦略論：北米からの示唆」『労働法律旬報』1432号, 36-41頁。
戸塚秀夫（1999）「国際分業の進展回と日本企業」『社会政策学会年報』34集, 3-22頁。
鳥居宏史・高松正昭・神田良・清水聰（2003）「オーストラリアの自動車産業」『研究所年報』20号, 33-44頁。
中西孝樹（2013）『トヨタ対フォルクスワーゲン：2020年の覇者をめざす最強企業』日本経済新聞出版社。
中西洋・稲葉振一郎（1995）『日本：日産自動車の「給与明細書」：「給与袋」の国際比較・その5』Discussion Paper Series, 東京大学経済学部。
中村圭介（1996）『日本の職場と生産システム』東京大学出版会。
中村善雄（2007）「産業別組合の先進的取り組み」稲上毅・連合総研編『労働CSR：労使コミュニケーションの現状と課題』NTT出版。
中村良明・渋谷稔（1994）『空洞化現象とは何か』通商産業省通商産業研究所研究シリーズ23号。
西谷敏（2008）『労働法』日本評論社。
西村純（2014）『スウェーデンの賃金決定システム：賃金交渉の実態と労使関係の特徴』ミネルヴァ書房。
仁田道夫（1985）「一九八四年GM—UAW協約」『日本労働協会雑誌』310号, 49-53頁。
仁田道夫（1986）「労働組合に対する経営の挑戦」『日本労働協会雑誌』325号, 13-20頁。
仁田道夫（1988）『日本の労働者参加』東京大学出版会。
仁田道夫（1990）「日本企業の対米直接投資と労使関係戦略・試論」『社会政策学会年報』34集, 83-100頁。
日本ILO協会（1972）「多国籍企業の挑戦：ICFTU世界経済会議報告書より」『世界の労働』22巻10号, 41-49頁。
野川忍（2012）「国際化と労働法」『日本労働法学会誌』120号, 66-73頁。
野川忍（2013）「2006海上労働条約と国際労働法の進展開」『季刊労働法』243号, 60-72頁。
野村正實（1993）『トヨティズム』ミネルヴァ書房。
野村正實（2003）『日本の労働研究：その負の遺産』ミネルヴァ書房。
花見忠（1963）『ILOと日本の団結権』ダイヤモンド社。
花見忠編（1997）『貿易と国際労働基準』日本労働研究機構。
濱口桂一郎（2009）「EU労働法政策の形成過程」『日本労働研究雑誌』590号, 8-16頁。
濱口桂一郎（2013）「EU及びEU諸国の従業員代表制」『Int'lecowk：国際経済労働研究』68巻4号, 13-18頁。

濱口桂一郎（2015）「EU 労働法政策の現在」『社会政策』7 巻 1 号，15-27頁。

早川佐知子（2016）「EU 諸国にみるコーポラティズム型 CSR とグローバル枠組み協定」『社会政策』8 巻 1 号，111-126頁。

林雅彦（2013）「ILO における国際労働基準の形成と適用監視」『日本労働研究雑誌』640 号，45-54頁。

バリー，ポール・パリゾット，アウレリオ・レンショウ，ジェオフリー（1994）「多国籍企業と雇用：1990年代のグローバル経済」『世界の労働』44巻 4 号，16-22頁。

樋口美雄（2001）『雇用と失業の経済学』日本経済新聞社。

樋口美雄・松浦寿幸（2003）「企業パネルデータによる雇用効果分析：事業組織の変更と海外直接投資がその後の雇用に与える影響」RIETI policy Discussion Paper Series 03-J-019。

久本憲夫（1997）「労使関係」石田光男・藤村博之・久本憲夫・松村文人『日本のリーン生産方式：自動車企業の事例』中央経済社，269-359頁。

フォーヴァント，カール・P編，藤田正孝他著，江夏健一監修（1999）『多国籍企業と雇用問題』国際書院。

深尾京司・袁堂軍（2001）『日本の対外直接投資と空洞化』経済産業研究所 RIETI Discussion Paper Series 01-J-003。

深尾京司（2002）「直接投資と雇用の空洞化」『日本労働研究雑誌』501号，34-37頁。

藤木貴史（2014）「アメリカにおける労働組合組織化過程の現状分析」『一橋法学』13巻 3 号，241-315頁。

堀田芳朗編著（2002）『世界の労働組合：歴史と組織』日本労働研究機構。

洞口治夫（2002）『グローバリズムと日本企業：組織としての多国籍企業』東京大学出版会。

堀江孝司（2005）『現代政治と女性政策』勁草書房。

水岡不二雄（2006）『グローバリズム』八朔社。

水野賢二（2006）「国連グローバル・コンパクト発足までの道程と現代的位相：グローバル世界における『企業の社会的責任』」『国際関係論集』6 号，67-85頁。

三谷直紀（2013）「OECD における労働政策の形成と展開」『日本労働研究雑誌』640号，63-75頁。

宮崎義一（1979）『多国籍企業論』岩波書店。

宮崎義一（1982a）『現代資本主義と多国籍企業』岩波書店。

宮崎義一編（1982b）『多国籍企業の研究』筑摩書房。

村上愛（2012）「国際労働関係法の展開と課題」『国際労働法学会誌』120号，74-87頁。

柳川和夫（2005）『ILO のあらまし：活動と組織・主な条約と勧告』（第 5 版），日本 ILO

協会。

山川隆一（1999）『国際労働関係の法理』信山社。

山口俊夫（1994）「国際労働基準の設定：その現状と課題」『世界の労働』44巻10号，14-21頁。

山田美和（2014）「日本がはたすべき人権尊重の責任：新興市場におけるビジネスのあり方とは」『アジ研ワールド・トレンド』223号，2-4頁。

山田美和（2015）「ビジネスと人権に関するグローバル・ルール形成の展開：『2014年国連ビジネスと人権フォーラム』を振り返る」『アジ研ワールド・トレンド』233号，60-63頁。

山田陽一（1994）「『社会条項』と国際労働運動」『労働経済旬報』1524号，10-27頁。

山西均（2012）『日本企業のグローバル人事戦略』日本経済新聞出版社。

山端浩（2012）「第100回ILO総会での社会的保護・社会保障をめぐる議論」および「参考資料：社会的保護（社会保障）に関する反復討議についての決議」『大原社会問題研究所雑誌』643号，6-14頁。

山本潔（1981）『自動車産業の労資関係』東京大学出版会。

吉岡吉典（2009）『ILO創設と日本の労働行政』大月書店。

米津孝司（2012）「グローバル化と労働法の抵触ルール」『日本労働法学会誌』120号，88-100頁。

連合運動史慣行委員会（1997）『連合運動史第1巻』教育文化協会。

若杉隆平（2009）『国際経済学（第3版）』岩波書店。

若杉隆平編（2011）『現代日本企業の国際化：パネルデータ分析』岩波書店。

渡辺勉・山崎精一（1998）「国際連帯から労働運動の変革を考察する：来日したBSFとHEREのケーススタディからその可能性を探る（1）～（4）」『労働法律旬報』No.1442, 34-39頁，No.1443, 30-35頁，No.1444, 44-49頁，No.1445, 25-27頁。

外国語文献

Abo, T. ed. [2007] *Japanese Hybrid Factories: a comparison of global production strategies*, Basingstoke: Palgrave Macmillan.

Adler, T. [1994] "Overall Evaluation and Prospects," in Abo, T. ed, *Hybrid Factory: The Japanese Production System in the United States*, Oxford University Press.

Adler, S. P., Goldoftas, B. and Levine, I. D. [1997] "Ergonomics, Employee Involvement, and the Toyota Production System: A Case Study of NUMMI's 1993 Model Introduction," *Industrial and Labor Relations Review*, Vol. 50, No. 3, pp. 416-437.

Babson, S. [1995] "Whoes Team? Lean Production at Mazda U. S. A.," in Babson, S. ed.,

Lean Work, Wayne State University Press.

Besser, T. L. [1996] *Team TOYOTA: Transplanting the Toyota Culture to the Camry Plant in Kentucky*, State University of New York.（鈴木良始訳（1999）『トヨタの米国工場経営：チーム文化とアメリカ人』北海道大学図書刊行会。）

Bhagwati, J. [2004] *In Defense of Globalization*, Oxford University Press.（鈴木主税・桃井緑美子訳（2005）『グローバリゼーションを擁護する』日本経済新聞社。）

Bomers, G. B. J. [1976] *Multinational Corporations and Industrial Relations: a Comparative Study of West Germany and the Netherlands*, Van Gorcum.

Brown, D. K. [2000] "International Trade and Core Labour Standards: A Survey of the Recent Literature," *OECD Labor market and Social Policy Occasional Papers*, No. 43, OECD.

Chaison, G. [2014] *The Unions' Response to Globalization*, Springer.

Deakin, S. and Morris, S. G. [2012] *Labour Law*, Oxford and Portland Oregon: Hart Publishing.

Dehnen, V. [2013] "Transnational Alliances for Negotiating International Framework Agreements: Power Relations and Bargaining Processes between Global Union Federations and European Works Councils," *British Journal of Industrial Relations*, Vol. 51, No. 3, pp. 557-600.

Dicken, P. [2015] *Global Shift: Mapping the Changing Contours of the World Economy*, 7th ed., The Guilford Press.

Dore, R. P. [1997] *The Diploma Disease: Education, Qualification and Development*, Institute of Education, University of London.（松居弘道訳（2008）『学歴社会：新しい文明病』岩波書店。）

Dore, R. P. [2011] *British Factory Japanese Factory: The Origins of National Diversity in Industrial Relations*, Routledge.（山内靖・永易浩一訳（1987）『イギリスの工場・日本の工場：労使関係の比較社会学』筑摩書房。）

Doremus, P., Keller, W., Pauly, L. and Reich, S. [1998] *The Myth of the Global Corporation*, Princeton University Press.

Dreher, A. and Gaston, N. [2007] "Has Globalisation Really had no Effect on Unions?," *KYLOS*, Vol. 60, No. 2, pp. 165-186.

Dunlop, J. T. [1958] *Industrial Relations System*, Holt.

ETUI-REHS [2008] *Memorandum European Works Councils: Recommendations for Policy Making Based on Current Experienced*, ETUI-REHS.

Fairbrother, P. and Hammer, N. [2005] "Global Unions: Past Efforts and Future

Prospects," *Relations Industrielles*, Vol. 60, No. 3, pp. 405-431.

Ferner, A. and Hyman, R. ed. [1998] *Changing Industrial Relations in Europe*, 2nd ed., Blackwell.

Fetzer, T. [2008] "European Works Councils as Risk Communities: The Case of General Motors," *European Journal of Industrial Relations*, Vol. 14, No. 3, pp. 289-308.

Flanders, A. D. [1963] *Trade Unions*, Hutchinson University Library.（西岡孝男訳（1974）『労働組合論』未来社。）

Flanders, A. D. [1980] *Management and Unions: The Theory and Reform of Industrial Relations*, Faber and Faber.

Gershenfeld, J. C., Nitta, M., Barrett, B. J., Belhedi, N., Chow, S. S. C., Inaba, T., Ishino, I., Lin, W. J., Moore, M. L., Mothersell, W. M., Palthe, J., Ramanand, S., Strolle, M. E. and Wheaton, A. C. [1998] *Knowledge-Driven Work: Unexpected Lessons from Japanese and United States Work Practices*, Oxford University Press.

Hall, P. A. and Soskice, D. [2001] *Varieties of Capitalism: Institutional Foundations of Comparative Advantage*, Oxford University Press.（遠山弘徳・安孫子誠男・山田鋭夫・宇仁宏幸・藤田菜々子訳（2007）『資本主義の多様性：比較優位の制度的基礎』ナカニシヤ出版。）

Hammer, N. [2005] "International Framework Agreements: Global Industrial Relations between rights and bargaining," *Transfer*, Vol. 4, No. 5, pp. 511-530.

Head, K. and Ries, J. [2003] "Heterogeneity and the FDI versus Export Decision of Japanese Manufactures," *Journal of the Japanese and International Economies*, 17, 448-467.

Held, D. [1995] *Democracy and the Global Order: From the Modern State to Cosmopolitan Governance*, Polity Press.（佐々木寛共訳（2002）『デモクラシーと世界秩序：地球市民の政治学』NTT出版。）

Held, D. ed. [2000] *A Globalizing World?*, Routledge.（中谷義和監訳（2002）『グローバル化とは何か：文化・経済・政治』法律文化社。）

Held, D. and McGrew, A. [2002] *Globalization/Anti-Globalization*, Polity Press.（中谷義和・柳原克行訳（2003）『グローバル化と反グローバル化』日本経済評論社。）

Helfen, M. and Fichter, M. [2013] "Building Transnational Union Networks across Global Production Networks: Conceptualising a New Arena of Labour-Management Relations," *British Journal of Industrial Relations*, Vol. 51, No. 3, pp. 553-576.

Hijzen, A., Inui, T. and Todo, Y. [2007] "The Effect of Multinational Production on Domestic Performance: Evidence from Japanese Firms," *RIETI Discussion Paper*

Series, 07-E-006.
Hijzen, A., Jean, S. and Mayer, T. [2011] "The effects at home of initiating production abroad: evidence from matched French Firms," *Review of World Economics*, Vol. 147, No. 3, pp. 457-483.
Hirst, P. and Thompson, G. F. [1999] *Globalization in Question*, 2nd ed., Polity.
Hyman, R. [2005] "Shifting Dynamics in International Trade Unionism: Agitation, Organisation, Bureaucracy, Diplomacy," *Labor History*, Vol. 46, No. 2, pp. 137-154.
Ietto-Gillies, G. [2012] *Transnational Corporations and International Production: Concepts, Theories and Effects*, 2nd ed., E. Elgar.（井上博監訳（2012）『多国籍企業と国際生産：概念・理念・影響』同文館出版。）
ILO [1973] *Multinational Enterprises and Social Policy*, ILO.
ILO [1997] *World Labour Report 1997-1998: Industrial Relations, Democracy and Social Stability*, ILO.（菅野和夫監修（1998）『ILO 世界労働報告1997-98　世界の労使関係：民主主義と社会的安定』信山社。）
James, H. [2001] *The End of Globalization: Lessons from the Great Depression*, Harvard University Press.（高遠裕子訳（2002）『グローバリゼーションの終焉：大恐慌からの教訓』日本経済新聞社。）
Jones, G. [2005] *Multinationals and Global Capitalism from the Nineteenth to the Twenty First Century*, Oxford University Press.（安室憲一・梅野巨利訳（2007）『国際経営講義：多国籍企業とグローバル資本主義』有斐閣。）
Keune, M. and Marginson, P. [2013] "Transnational Industrial Relations as Multi-Level Governance: Interdependencies in European Social Dialogue," *British Journal of Industrial Relations*, Vol. 51, No. 3, pp. 473-497.
Kujawa, D. [1980] *The Labour Relations of United States Multinationals Abroad: Comparative Prospective Views*, ILO Research Series, No. 60.
Levinson, C. [1972] *International Trade Unionism*, Allen and Unwin.（久野木行美・中谷滋訳（1974）『多国籍企業と労働運動：新時代における労使関係』日本経済新聞社。）
Logue, J. [1980] *Toward a Theory of Trade Union Internationalism*, Gothenburg: University of Gothenburg.
Lorwin, L. L. [1953] *The International Labor Movement: History, Policies, Outlook*, Harper.（阪本泉・有田ふぢ共訳（1959）『国際労働運動：綱領・分裂と統一の歴史』誠信書房。）
Mandel, F. [1970] *Europe versus America: Contradictions of Imperialism*, New Left Books.（石崎照彦・鬼塚豊吉訳（1972）『現代資本主義の抗争』東洋経済新報社。）

参 考 文 献

Matsuura, T., Motohashi, K. and Hayakawa, K. [2008] "How does FDI in East Asia Affect Performance at Home?: Evidence from Electrical Machinery Manufacturing Firms," *RIETI Discussion Paper Series*, 08-E-034.

McGrew, A. ed. [1997] *The Transformation of Democracy: Globalization and Territorial Democracy*, Polity Press.（松下冽監訳（2003）『変容する民主主義：グローバル化のなかで』日本経済評論社。）

Nye, J. S. Jr. and Donahue, J. D. [2000] *Governance in a Globalizing World*, Brookings Institution.（嶋本恵美訳（2004）『グローバル化で世界はどう変わるか：ガバナンスへの挑戦と展望』英治出版。）

Obashi, A., Hayakawa, K., Matsuura, T. and Motohashi, K. [2010] "A Two-dimensional Analysis of the Impact of Outward FDI on Performance at Home: Evidence from Japanese Manufacturing Firms," *IDE Discussion Papers*, No. 273.

Papadakis, K. ed. [2008] *Cross-border Social Dialogue and Agreements: An Emerging Global Industrial Relations Framework?*, ILO.

Papadakis, K. ed. [2011] *Shaping Global Industrial Relations: The Impact of International Framework Agreements*, ILO.

Picard, S. [2010] *European Works Councils: A Trade Union Guide to Directive 2009/38/EC*, European Trade Union Institute.

Rodrik, D. [2011] *The Globalization Paradox: Why Global Markets, States, and Democracy Can't Coexist*, Oxford University Press.（柴山佳太・大川良文訳（2013）『グローバリゼーション・パラドクス：世界経済の未来を決める三つの道』白水社。）

Rubenstein, J. M. [1992] *The Changing US Auto Industry: A Geographical Analysis*, Routledge.

Schevenels, W. [1960] *International Federation of Trade Unions; A Historical Precis Forty-five Years [1901-1945]*, Board of Trustees.（小山泰造訳（1961）『国際労働運動の45年：国際労働組合連盟の歩み』論争社。）

Spiegelaere, A. D. and Jagodzinski, R. [2015] *European Works Councils and SE Works Councils in 2015: Facts & Figures*, ETUI.

Steger, M. B. [2009] *Globalization: A Very Short Introduction*, 2nd ed., Oxford University Press.（櫻井公人・櫻井純理・高嶋正晴訳（2012）『新版グローバリゼーション』岩波書店。）

Stiglitz, J. E. [2002] *Globalization and its Discontents*, W. W. Norton and Company Inc.（鈴木主税訳（2002）『世界を不幸にしたグローバリズムの正体』徳間書店。）

Stiglitz, J. E. [2006] *Making Globalization Work*, W. W Norton & Company.（楡井浩一訳

(2002)『世界に格差をバラ撒いたグローバリズムを正す』徳間書店。)

Valticos, N. [1979] *International Labour Law*, Kluwer.（花見忠監修（1984）『国際労働基準とILO』三省堂。)

Walton, R. E. and Mckersie, R. B. [1965] *A Behavioral Theory of Labor Negotiation*, McGraw-Hill Company.

Webb, S. and Webb, B. [1897] *Industrial Democracy*, Longmans, Green and Co.（高野岩三郎監訳（1969）『産業民主制論』復刻版，法政大学出版局。)

Williamson, H. [1994] *Coping with the Miracle: Japan's Unions Explore New International Relations*, Pluto Press.（戸塚秀夫監訳（1998）『日本の労働組合：国際化時代の国際連帯活動』緑風出版。)

Womack, J., Jones, D. and Roos, D. [1990] "The Machine That Changed the World," Free Press.（沢田博訳（1990）『リーン生産方式が，世界の自動車産業をこう変える。：最強の日本車メーカーを欧米が追い越す日』経済界。)

World Bank [2002] *The International Bank for Reconstruction and Development*, The World Bank and Oxford University Press.

Yamashita, N. and Kyoji, F. [2010] "Expansion Abroad and Jobs at Home: Evidence from Japanese Multinational Enterprise," *Japan and the World Economy*, Vol. 22, No. 2, pp. 88-97.

あ と が き

　本研究を始めたきっかけは，一つの調査にあった。2012年冬，私は，大手自動車メーカーの国内工場を訪ねた。その職場は，リーマン・ショック後に進んだ急激な円高により，急速に国内生産を減らし，国外生産を増やしていた。現場労働者らは，自社の方針に従い，海外工場に赴き，現地の労働者に技能を伝授し，日本的な生産システムを浸透させるために忙しそうだった。
　国内の生産現場は，明らかに熟練者の人手が足りていなかった。国内工場は，先行きが不透明であることを理由に，何年も大型の設備投資がなされていない。その状況下で，国内に残った労働者らは，さらなる生産の海外流出を防ぐために，生産性向上と製造原価の削減に取り組んでいた。コストを抑えるため100円ショップで買ってきた品物を使って「カイゼン」に励む労働者の姿が，印象的だった。職場には，雇用に対する不安が広がり，労働者らは，過熱したグローバル競争に疲弊しているように見えた。ある中堅の技能工は，「海外労働者に技能を教え，彼らに雇用が奪われていく。要は，俺たちは，自分で自分の首をじわじわと締め上げているようなものだ」と自嘲気味に語った。
　グローバル競争の結果，生産移転が起こることは，やむをえない事象である。しかし，国を越えて展開される労働者同士の競争によって，働く人々の生活や人生が翻弄されるのであれば，労働者自身がそうした競争を抑制する術をもてないものだろうか，と考えたことが，本研究の始まりだった。その後私は，自動車メーカーだけでなく，生産拠点の多くがすでに海外に移転した電機メーカーを含め，いくつかの工場に足を運んだ。縮小していく生産現場，減少していく雇用に，労働者たちは何を思い，労働組合はどう対応しているのかを聞き取ってまわった。そこで見聞きした国内生産現場の状況は，本書のなかでは，ほとんど触れることができなかった。けれども，そうした労働者たちの声が，本研究の問題意識の礎となった。
　本書は，当初考えた労働者によるグローバル競争を抑制する術について，十

分な答えを示せたわけではない。とはいえ，労働者が多国籍企業と国境を越えて話し合い，労使関係をグローバルに広げていく道筋は，提示できたのではないかと思う。海外展開を進める企業の労使が，国内・国外の労使関係のあり方を考える際に，本書が多少なりとも裨益するところがあれば幸せである。

　本書は，第1章の補論以外は，すべて書き下ろしである。第1章の補論には，首藤（2015a）の論文の一部を使った。また，第4章には，首藤（2015b）の内容が部分的に反映されている。

　本書の刊行に至るまでには，多くの方々から協力と助言をいただいた。すべての方のお名前を記すことはできないが，この場を借りて謝辞を申し上げたい。
　何よりもまず，調査に協力いただき，貴重な資料を提供して下さった労働組合と企業の方々に，感謝の気持ちを表したい。調査先の紹介，資料の収集にあたって便宜を図って下さった産別労組の方々，調査を引き受けてくださった企業別組合や人事担当の方々のご理解なしには，本書は成立しなかった。とくにJCM（全日本金属産業労働組合協議会）の前議長である西原浩一郎氏には大変お世話になった。IGメタル，インダストリオール，国内の様々な労働組合への調査が可能となったのは，氏のおかげである。厚く御礼申し上げる。
　西原氏を紹介して下さったのは，大学院時代からの恩師である高木郁朗先生（日本女子大学名誉教授）だった。先生も，過去に労使関係のグローバル化をテーマに研究されていた（高木，1973）。私は，先生との会話のなかで，研究の構想を固め，少しでも思考の進展があるたびに先生に話を聞いてもらい，相談に乗っていただいた。先生との議論に触発され，新しい課題を見出し，研究を一歩ずつ進めることができた。改めて深く感謝の意を表したい。
　長年にわたって学恩を受けている仁田道夫先生（東京大学名誉教授）には，幾度となく，研究の構想や方向性について貴重なアドバイスをいただいた。さらに本書の草稿を丹念に読んでいただき，大変有益な助言を下さった。先生のご指摘に十分応え切れたとは思えないが，先生のご指導により，この未熟な研究も，その精度を高めることができたと大変感謝している。心より御礼の言葉を申し上げるとともに，今後ともご指導いただけるよう，切にお願い申し上げる。

あとがき

　その他にも，これまで学会や研究会などの場で，本研究の内容を報告し，そのたびに様々な方からご意見をいただいた。それらが，本書の改善につながったことはいうまでもない。多くの皆さまのご協力ご教示に厚く御礼を申し述べたい。

　なお，本研究は，文部科学省科学研究助成金（課題番号24710302），立教大学学術推進特別資金（立教SFR）によって進めてきた。また本書の刊行にあたっては，立教大学経済学部の出版助成金をいただいた。充実した研究環境を与えていただいている立教大学の教員・職員の方々にも，この場を借りて御礼申し上げる。
　そして本書の出版を手掛けていただいたミネルヴァ書房の梶谷修さん，中村理聖さんに，心から謝意を表したい。
　　2016年師走の東京にて

首藤若菜

索 引
(＊は人名)

あ 行

ISO26000　78
IFBWW（国際建設林産労連）　88
IMF（国際金属労連）　91,92,98,102-104,
　108,110,111,124,128,133,134,157,162,165,
　166,168,169,190,194,195,203,219
IMF・GM 世界協議会　125-127
IMF-JC（金属労協）　109-112,194,195,219
ILO（国際労働機関）　5,25,55-58,62,64-68,
　75,76,79,83,101,117,251,259
ICEM（国際化学エネルギー一般労連）　88,
　203
ICFTU（国際自由労連）　58,64
IG メタル（ドイツ金属産業労組）　33,93,
　133,146,149-151,156,159,160,213,215,216,
　221,255,260
ITUC（国際労働組合総連合）　43,48,230,
　265
IUF（国際食品関連産業労連）　88
安全衛生　6,105,207,209
ETUF（欧州労働組合組織）　72
ETUC（欧州労連）　265
いすゞ　10
インダストリオール　43,98,102,104-106,
　108,130,140,142,150,156,177,184-186,188,
　191,215,216,220,222
H&M　243,244
AFL-CIO（アメリカ労働総同盟・産業別組合
　会議）　63,203,204
NLRA（全国労働関係法）　144
NLRB（全国労働関係委員会）　144
NCP（ナショナルコンタクトポイント）　60,
　75,184,185,193
OECD　59,66,68,75

OECD 多国籍企業行動指針　57,59,61,68,
　74,78,81,185,193
OECD-TUAC（OECD 労働組合諮問委員会）
　64
欧州従業員代表委員会（EWC）　69-71,90,
　92,93,131,158,221,256,264

か 行

海外直接投資　8,49,50,264
海上労働条約　76,77,262
GATT　63
企業別組合　34,35,38,92
企業別世界協議会　124,126-128,133,162,
　168
既得権　37,38
＊キング，ボブ　183
組合組織の低下　29
クライスラー　8,21,125,126,132,163
グローバル化　44
グローバル企業　46,47,90,121
グローバル協定　262
グローバル・コンパクト　72,78,113
グローバル・ネットワーク　122,123,134,
　135,139,149,150,155,157,161,175,177,
　201-203,205-209,211,220,224,225,227-229,
　232,234,235,242,250,252,253,257,258,263
グローバル・ユニオン　22,43,54,90,100,
　228,233
グローバル・ルール　228,247,262
グローバル労使関係　259,260,262
健康と安全原則　153
建設的な労使関係　177,179,212,213
国際化　45,227
国際競争　25
国際協定　85,117,257

285

国際産別組織　26, 30, 38, 40, 42, 43, 47, 87, 90, 91, 96, 102
国際的労使関係　31, 229, 232, 240, 241, 246, 247, 249, 250, 256, 259, 260
国際連合（国連）　55, 57, 58, 66, 73, 251, 259
国際連帯　6, 23, 26, 29
国際労働運動　6, 19, 27, 30, 40, 42, 114, 182, 188, 224, 249, 250, 258, 264
国際労働基準　15, 55, 74, 75, 78, 82, 100, 117, 251
国際労働法　25
国連行動規範　58
雇用慣行　29
雇用保障　151, 175

さ 行

サプライチェーン　80, 82, 85, 96, 263
産業別労働協約　33
産業別労働組合　39
三者宣言　62
CSR　80, 85, 99, 100, 103, 113, 115, 158, 242
GFA（国際枠組み協定）　22, 86, 88-94, 104, 137, 175, 224, 228, 232, 251, 253, 263
GWC（VW世界従業員代表委員会）　131, 139, 152, 154
JCM（金属労協）　113, 114, 166, 176, 186, 187, 192, 194, 212, 219
事前協議　36, 213
自動車産業　7
自動車総連　163, 165, 165, 168, 169, 176, 183, 186, 187, 190, 191, 212-214, 218
社会条項　63-65
社会対話　42
従業員代表委員会　6, 33, 92, 93, 96, 123, 132, 133, 143, 149-151, 155, 159, 215, 240, 253, 254, 264
集権化　228
職域規制　9, 13
垂直的直接投資　50
水平的直接投資　50

スズキ　19, 20
ストライキ　28-30, 200
生産移転　28, 256
世界自動車協議会　125
世界従業員代表委員会　90, 97, 131, 133, 152, 264
ゼネラルモーターズ（GM）　17, 19, 20, 109, 125, 127, 137, 163, 225
全労協　205
ソーシャル・ダンピング　54, 70
組織化　11, 142, 144-146, 155, 168, 170, 182, 183, 186-188, 214, 216, 217

た 行

ダイムラー　17, 19, 20, 33, 98-100, 103, 123, 125, 126, 132, 141, 142, 148, 152, 153, 159, 160, 188, 213, 215, 220, 228
高島屋　114-116
多国籍企業　22, 31, 45-47, 53, 57, 79, 80, 87
多国籍企業及び社会政策に関する原則の三者宣言　57, 62, 68
ダノン　86-88
WCL（国際労連）　64
WWC（ダイムラー世界従業員代表委員会）　132, 140, 152
WTO　63-66, 117, 251, 259
団体交渉　30, 32, 123, 144, 168
＊ダンロップ，ジョン　32, 246
中核的労働基準　65-67, 72, 75, 79, 93, 94, 100, 103, 116, 117, 173, 236, 246, 249, 251, 253
超国籍企業　46
TPP　75, 76
底辺への競争　3, 4, 23, 24, 53, 92, 123, 159, 248, 255
敵対的労使関係　36
トヨタ自動車　10, 12, 20

な 行

ナショナルセンター　38-40, 48
日産自動車　10, 13, 17, 19, 20

索 引

日本的経営　11, 35
日本的生産システム　11
日本的労使関係　13, 14, 31, 34, 35, 173, 179, 215, 236

は 行

排外主義　44
排他的交渉単位制度　144
PSA プジョー・シトロエン　91, 94
BMW　98, 100, 138, 220
ビジネスと人権に関する国連指導原則　57, 59, 73, 78
日立製作所　238
フォーディズム　10, 11
フォード　8, 19, 21, 109, 125-127, 137, 163, 225
フォルクスワーゲン（VW）　19, 20, 33, 91, 94, 97, 98, 100, 103, 118, 123, 125, 127, 131, 140, 141, 143, 146-149, 151-153, 155, 159, 160, 188, 213, 215, 221, 228, 240-242, 255, 264
富士重工　10
分権化　32, 123, 228, 230, 240, 253, 254
保護主義　30, 44
ボッシュ　94, 101
ボルボ　137
本田技研工業　10, 19, 20

ま・や 行

マツダ　10, 20, 166
三菱　10, 166
URW（全米ゴム労組）　203-205
UAW（全米自動車労組）　11, 13, 34, 124, 126, 127, 137, 144, 146-148, 170, 171, 182-188, 190
USWA（全米鉄鋼労組）　204-206
UNI　43, 114-116

ら 行

リーン生産システム　11
臨時労働者憲章　155
＊ルーサー，ウォルター　124
ルール形成　32
ルノー　17, 72, 91, 94, 199
連合　42, 48, 205
労使関係　32
労使関係憲章　154
労使協議　35, 174, 180, 208, 221, 237
労使コミュニケーション　175
労使紛争　28, 182, 211
労働規制　1, 24, 247
労働協約　26, 32
労働権法　146
労働条項　75
労働ダンピング　26, 30, 37, 264

《著者紹介》

首藤若菜(しゅとう・わかな)
- 1973年　東京都に生まれる。
- 2001年　日本女子大学大学院人間生活学研究科博士課程単位取得退学。2002年，同研究科より博士(学術)の学位取得。山形大学人文学部助教授，ロンドン・スクール・オブ・エコノミクス労使関係学部客員研究員，日本女子大学家政学部准教授を経て，現職。
- 現　在　立教大学経済学部准教授。博士(学術)。
- 主　著　『統合される男女の職場』勁草書房，2003年(第10回社会政策学会奨励賞受賞，第20回沖永賞受賞)。
「経営のグローバル化と労使関係――フォルクスワーゲン社の事例を手がかりに――」『日本労働研究雑誌』655号，2015年，102-109頁。
"Dynamics of Skill Transfer Procedures in the Electrical Industry: a comparative study in France and Japan," *Management International*, Vol. 18, No. 4, pp. 32-47, 2014. (with Emilie Lanciano)

MINERVA人文・社会科学叢書㉑⑬
グローバル化のなかの労使関係
――自動車産業の国際的再編への戦略――

2017年2月25日　初版第1刷発行　　　〈検印省略〉

定価はカバーに表示しています

著　者	首　藤　若　菜	
発行者	杉　田　啓　三	
印刷者	田　中　雅　博	

発行所　株式会社　ミネルヴァ書房
607-8494　京都市山科区日ノ岡堤谷町1
電話代表　(075)581-5191
振替口座　01020-0-8076

©首藤若菜, 2017　　　創栄図書印刷・新生製本

ISBN978-4-623-07909-4
Printed in Japan

ヒト・仕事・職場のマネジメント
── 澤田幹・谷本啓・橋場俊展・山本大造 著　Ａ５判　240頁　本体3000円

●人的資源管理の理論と展開　非正規雇用や長時間労働等の問題を踏まえ，日本の労務管理の変容を検証。人間性を重視した働き方と職場づくりを展望する。

労働時間の決定
石田光男／寺井基博 編著　Ａ５判　282頁　本体4800円

●時間管理の実態分布　職場の実態分析と労働組合の役割を前提に，労使関係制度，労働法の理論からアプローチ。

人事制度の日米比較
石田光男／樋口順平 著　Ａ５判　248頁　本体4000円

●成果主義とアメリカの現実　実態調査からアメリカモデルの真の課題を析出，日本の人事改革と相対化する。

トヨタ労使マネジメントの輸出
願興寺胎之 著　Ａ５判　202頁　本体3000円

●東アジアへの移転過程と課題　日本の労使関係形式に関わる原資料を精査し，実態調査の理論的裏付けから提言を行う。

現代イギリス労使関係の変容と展開
上田眞士 著　Ａ５判　300頁　本体6000円

●個別管理の発展と労働組合　現地で錯綜する議論を整理し，日本の抱える課題に通ずる労使関係の変容を捉える。

転換期のアメリカ労使関係
篠原健一 著　Ａ５判　226頁　本体3500円

●自動車産業における作業組織改革　現地における詳細な調査を通じて，正確な作業組織の実情，全体像を解明。

── ミネルヴァ書房 ──
http://www.minervashobo.co.jp/